高等院校公共课系列规划教材

互联网+时代大学人生

陈亚旭　主编

WUHAN UNIVERSITY PRESS
武汉大学出版社

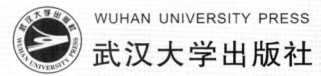

图书在版编目(CIP)数据

互联网+时代大学人生/陈亚旭主编.—武汉：武汉大学出版社,2020.10
高等院校公共课系列规划教材
ISBN 978-7-307-21729-4

Ⅰ.互… Ⅱ.陈… Ⅲ.传播媒介—文化素质教育—高等学校—教材
Ⅳ.G206.2

中国版本图书馆 CIP 数据核字(2020)第 156260 号

责任编辑：徐胡乡　　责任校对：李孟潇　　版式设计：马　佳

出版发行：武汉大学出版社　（430072　武昌　珞珈山）
（电子邮箱：cbs22@whu.edu.cn　网址：www.wdp.com.cn）
印刷：湖北金海印务有限公司
开本：787×1092　1/16　印张：12.25　字数：290 千字　插页：1
版次：2020 年 10 月第 1 版　2020 年 10 月第 1 次印刷
ISBN 978-7-307-21729-4　　定价：33.00 元

版权所有，不得翻印；凡购我社的图书，如有质量问题，请与当地图书销售部门联系调换。

序

  在当今这个互联网+的伟大时代,人们尽情享受着来自互联网的信息饕餮大餐。现代科技让信息传播更加快捷和丰富,使我们的星球变得越来越小,世界各地的距离越来越近,这正在逐步实现著名学者麦克卢汉所构建的理想:"电力媒介将会使许多人退出原来那种分割的社会——条条块块割裂的、分析功能的社会,产生一个人人参与的、新型的、整合的地球村。"①在电子传播时代,地球村中的每个人都能够互相沟通,整个人类群体让信息的纽带紧紧地连接在一起,地球变成一个小小的村落,世界人民都是这个村落的村民。

  任何事物都是辩证的,今天的互联网传播时代亦然。在人们陶醉于这丰盛的信息大宴时,我们却发现,在这些貌似美味的大餐中,有变质的食物,有毒性的佐料,有紊乱神经的迷汤……

  在今天这个信息时代,作为天之骄子的大学生,包括中学生,该如何面对扑面而来的信息大潮?现实告诉我们,很多同学并没有做好准备,他们表现出的是猝不及防和不知所措。

  辩证唯物主义观点一向认为:任何事物都具有两面性,互联网的诞生与发展,使我们清楚地看到了这一点。应该承认,互联网的发展是社会进步的产物,但它所存在的弊端也一目了然。鱼龙混杂、良莠不齐的各种信息使学生们辨不清真假,分不清是非。有些不良说教甚至左右了他们的行为,影响了他们的思想,动摇了他们的信仰;有些学生经不起网络游戏的诱惑,沉迷于其中,最终荒废了学业,甚至毁掉了自己的人生;还有些学生陷入网贷、网恋陷阱,不能自拔,个别学生竟为此付出了生命的代价,在今天的校园里不断演绎着这一场场人生悲剧……人们开始大声疾呼:快救救我们的孩子!

  在高校从教多年,我们清楚地看到了互联网给学生们带来的快乐与烦恼,看到了各种不良信息对学生们的伤害。面对这样的现实,每一个有责任心的教育工作者都会感到深深的愧疚和无奈,我们要用什么样的方法去拯救我们的孩子,去唤醒这些迷途的羔羊?正是基于这样的思考,我们成立了专项课题组,来深入研究这个课题。在不断深入研究的过程中,我们认识到,要让广大学生能够正确地看待网络,使用信息,辨别各类

---

  ① [加]埃里克·麦克卢汉,弗兰克·秦格龙.麦克卢汉精粹[M].何道宽,译.南京:南京大学出版社,2000:395.

信息的真伪，就必须提高他们的网络媒介素养。

围绕如何提高学生们的网络媒介素养这个问题，我们先后编写出版了《媒介与人生》《网络游戏与网络沉迷》和这本《互联网+时代大学人生》。的确，在今天这个互联网+时代，提高广大学生的网络媒介素养已经成为每一个新闻教育工作者必须思考和解决的重要问题。那么，如何解决这个问题？我们目前没有答案，伴随着互联网的发展，我们也在努力探索，不断前行！

《互联网+时代大学人生》这本书从互联网思维到世界观、价值观和人生观来讨论互联网时代学生的思维与思想；从拟态社会、学生的情商、信息超载与信息负载来分析互联网对学生的影响；从校园贷、网购、网恋、网游和网络谣言来表现互联网对学生们的危害；最后从自媒体、网络创新与学养来谈互联网今后的发展。

本书共分十三章内容，第一章互联网思维VS传统思维，重点分析互联网思维与传统思维两种思维模式的区别；第二章网络时代多元价值观，分析大学生三观与互联网的联系；第三章网络时代大学生情商，通过研究大学生的智商与情商的关系，了解在网络背景下学生情商和智商的变化；第四章微时代的微阵地，通过微博、微信、微电影和客户端等分析微时代学生们的兴趣取向；第五章信息超载与信息不足，分析当前总体信息过剩而有价值的信息不足的现象；第六章拟态社会与现实社会，让大学生分清拟态社会与现实社会的区别；第七章地球村的"低头族"，分析现代科技给大学生们带来的利与弊；第八章网络创新与学养，着重分析网络创新创业与学养的关系；第九章自媒体时代的得与失，论述当今自媒体时代如何把控信息的传播；第十章再论网络游戏，用辩证唯物主义的观点分析如何正确对待网络游戏；第十一章网上购物利弊谈，从正反两个方面分析网购问题；第十二章网络谣言辨析，通过理论探究，力求让学生们对网络谣言有一个正确的态度；第十三章校园网贷与诈骗，用一些典型案例来告诫大学生如何规避网络诈骗。

该书依据大学生当今的现状，分析透彻，内容充实，言之有物，对于提高当代大学生网络媒介素养具有一定的指导意义，应该能够有效帮助大学生们提高网络媒介素养。

时代在前进，科技在发展，教育应该跟上时代的步伐。我们作为奋斗在新闻教育第一线的园丁，如何哺育出健康、优秀的未来新闻人，肩上的责任是重大的，同时也是沉重的，这就需要我们艰苦奋斗，砥砺前行，不断地将一本本优秀的教材和著作奉献给我们的学生，提供给他们充满正能量的精神食粮。

陈亚旭
2018.7.8

目 录
Contents

第一章　互联网思维 VS 传统思维 ················· 1
　第一节　互联网思维与传统思维 ················· 1
　第二节　解析互联网思维 ················· 7
　第三节　互联网思维+时代人生 ················· 12

第二章　网络时代多元价值观 ················· 19
　第一节　世界观 人生观 价值观 ················· 19
　第二节　人生价值观的爱情变调 ················· 24
　第三节　怎样理解"人生无常，活在当下" ················· 26
　第四节　再议"人不为己，天诛地灭" ················· 29

第三章　网络时代大学生情商 ················· 32
　第一节　大学生的智商与情商 ················· 32
　第二节　人际关系与情商 ················· 38
　第三节　提高情商的策略 ················· 42

第四章　微时代的微阵地 ················· 47
　第一节　微博 ················· 47
　第二节　微信 ················· 53
　第三节　手机客户端（App） ················· 57
　第四节　微电影 ················· 63

第五章　信息超载与信息不足 ················· 69
　第一节　不堪重负的信息爆炸 ················· 69
　第二节　有效信息的极度匮乏 ················· 73
　第三节　信息的筛选和使用 ················· 76

第六章　拟态社会与现实社会 …… 80
第一节　拟态社会概说 …… 80
第二节　拟态社会的特点 …… 83
第三节　拟态社会对现实社会发展的作用 …… 87
第四节　拟态环境的消极作用 …… 90

第七章　地球村的"低头族" …… 94
第一节　地球村和人的延伸 …… 94
第二节　地球村里的低头族 …… 99
第三节　"低头族"的是与非 …… 105

第八章　网络创业与学养 …… 111
第一节　网络创新乃大势所趋 …… 111
第二节　互联网+创业大有可为 …… 113
第三节　网上创业不打无把握之战 …… 117
第四节　创业需要深厚的学养 …… 119

第九章　自媒体时代的得与失 …… 123
第一节　自媒体时代的特征 …… 123
第二节　自媒体传播过程的特性 …… 126
第三节　自媒体传播的负面影响 …… 129
第四节　自媒体需要把关人 …… 131

第十章　再论网络游戏 …… 140
第一节　网络游戏益人论 …… 140
第二节　网络游戏误人论 …… 143
第三节　遏制网络游戏沉迷的方略 …… 149

第十一章　网上购物利弊谈 …… 152
第一节　网购风靡全球 …… 152
第二节　须防网购弊端 …… 158
第三节　识破网购中骗人伎俩 …… 160

第十二章　网络谣言辨析 …… 164
第一节　网络谣言的今昔 …… 165
第二节　网络谣言的各类看法 …… 168
第三节　如何对待网络谣言 …… 171

第十三章　校园网贷与诈骗 …………………………………………… 175
第一节　网贷与校园贷 …………………………………………… 175
第二节　害人的校园贷陷阱 ……………………………………… 177
第三节　强化管理　认清网贷 …………………………………… 182

参考文献 ……………………………………………………………… 186

后记 …………………………………………………………………… 189

第一章　互联网思维VS传统思维

第一节　互联网思维与传统思维

一、何谓互联网思维

(一) 互联网思维的兴起及延伸

百度CEO李彦宏在2011年的演讲中曾多次提到互联网思维，这使互联网思维初次进入了人们的视野。在这之后，搜狐的王小川在探索企业的未来发展机遇时说道："我们开始要学习跟机器如何和睦相处，我们要推动新世界的到来，并在里面体现互联网思维，也能够开发新的商业模式。"俞敏洪也把新东方的命运紧紧地与互联网思维联系在一起，他在一篇文章中曾写道："我要从自己这里开始转变，用互联网思维来武装我自己，然后我还要引导大家用互联网思维把自己武装起来……只有新东方的团队思维改变了，新东方的转型才有可能成功。"由此可见，互联网思维作为一种典型的"智慧型思维"兴起于商业领域，互联网思维搭载着全新的商业逻辑驱动着时代产业的列车高速前进，它关系到企业和行业的兴衰。互联网思维也作为一种"潮流型思维"，从商业领域迅速蔓延至社会的各个角落，对社会各个领域都发挥着它的作用，各个行业都在试图向互联网靠拢，也试图用互联网思维武装自己。

对于互联网思维的延伸，阿里巴巴集团创始人马云曾经讲道："我们是非常幸运的一代，互联网不仅仅是一种技术，不仅仅是一种产业，更是一种思想，是一种价值观。"的确，如今的"互联网思维"已涉及方方面面，它的触角影响力以商业经济为起点，以政治、文化为向心力，并逐渐渗透延伸到个人生活理念以及集体行为观念中。互联网思维的延伸与普及潜移默化地改造着传统产业、传统教育、传统媒体，也无形地从个人层面改变着传统理念与行为习惯，这是人们适应时代并逐步升级生产生活方式的基础，也是紧跟时代步伐保持平稳进步的必备工具。随着社会系统向统一、立体、多维的方向扩展，全新社交时代的逐步来临，互联网思维体现出了比传统思维更强大的契合力和前瞻力，人们生活在互联网的时代，无时无刻不被互联网思维影响着，同时又改变、完善着互联网思维，每个人都是时代发展的见证者，同时也是历史车轮的推动者。

（二）互联网思维的含义

对于互联网思维，从它的兴起、流行到广泛运用，各行各界的大佬和专家都在努力尝试赋予它一个明确的定义，但至今仍然没有达到统一，原因在于：以不同的视角论证互联网思维"是什么"相对容易，从社会系统整体的角度出发论证互联网思维"不是什么"却相对较难。对互联网思维的定义，既不能用静态的物理事物做出精准的比喻，也不能用笼统的观念将它一概而论，如今的互联网思维更多的是以一种无形的观念存在于现实社会中。作为个体智慧的结晶和社会时代的产物，互联网思维内容丰富，潜力无穷，人们更多感受到的是互联网思维在"意境"中的"特殊气质"和"魅力无穷"。

那么，什么是互联网思维的"意境"呢？

具备互联网思维的人，把化缘叫做众筹，把送饭叫做外卖，把统计叫做大数据，把自拍视频的人叫做网红，把借钱叫做天使投资……

具备互联网思维的企业，终极目标不是挣钱，而是如何获取更多的用户；产品的推出不是压价赚吃喝，而是直接命中的口碑式销售；服务的方式不是迂回协商，而是彻底便捷、彻底接近……

具备互联网思维的集体组织，资源配给的规则不是因人而异，而是开放共享；宣传的口号不是利益至上，而是彻底民主；鼓励的行为不是刻板守旧，而是创新创造……

我们可以按照上述"意境"对互联网思维的含义做出一个相对统一的理解：关于互联网思维，"思维"是核心，以网络技术和信息传播为代表的"网络"是媒介和平台，互联网思维的本质是以"人"为主体的"互联"以及"互联"所衍生和延伸出来的任何思维能力。

互联网思维的核心仍然是"思维"。具备"互联网思维"并不是具备"互联网的"思维，即不是有了互联网，才出现互联网思维，而是有了互联网的出现，使得人类潜在的思维能力以网络平台为支点才得以集中性爆发，互联网思维是人类思维进化的一个阶段。在互联网时代，互联网思维自发成为人类满足客观需要的共识性思维，它不仅仅是个人思维，也是社会思维，更是时代思维。

网络平台是互联网思维发展的驱动力，互联网思维需要借助网络才能充分发挥它的价值。自工业革命以来，人们经历了前 Web 时代"机器网络"、Web1.0 时代"内容网络"、Web2.0 时代"关系网络"……10 年内，人类社会将逼近 Web3.0 时代，即物物相连的"终端网络"时代。[①] 网络的进步与发达驱动着互联网思维的时时更新与处处完善，"人工智能、云计算、虚拟现实（VR）、增强现实（AR）、共享单车、消费升级、自媒体、大数据"等更多的时代网络名词将被更广泛地提及和为大众所熟悉。

互联网思维的本质是以"人"为主体的多项互联，生活中到处都是互联网思维的影子，互联网思维拉近了人与人之间的距离，将人们的生产生活融为一体。现如今，智能手机涵盖了学习、办公、购物、出行、聊天、娱乐、金融等各种功能，人们习惯使用手机连接生活；在交往中，人们习惯使用微信代替传统电话、短信、邮件互通消息，通过朋友圈了解朋友动态并与其互动……这是人们用互联网思维"互联"生活的具体体现。

---

① 陈力丹. 以互联网思维看互联网和关于互联网的研究[J]. 新闻界，2015（20）：21-24.

此外，在互联的基础上，人们为了满足生产生活的更多需求，自发地完成了对互联网思维的发散和创新，不断发展中的互联网思维悄然地重构着这个世界，渐进式地促进着时代的升级。对于生活在这个时代的每一个人来说，互联网思维既是工具也是武器，不具备互联网思维的人，将很难适应这个飞速发展的时代。

二、何谓传统思维

(一) 传统思维的传承

恩格斯曾说："人的思维的最本质和最切近的基础，正是人所引起的自然界的变化，而不仅仅是自然界本身，人在怎样的程度上学会改变自然界，人的智力就在怎样的程度上发展起来。"①这一哲学式总结实际上揭示了人的思维方式与人类在不同时代所从事的生产实践的深层关系，传统思维的形成和发展自然也存在于这层关系之中。

纵观人类思维方式发展的历史进程，不同思维方式形成于不同的时代，大体经历了原始思维、古代思维、近代思维和现代思维几个阶段，各个时期的主导性思维在其所从属的时代发挥着举足轻重的作用。

原始社会时期，低下的生产力和生产关系使思维的主体与客体呈现出混沌未分化的状态，加之未完全进化成熟的人类大脑缺乏抽象思维的能力，使得人类的原始思维具有明显的简单性和直接性，并伴有浓重的感情因素，这也是神话、迷信、巫术在原始社会能够盛行的主要原因。

人类的传统思维普遍被认为形成于生产力、生产关系得到发展的农业社会时代。以个体为单位的小农经济具有典型的分散性、封闭性和自主性，人们开始进行相对封闭的农业和家庭手工业相结合式的生产，劳动日益个体化、家庭化，稳定的农业生产方式对传统思维的形成起到了决定性的作用，并逐步形成了注重整体直观、崇尚天人和谐、注重想象顿悟、墨守中庸之道等思维定势。② 农业社会时期，人们的思维从各种神学、宗教学的支配中解放出来，理性思维逐渐取代具有丰富情感的感性思维，以此为基础，整体思维、经验思维、知性思维、形象思维、直觉思维以及以人为本的价值理性思维逐步定型，成为人类传统思维的重要组成部分。

以机器大生产为代表的工业时代，生产力和生产工具进一步提高，要求人们对事物对象进行更加精确的分析和研究，因此，这一时期人类的思维方式表现出一定的数字化、形象化、分析化等特点。

以计算机、互联网为代表的信息技术革命与历史上其他技术革命相比，其范围更广，涉及人类生产生活的方方面面，人类逐步迈进网络社会时代。互联网思维作为网络时代的主导思维，以其独特的方式和丰富的内容为人们提供了一种全新的认知、思考、评价现实世界的思维模式。③

传统思维既是对原始思维的合理扬弃，也是近现代思维形成的源泉，具有承上启下

---

① 马克思，恩格斯. 马克思恩格斯选集(第4卷)[M]. 北京：人民出版社，1995：329.
② 李继锋. 中国传统思维方式对现代化的启示[J]. 哈尔滨学院学报，2009，30(2)：24-27.
③ 金梅花. 网络社会及人的存在方式与思维方式的变革[D]. 北京：中央民族大学，2006：20-21.

的传承性，从这个角度看，传统思维还有着另外一层含义，即所谓的传统思维，不仅代表着某个时代的主导性思维，它也是对思维发展过程中各阶段思维含义的整合，是当下时代主导性思维形成之前一切思维方式的概括和泛指。事实上，由于人类思维方式在生产实践中的更替并不是绝对的历时替代，而是在共识并存且相互补充中完成扬弃，任何时代的思维方式都在人类思维发展的进程中充当着传统思维的角色。

（二）传统思维的特点

第一，整体性。传统思维认为"天人合一""天地一体""万物之一原"，强调的是人与自然的和谐统一。自然界的万物和整个人类社会是一个统一的整体，作为主体的人类是其中的重要有机组成部分，因此，人类行事要立足于整体，全面系统地协调事物之间的联系，统筹全局，有的放矢，才能有效保证社会的和谐稳定。此外，人类也习惯用整体性思维认识、探索新事物，武功、中医是最明显的标志：传统武功自古有打通任督二脉，使练武之人全身经脉贯通以增强内力之说；中医理论强调阴阳五行学说，把人体看作有机整体，根据病症"辨证施治"。

第二，直觉性。直觉性思维是思维主体的认知思想通过积累的方式突破量积累的临界点，以顿悟的方式形成质的爆发，强调的是人类主体对客观事物和环境形态的意会和领悟。直觉性思维能够有效突破逻辑思维的程式化，为思维主体提供灵活、自由的想象空间，具有明显的突破性，通常所说的"灵感"就是直觉性思维的产物，古代的许多文学经典、艺术创作、科技发明都是在创作者的"灵感"中诞生的。但是，直觉性思维缺乏理性的逻辑推理和归纳演绎，思维主体无法从实质上感知事物、认识问题，直觉性思维也是一种感性思维。

第三，务实性。思维方式来源于人类个体需求的满足，包括以物质需求为主的生活需求和生理需求，以精神需求为主的安全需求和社交需求等。人类在努力钻研和大胆实践的基础上获得知识和经验，其目的不是追求事物内在的本质和规律，而是为了方便自己的生活和生产，以获得更大的利益和实惠。造纸、印刷术、汽车等一系列发明创造都是人类方便生产、改善生活的产物。传统思维建立在满足人类生产和劳动需求的基础上，强调的是务实和实用，务实性思维大大促进了生产力的快速进步和生产工具的进一步提高。

第四，意象性。意象思维是一种较抽象的思维形态，讲究的是"书不尽言，言不尽意""得意忘言"。它既不同于感性的知觉思维，也不同于理性的抽象概念，而是一种感性形象和抽象意义结合起来的符号性思维，总之，在意象思维中，形象符号只是桥梁、工具，真正的目的在于"意"。[1] 传统思维的意象性是人类艺术情感意识和审美观念的凝聚，古代人善于通过"自然之象"表达"心中所想"，其笔下的书法绘画、诗词歌赋代表着某种艺术情趣的隐性表达，如王维的诗、苏轼的词、董源的山水画等。

第五，保守性。传统思维有其固有的保守性和封闭性。一方面，保守思维是对传统的回归和继承，意味着对现状的维系，避免了因创新、跨越性思维对事物的处理不当给社会造成的负面影响，使社会按照自然规律有序、平稳向前发展；另一方面，保守思维

---

[1] 代杰. 中国传统思维方式的特征及形成原因[J]. 哈尔滨学院学报，2004，25（8）：42-46.

源于人类对过去的极度依恋和对经典的过分依赖，限制了个体创新思想和自由能力的发散。思维的保守性是限制时代快速发展的主要因素，保守的结果自然是封闭，而长期封闭的结果自然是导致落后。

三、两种思维方式的比较

(一) 互联网思维与传统思维的联系

思维是历史范畴下的产物，不同历史时代的主导性思维有着不同的表现形式和具体内容，但不同历史时代的思维方式又是一脉相承、彼此联系的。正如传统思维承上启下的传承性一样，每个时代的主导性思维与非主导性思维又是彼此共存、协同互补的关系。前面我们在讨论互联网思维的含义时已经提到过："互联网思维，并不是单纯简单的互联网的思维，它不是在互联网中孕育而生，而是依附于互联网才使得这些思维集中爆发并向外迅速衍生。"那么，作为当代主导的互联网思维从何而来？从思维方式转变的历史进程中看，互联网思维正是传统思维的回归和向前发展。

互联网思维与传统思维存在着千丝万缕的联系，它们在产生、形成、发展、成熟的过程中存在着特定的相似之处，两种思维方式共同起源于人类的社会需求。任何时代的人们都有其特定的生活需求方式，马斯洛把人类的需求从低到高分为五个层次：生理需求、安全需求、社交需求、尊重需求和自我实现需求。人类思维方式的发展也是按照社会生活的需求方式逐步升级的，从这个角度来说，人类需求是思维方式变化的直接动力。传统思维和互联网思维作为匹配其所在时代需求的主导性思维，它们共同起源于人类大脑与时代相符的思考行为方式，并且循序渐进、一脉相承。

互联网思维是传统思维发展到一定阶段的必然产物。唯物史观认为：人是历史的创造者，对历史发展起着推动作用，社会的发展按照人类的活动和需求方式构成特定的历史规律向前推进，构成社会系统的诸多元素也同样遵循人类活动历史规律的车轮。从人类徒步行走、快马加鞭到工业时代后汽车、火车、轮船、飞机的问世，现代交通工具的产生是人类以先前交通工具为基础，不断总结经验、更新技能、发散创新后的智慧结晶。人类社会先后经历了口语传播时代、文字传播时代、印刷传播时代、电子传播时代，其中，语言是口语的最高形式，文字是语言的翻译，电子媒介是语言和文字的汇总，各个传播时代的交替也不是绝对的历时交替，而是达到相对继承与扬弃……人类思维方式的转变也是如此，如果传统思维不再适应人类特定时代的需求，它自然将被新的思维方式所代替。从这个意义上来说，互联网思维的形成将是传统思维发展和进化的必然结果。

互联网思维发展的过程是对传统思维的扬弃过程。传统思维中的整体思维、务实思维、朴素思维、直觉思维等虽然不是互联网时代的主导性思维，但在互联网思维中依稀可以找到代表传统思维特征的元素。传统思维随着时代的需求发生变化，这是互联网思维对其取其精华、去其糟粕后的结果。爱因斯坦说："思维世界的发展，在某种意义上说，就是对惊奇的不断摆脱。"在摆脱惊奇的过程中，互联网思维和传统思维具有天然的内在契合性。互联网思维继承了旧的思维成果，做到了以理性思维去分析、探索这个惊奇的世界，这是对传统思维有选择地"扬"，互联网思维自身也在进化和发展中不断突破旧思维的封闭保守式藩篱，不断以创新理念解决着"惊奇"的出现，这是对传统思维合理地"弃"。

（二）互联网思维与传统思维的区别

互联网思维与传统思维的区别在于：传统思维是单向线性思维，而互联网思维则是线性与非线性思维的并立，这也直接决定了两种思维方式特点的不同。传统思维的线性模式是缺乏变化和贯通的，思维方式沿着特定的逻辑方向发展，极少有随意性和跳跃性的存在。传统思维的保守性、务实性、意象性等都是线性逻辑的产物，集中表现为经验思维、知性思维、情感思维、直觉思维和模糊思维等。互联网思维兼具传统思维和现代思维的特征，是线性模式和非线性模式的有机统一体，它以网络为主要平台，表现出立体的、无中心的网状结构，考虑问题的方式是多层次、多视角，并带有极大的自由性和开放性，强调思维方式的多元化、多维化和多样化。此外，互联网思维非线性与线性的并立大大增加了事物间"互联"的可能性，事物之间的联系方式是直接的点对点式相连或间接的跳跃式相连，人们可根据自身需求对事物进行主观联想式重新编排，世界将成为一个丰富多彩的有机整体。

互联网时代，传统思维的单向线性表现出了其固有的缺陷，主要表现在传统思维在内容上的单向收敛、思维形式上的保守局限和思维倾向上的自锁封闭。内容的收敛性指的是思维方式的"重伦理、轻自然"，忽略了对事物实质性的认知，在探索自然界的本质和规律时容易主观臆断，知其然而不知所以然。形式的局限性指的是思维方式的僵化和缺乏前瞻性，过分地局限于前人的思想框架严重束缚了创新思维的拓展。倾向的封闭性指的是思维方式的"重感性、轻理性"，过分依赖于非理性的直觉体验和顿悟，严重影响了思维逻辑的准确性和思维理性化程度的全面深入。

互联网思维的双线并行以它巨大的潜力成为时代的一种趋势，与传统思维相比，互联网思维的优势在于：思维内容的发散整合、思维形式的开放共享和思维倾向的突破创新。

网络技术的发展正逐渐模糊时间和空间的概念，各种事物的有机结合消除了事物间的边界，世界进入了多元的领域。人们开始习惯于用普遍联系的方式对事物进行多思路、主体化、系统化的跨界整合，敢于用新奇的想法去改造社会，思维内容向多维化发散。

网络平台的普及使处于孤立状态的信息聚集在一起，实现了事物之间的相互对接和人们之间的互通交流，为世界打开了开放性的大门。人们在互联网开放的平台上时时共享信息，吸纳优质资源和先进文化进行社会实践活动，反过来这种实践活动也必将促进思维形式的全方位拓展。

思维倾向的突破创新是人类思维长久进化和发展的不懈动力。新的思维模式的创新使人们突破了传统思维的封闭性，更倾向于在既有思维定势和习惯的基础上尝试新的实践方式，进而形成新的思维角度、思维层面。新的思维在深度和广度上都发生了质和量的变化，突破了阻碍社会发展的障碍，人们站在新的思维成果上又开始了新一轮对实践的思考和尝试……

互联网思维兼具突破性和创新性，它彰显了无限的潜力，也必将顺势而为，成为未来思维形成的核心推动力。我们将在下一节对互联网思维的特征进行全面的解析。

第二节 解析互联网思维

一、互联网思维的特征

(一)互联网思维具有多元互联性

作为互联网时代的驱动力,网络的"公开、快速、多渠道"使互联网已经发展到"互"的阶段,网络平台承载着事物互联的一切要素。互联网思维同样也离不开网络这个重要的连接平台,日益成熟的网络技术加快了思维主客体从二元分离对立到多元整合互联的结构进化速度,并直接赋予了互联网思维多元互联性。

所谓多元互联性是指思维主体在认识客体时,"立体式"地全方位掌握反应其多方面、多层次、多项联系、多种可能性的丰富信息,以在思维主体的大脑中形成有效的网状结构。网络思维方式的多元互联性突破了以往方式的单向性、收敛性,而具有及时交互性和发散性的特点。[1] 在长期的网络生活中,随着事物的信息、能量、存在方式以"超链接"的固有形式取代主体大脑原先的存储形态,人们的思维升华至普遍联系的维度中,并逐渐形成了新的思考方式和交往语言。新的多元互联思维意味着知识的广博、渠道的扩展、意见的民主和交往的自由,使现代社会几乎所有角落都弥漫着信息的足迹,整个世界正在逐步缩小,人类逐渐步入了"地球村"时代。

思维的多元与互联兼顾着感性与理性、归纳与总结、整体与部分、逻辑与直觉的辩证统一,使人们思维方式的逻辑取向和问题视角向多元化方向拓展,进而加强了人们在生产实践中对各种知识理论的融会贯通,也使人们成功具备了协调处理各种复杂关系的能力。互联网思维的多元互联性是人类在实践基础上对传统思维进行合理传承和扬弃的前提条件,也是其与自身其他思维特征实现互补与共生的基础。

(二)互联网思维具有创新意识和创造性

创新意识是指人脑从新的角度、运用新的程序和方法来分析、处理各种问题,从而在实践的基础上产生新的新颖性、独创性结果的思维过程。如果说多元互动是互联网思维的基础,那么创新创造则是互联网思维的灵魂。互联网的诞生和网络社会的发展本身就是人们在认知和经验的基础上进行创造性发散思维的结果,互联网思维来源于思维的创新,同时也促进着创新思维的发展,是创新思维强大的驱动力。

开放、个性化的互联网思维是创新意识存在的温床。网络社会的多姿多彩和方便快捷使人们的思维进一步多样化、高效化、自由化,这成为创造性思想诞生的前提。在网络平台上,人们不断超越既有的思维模式、定势和习惯,各种新的思维内容、思维成果、思维方法、思维模型层出不穷,在质和量两方面都有深刻变化。[2] 新形成的互联网思维使人们认识到了更多选择的机会和权力,充分彰显了个性和自由的自主权,从而激

---

[1] 张湛. 浅论网络时代思维方式[D]. 太原:山西大学,2008:13-14.
[2] 常晋芳. 网络思维方式——人类思维方式的第五次大变革[J]. 理论学习,2002(1):46-48.

发了大脑聪明才智和主观想象力，一些新的发明创造应运而生。

如今，社会中的每个个体、团体、企业、组织无形中都在运用互联网思维高效地作业着，互联网的创新性思维有一种把复杂的事物变简单，把繁琐的事物变方便的能力，当今社会逐步进入了随时创新的时代，"微创新"成为这个时代新的趋势和主流。微小的发明能够对生活生产产生巨大的作用，人们开始致力于寻找创造当代的"马镫、拉链、集装箱"，互联网思维搭载着"微小的改进""微小的迭代"成为许多互联网大佬企业的制胜法宝，像腾讯、360部分产品的研发都是以解决"不方便"为出发点，牢牢把握住"微创新"的优势，使产品进入蓝海，以在竞争中赢得主动权。

（三）互联网思维是平等、协作的个性化思维

传统思维领域，思维的个体性被掩盖在思维的整体性之下，个体往往服从于整体，人们习惯于接受集体的号召，尝试为集体做出个人应有的贡献，这种思维的共识加快了生产力的发展和社会进步的步伐。

与先前不同的是，互联网的出现，为人们确立协作关系搭建了新的平台和场所，随之而来的互联网思维为人们的共识性表达提供了另一种可能。在这个人人皆是网民的时代，拥有相同人文信仰、价值观念、兴趣爱好、利益追求的人们聚集在互联网中，他们彼此共存并逐步形成一种共识，他们讲究的是人人平等，强调的是"人人为我，我为人人"。维基百科、百度贴吧、个性论坛、共享云端、大数据储存库等相继问世并推广开来，成为人们办公娱乐、发表舆论的集散地，互联网思维使人们自发地形成了协作与协同的意识，也使人们的生活充满了多样性。

个体实践的自由性是互联网思维对人类个性化的充分展示。不管终端的个体是学识渊博的教授、沉浸书海的学生、忙里偷闲的白领还是忙碌一天归来的市井小贩，人人都有参与讨论、发表观点的权利，互联网引领了"人人皆可表达话语权"的泛众化时代。在"人人都是主人"的互联网世界里，人们可以隐姓埋名，对社会某一事态发表看法或以一己之力引起舆论轩然大波，也可以聚在一起通力协作，必要时达成共识抨击某一不良现象或在某个危难之际向他人伸出援助之手，互联网思维时刻彰显着个人的主体地位，张扬着个体的独立性格，每个人都获得了越来越多的参与实践的机会。

（四）互联网思维是开放、共享的思维

互联网平台本身就是一个无限宽广的空间，不管是网络服务者还是用户，互联网都无条件地吸纳着来自使用者的全部信息和思想，并有秩序地完成储存和调配。因此，互联网思维的开放性是由网络体系结构的开放性决定的，互联网开放的信息交流分享方式和储存超链接系统有利促进了开放思维的发散，人们在网络世界中感受到的是立体网络思维的魅力和宽广的空间，思维的空间实现了由封闭向开放的飞跃。① 互联网思维的开放性极大丰富了人类的物质需求和精神需求，满足了不同层次的人们融入群体和适应社会的需要，使主体的自主性和能动性得到了前所未有的充分发挥。

开放思维的成型也意味着共享思维的逐步形成和完善。加拿大学者麦克卢汉是"网络共享思想"的最早提出者，他在互联网诞生前曾预言"网络将给人类带来一种超越分

---

① 仇小敏.略论网络时代的思维方式[J].新疆社会科学，2004(4)：44-47.

工个体的生命智慧"。的确，每个人都可以通过不同渠道自由选择信息，从政治新闻、医疗信息、教育改革、商务行情到体育赛事、明星八卦、广告宣传、茶余谈资，人们在开放的信息互动中逐步养成与他人分享的习惯，世界将不断缩小并变得更加透明。互联网思维大大增加了人们从社会信息系统获取无限信息资源的可能性，并用独特的分配方式给予了人们智慧创造物最好的归宿。

共享思维方式意味着互动式的体验和参与成为人类社会的普遍现象。互联网思维打破了传统思维的封闭式结构，人们开始根据自身所需能动地了解社会、获取资源、寻求满足，以自我为中心主动突破时空和条件的限制与整个世界互动，"四海之内皆兄弟"的愿景正逐渐成为现实。

二、辩证互联网思维

（一）互联网思维是一种辩证思维

互联网思维与马克思主义辩证思维有着天然的传承性和一致性，思维特征的多元互动、创新超越、平等协作、开放共享普遍存在于事物的普遍联系和永恒发展中，互联网思维是一种唯物辩证思维。

辩证思维对事物的考察是从其各个方面的相互联系为出发点，系统地、完整地从本质上认识对象，强调的是事物之间的对立与统一、联系与发展。互联网思维与辩证思维一样，重视事物内部各要素之间、事物与事物之间的内在联系，认为世界上没有任何事物是孤立存在的，万物均处于普遍联系之中，因而它也强调思考一个问题应该从多个方面、多个角度进行，即所谓思维的发散性。网络思维方式也把事物看作过程的集合体，强调"变"的思想，认为没有一成不变的事物，主张从运动、变化的角度去理解事物，从事物的发展过程去寻求解决问题的方法。①

互联网思维下的实践和创新能够使人们与世界取得联系，也能够把世界万物联系在一起。汽车、导航、地图、语言系统、软件、硬件，这些看起来不同的领域，如今却被业界打造得如此"难舍难分"；电影、网络、大数据、实体、电商、零售这些从前自成一派的产业竟不约而同地"相依为命"且"同舟共济"……当下时代，万物皆彼此依赖且与时代共舞。

更为显著的是，互联网思维创造了手机时代，如今，手机的使用现状是人们用普遍联系和永恒发展的眼光看待世界的具体体现。当15世纪古登堡创造活字印刷的那一刻，同时代的人们为自己能够见证奇迹而欢呼雀跃，可到了21世纪智能手机广泛普及的今天，拥有互联网思维的当代人简直无法理解印刷时代的人们是如何生活的。手机作为信息的载体，是终端，是平台，是电话，是身份证，是银行卡，是枕边人……它不但方便了人们的日常生活，也使人们的精神面貌焕然一新。智能手机完全改变了人们的生活方式和思维方式，拥有全新思维方式的人们永远不会停止创新的脚步，可以想象的是，再过几十年，随着网络技术不断地进步与发展，拥有互联网思维的人们一定会创造出一种

---

① 庄朝兰. 网络时代思维对辩证思维的继承与发展[J]. 厦门理工学院学报，2007，15(4)：76-80.

"未来手机"。不能想象的是,这种"未来手机"到底长什么样子,叫什么名字,一切的一切都是未知的,也许只有时间才能解答所有的谜团。的确,在事物的永恒发展中,互联网思维确实潜力无限,具有显著的未来性,未来世界也必将会变得多姿多彩。

(二) 互联网思维对辩证思维的深化和发展

辩证思维的"对立统一思维法""质量互变思维法""否定之否定思维法",是人类思维方式和方法的重要成果,它产生于人类的认知实践过程中,又反过来指导人类的认知活动和生产实践。但辩证思维并不是人类思维方式发展的最后阶段,随着人类知识结构和实践能力的不断上升,人类思维方式也必将不断地更新和完善。互联网思维的出现正是对辩证思维的深化和创新,辩证思维中的整体性思维和过程性动态思维将在互联网思维中得到更加鲜明的诠释和进一步深化完善。

互联网思维继承了辩证思维中把世界看成一个整体的思想,强调系统中个体与整体关系的同时,更加重视个体性与整体性的融合。首先,互联网思维解放了个体思维的禁锢:一方面,人们越来越习惯于从多层面、多角度、多方向去思考问题;另一方面,人们拥有了各抒己见的话语权意识和对信息再加工的权利意识。其次,互联网思维使整体的力量更加强大:当每个个体的积极性和判断力得到空前的发挥,必将凝聚成更大的力量,由个体组成的整体自然水涨船高,其本身的功能和作用也随着个人主体性的巩固而大大加强了。个体性为整体性服务,也从整体性中得到服务,但并不失去独立性而依附于整体性,① 这是一种相互促进、相互补充的正比例融合,互联网思维无形中加强了个体和整体的力量。如今,互联网被称为"社会操作系统"的观点被越来越多的人所接受,此系统以网络社会为整体,任何事物都可被"嵌入"到互联网中,金融系统、管理系统、存储系统等将被广泛应用到社会的各行各业中去,它以方便、快捷为优势,合理规定着社会系统的程序框架和运作规则。总之,互联网思维使个人发挥个体性的同时,牢牢把握住了整体性,契合了个体性与整体性的相辅相成,促进了社会的进步和时代的升级。

互联网思维强调的是与时俱进、开拓创新、注重思维的动态过程,这与辩证思维中认为整个世界都是过程的集合体是相通的,互联网思维以发展的眼光看世界,是辩证思维随时代不断发展和完善的必然产物。互联网时代,信息的传播过程也是信息不断被加工和再加工的过程,一切都处于动态的变化之中。网络构造的拟态环境要求人们要用清醒的头脑去看待周围事物的变化和环境的变迁,一味地墨守成规,不懂得随机应变、反思校正,不具备互联网思维的人势必将会在时代的信息洪流中逐渐遭到淘汰。因此,具备纵观大局、审时度势、与时俱进、开拓创新的思维能力,是个人、群体、组织在这个快速迭代、动态变化的社会中生存的制胜法宝。

三、互联网思维的价值探讨

(一) 互联网思维的正负价值

互联网思维起源于虚拟的网络,网络虚拟的世界绝不仅仅是虚无缥缈的幻想事物和

---

① 庄朝兰. 网络时代思维对辩证思维的继承与发展[J]. 厦门理工学院学报,2007,15(4):76-80.

漫无边际的夸夸其谈，它是用比特的形式对现实社会的镜像缩影并影响着现实社会的发展方向，也就是说，网络社会的虚拟性既包含着对现实社会的模拟和反映，也预示着现实社会尚未出现乃至"不可能"出现的世界。① 互联网思维继承了这种"虚拟"与"现实"的统一，一方面在"虚拟的比特"和"现实的存在"之间架起了连接桥梁；另一方面又能明确地划分两者的界限，把过去、现在、未来的现实性与大脑潜意识中非现实的可能性完美融合。在这种思维的指导和驱动下，人们在从事认知、生产、实践的活动过程中，既要从现实出发，也要从现实的可能性出发，进而逐步形成以互联网思维为中心的多元性、发散性、创新性、开放性、综合性、系统性等思维模式。

如今，互联网思维最大限度地被拥有和提倡，人类社会赋予了它太多美丽的幻想和创新的图景，那么，互联网思维的兴起和延伸到底是新一轮的文艺复兴浪潮还是皇帝新装的巡游呢？到目前为止，答案是积极的：作为人类思维发展的最高级阶段的组成部分，互联网思维的积极影响大大超过了其消极效应，它的价值已经在其本质和特征中被呈现得淋漓尽致。我们在前面的部分已用大量的篇幅对其本质和特征进行了解析，这里将不再赘述。

作为人类社会认知实践的产物，互联网思维的兴起和广泛延伸代表了思维历史进程的前进和社会的进步。但是，互联网思维对人类社会的一切影响都是积极的吗？当然不是，任何事物都要一分为二来看待，对互联网思维的过度依赖和不合理运用也将对个人和社会造成隐患。

首先，互联网思维对技术的过分依赖正逐渐削弱人类的主体能动性。人们在生产实践中很难抵挡住技术优势的诱惑，用机器代替大脑从事生产实践已成为社会的普遍现象，人们在抬高互联网技术在现实实践中地位的同时，也助长了思维方式的惰性、僵化和机械化的滋生。长此以往，人们的主观能动性将逐渐丧失，思维能力的停滞或下降也将直接导致感官的间歇性失灵和意志的逐渐消沉。

其次，互联网思维的个性化泛滥影响了正常的社会秩序。人们不加甄别地向网络中投递大量信息，有些人甚至为达到某种私利故意发布虚假信息，造成了网络信息资源质量的参差不齐和数量的臃肿，严重污染了网络环境。个人主体自由的个性化泛滥加重了网络的整体负担，使社会秩序处于一片混乱状态。

再次，互联网思维使个体的人文精神世界逐渐消失。互联网思维协同高新网络技术大力发展，人们能够通过搜索引擎和网上交流的方式在互联网上得到任何所需信息，但却逐渐沦为地球村里的"网虫"和"低头族"。长时间的缺乏思考和自我封闭使人们面对面交流的机会大大减少，从而逐渐丧失了对人性、理想价值的思索，也导致了亲情、友情的淡薄。

最后，互联网思维的趋同危机很难让社会返璞归真。人类社会经过几千年的进化发展，形成了不同区域、不同民族、不同风格、不同理念的思维方式，它是文化、习俗、信仰的重要组成部分，也是历史发展的见证和延续。互联网思维的异军突起使整个社会完全处在发明创造的热潮中，再加上互联网程序化的思维方式，人们的思维很容易按照

---

① 常晋芳. 网络思维方式——人类思维方式的第五次大变革[J]. 理论学习，2002(1)：46-48.

统一的步调前进，而忽略了对传统思维优良要素的继承。互联网思维的趋同危机时刻提醒着人们：如果不能对传统思维文化进行合理扬弃，人类社会的古老文明将在信息大潮中逐渐被当代或后代人所遗忘。

（二）互联网思维的前景

一个不争的事实是：互联网思维远远还未达到人们预想的那般成熟。因此，现代社会在大力倡导互联网思维的同时还要注意以下几点：

第一，互联网思维并不是人类思维发展的最高阶段，它不是解决一切问题的钥匙，过分地依赖和运用势必带来负面效应。用思维提升技术的同时，还应尽力消除思维对技术的依赖，合理地保持并提升思维的人文性，避免技术对思维的异化是人类思维维持纯正性的保证。

第二，互联网思维并不是个性化思维的无条件解放，它是建立在整体与个体辩证统一基础上的融合思维。注重发展个体思维的深度，处理好思维方式的个性化创新和整体化兼容之间的矛盾，才能为未来思维方式的发展提供源源不断的动力和经验。

第三，脱离了生产实践的互联网思维将会大大失去它的价值和作用。一方面，互联网思维要与时代的生产方式、生活方式、交往方式达到完美契合，以得到不断完善。另一方面，当代人们不能完全摒弃远古时代、农业时代、工业时代和信息时代的思维方式，而是需要把传统思维与互联网思维有机结合，通盘思考。

第四，时代所提倡的互联网思维，并不等于要用互联网思维代替其他一切思维。实践证明，思维的进步和发展，不仅包括创新理念的培养，还蕴含着不同思维方式之间的共时并存和交叉互补，只有这样，才能有效发挥各种思维的能力，使人类社会思维模式永葆生命力。

总体来说，互联网思维有着光明的前景。它已表现出与网络时代的开放、交互、平行、自由、多元、海量、碎片等特征的天然契合性，已经成为人类现代生活、工作、学习的主要精神工具。由于人类的主体思维的未完成性和不确定性，互联网思维植根于当下，发展于未来，在未来社会，互联网思维必将大展拳脚，对人类生活和社会发展产生更加积极的影响。

第三节　互联网思维+时代人生

一、时代下的互联网思维

（一）遍布周围的"互联网+"

不知从何时起，我们的时代被打上了"互联网"的烙印，可以说这是互联网技术厚积薄发下的"一夜暴富"，也可以说这是互联网技术蓄谋已久的"暗度陈仓"，或者说这是互联网技术实力碾压下的"兵临城下"。总之，伴随着全新的人类生产水平和社会经济模式，互联网的时代已经到来，它以前所未有的速度日益渗透到人们日常生活的各个领域中，并打造了人类未来世界的雏形，人类社会进入"互联网+"时代。

"互联网+"是创新2.0下互联网发展的新业态，是互联网思维的进一步实践成果，它推动经济形态不断地发生演变，从而带动社会经济实体的生命力，为改革、创新、发展提供了广阔的网络平台。通俗地说，"互联网+"就是"互联网+各个传统行业"，但这并不是简单的两者相加，而是利用信息通信技术以及互联网平台，让互联网与传统行业进行深度融合，创造新的发展生态。"互联网+"概念的提出和流行，意味着越来越多的应用、行业、领域正在用崭新的精神面貌和思维方式拥抱互联网时代，人们的生产实践也因此发生着诸多变革。"互联网+传统集市"诞生了淘宝等电商平台；"互联网+传统百货卖场"诞生了京东等自营电商；"互联网+传统婚介"诞生了世纪佳缘等婚恋网站；"互联网+传统交通"诞生了滴滴、Uber 等打车 App；①"互联网+出行"诞生了共享单车；"互联网+餐饮"诞生了美团外卖、饿了吗等外卖服务……随着互联网与社会各行各业"化学反应"的加剧，未来将会催生出新的商业模式、产业格局和生活方式，"互联网+"时代已经到来。

　　如今，传统领域也在悄然发生着变化。"P2P、众筹、余额宝、金融门户、大数据金融"逐渐兴起，大众网民携带着大量的"零钱"席卷而来，互联网理财持续火爆，与之齐头并进的网络购物和第三方支付平台也大大方便了人们的生活，"互联网+金融"的熊熊烈火经久不灭；在线教育平台成为人们提高学习效率的一大利器和自学成才的法宝，"互联网+教育"盛行至今；远程监测、视频会诊、在线咨询紧跟着互联网的步伐接踵而至，移动医疗的异军突起代表着互联网与传统医疗的成功对接，如今人们可以享受足不出户即可看病的便捷。此外，移动和医疗终端 OEM 厂商、应用软件开发商、系统方案商、ODM 厂商、芯片和模块 OEM 厂商、网络设备提供商的上下游成功对接为"互联网+医疗"重新注入了商业的契机；② 互联网的兴起对传统媒体也是极大的冲击和挑战，在传统媒体纷纷触网的背景下，基于用户思维的共建关系才是其生存发展的创新之源。报纸、网站、电视、广播、微博、微信、手机报、客户端等多种平台在内容理念、技术流程上与互联网相融相生的平台施展计划下，诞生了大量的融媒体、全媒体、自媒体和跨媒体，这是"互联网+媒体"时代的趋势和主流。

　　金融、教育、医疗、媒体等传统行业与互联网的融合已成为常态，互联网平台的无限潜力和巨大能量加速催化了互联网思维的诞生，人们自发进入了"互联网思维+"的时代。

　　（二）"互联网思维+"时代体验

　　互联网思维是个人思维模式指导实践方式的内化和积淀，它是个人思维，更是时代思维和社会思维，这是时代发展、科技进步与人类思维发展共舞的默契。"互联网思维+"时代的体验下，人们生活的一切似乎都被互联网包围着，被互联网思维检验着。

　　互联网基础应用已成为人们生活的必需品。人们对网络新闻的自主需求不断增加，以用户为主的咨询平台模式已经逐步取代了早期的以采编分发为主的传播模式；网络搜索引擎成为人们了解世界和解决问题的必备工具，是人们使用互联网方便生活的重点；

---

① 尤解平. 互联网+影视——打造多屏时代的影视生态圈[M]. 北京：中国经济出版社，2015：3.
② 安杰. 一本书读懂24种互联网思维[M]. 北京：台海出版社，2015：168.

即时通信和社交应用逐渐向一体化发展，以微信为代表的社交软件作为连接信息和服务的桥梁，成为人们生活中的必需品。

互联网的商务交易类应用已成为人们生活消费的主流。网络购物的兴起是人们消费理念全方位升级的体现，如今，人们已热衷于从淘宝、京东、当当、唯品会等网站选择自身需求的优质商品；网上外卖作为网络购物的组成部分，以超高的便捷性征服了广大消费者，美团外卖、百度外卖、饿了吗应运而生，逐渐成为人们餐饮的重要选择方式；在出行、住宿方面，人们更习惯于网上预订，在线车票、酒店预订可以随时解决人们所需。这个时代，互联网带来的智能消费、品质消费、便捷消费已成为人们消费的主流。

网络金融类应用日益成为人们的移动银行。网络技术的发展使互联网理财方式和支付途径日趋规范化，安全性得到进一步保证，大大改变了人们的经济生活方式。一方面，人们越来越习惯于在超市、卖场、便利店使用手机网上支付结算；另一方面，O2O模式的开启，丰富、便利了人们的生活，使其进一步向先进化生活理念迈进。此外，网上银行、互联网理财的日趋兴起使人们摆脱了传统的金融理念，网上融资、网上炒股、网上购买基金等成为人们对经济生活的另一种大胆尝试。

网络娱乐类应用逐渐成为人们休闲的精神寄托。如今，网络娱乐充斥着人们的生活，几乎成为人们学习工作之余休闲放松的全部，网络游戏、网络文学、网络视频、网络音乐、网络直播等均属于网络娱乐的组成部分。一直以来，电脑网络游戏以其超脱意境的虚拟体验和无限真实的感官刺激受到广大网民特别是年轻人的青睐。随着近年来智能移动端的发展，网络娱乐进一步向移动端转移，与电脑网络游戏有并驾齐驱之势，手机（iPad）网络音乐、视频、游戏、文学、直播的用户规模持续增长，俨然已经成为人们休闲娱乐的精神寄托。

网络公共服务类应用后来居上，已逐渐被人们所接受。网络人工智能技术的升级使在线教育平台逐渐显现出了特有的优势，人们开始普遍接受在线教育的方式，并从中探索出一套适宜、高效的学习方法，在线教育产业蓬勃发展；以滴滴、Uber为代表的网约车和以摩拜、哈啰为代表的共享单车的问世极大丰富了市民的出行方式，人们出行"最后一公里"的难题得以完美解决。随着技术的日趋完善和资本的大力推动，网络公共服务已成为人们生活中不可或缺的公共资源。

但值得注意的是，我们在用"互联网思维+"享受生活、改造社会的同时，也应不忘从传统思维中吸收经验、提取精华。既要与时俱进、开拓创新，又要平稳过渡、量力而行；既要从互联网思维的巨大能量中吸取生产生活所需的营养，又要注意不要"用力过度"，以防范"享乐主义"的泛滥成型，盲目地用互联网思维解决问题，过分沉浸在其给人类社会带来的巨大利益中而不可自拔的行为都是不可取的。

追本溯源，我们可以得到这样一个逻辑："互联网+"时代环境的熏陶使人类整体形成了新的思想理论和思维方式，全新的思维方式使"互联网思维+时代体验"得以应运而生。个人主体的互联网思维是"互联网思维+"的基本组成单元。接下来的部分，我们将从"个人"的微观角度，分析互联网思维对其主体活动的改变和影响。

二、互联网思维与人

（一）互联网思维对人的主体性活动的改变

网络的发展改变了人们固有的生活方式和交往方式，如今人们在网上活动已经成为常态，"人"开始成为互联网的主体，成为互联网思维的践行者和开拓者。个人主体的网络思维意识和思维模式的形成，催生了人们理解事物和认知环境的潜能，潜移默化地影响着人们的世界观和价值观，使个人的主体性人格和品质得以最终确立。

互联网思维的诸多特征在个人主体层面上都有着鲜明的体现，我们前面在对互联网思维的解析和其与传统思维的比较中都有所提及，这里仅选取对个人主体影响较明显的虚拟性、敏锐性和发散性三个特征进行论述。

个人思维的虚拟性。我们在前面已经讨论过思维的虚拟性与互联网思维形成的关系，在这里，要着重说明一下虚拟性思维对个人主体活动的影响。思维的虚拟性是由网络技术平台的虚拟性决定的，人们的活动场所由物理空间向虚拟空间转移，实践手段由实体化转向数字化，高度抽象的数字、声音、图像等符号信息在完美表征实体物质的同时，也成为思维解析的代码，使个人主体的活动呈现出互动性和即时性等特点。虚拟思维支配下的主体活动承担了网络与现实之间的联系，是人们依托于网络平台针对信息资源从事的智力活动，但值得注意的是，互联网中身份的匿名性直接导致了个人行为的不受拘束，使虚拟思维下的主体活动呈现出消极的一面，也逐渐成为个人多重人格和极端行为的导火索。

个人思维的敏锐性。互联网时代信息传播的速度越来越快，传播的数量成爆炸式增长，个人大脑长时期连续受到爆炸式冲击，当强劲式快速浏览和秒杀式跳跃阅读逐渐替代了顺序化、条理化、逻辑化的信息接收方式时，个人更倾向于快速发现捕捉网络中有用的核心信息，敏锐性思维得以形成。思维的敏锐性促使了人脑活动方式的改变，在信息的搜索和获取极为快速和便捷的条件下，人脑对事物信息分析和思考的侧重点由表面特征转向更深层次内容，即对事物信息基于认知积累下的理解力成为大脑活动的重点，这也成为个人发散性思维形成的起点。

个人思维的发散性。发散性思维是个体在对事物信息达到一定理解力的条件下，对其进行多角度、多层次、多方向、全方位的认知和运用。面对网络平台中不断涌现的新鲜事物和新的环境变化，个体思维意识逐渐完成了由静态、单向、线性到动态、多向、非线性的转变，发散性思维的形成也是人类大脑在既有认知的基础上对信息的接收、反应、处理能力的自发式增强的结果。这种思维方式能帮助人们在对事物类型和信息种类普遍联系和全面理解的维度上，更加及时、有效、准确地把握事物信息的本质属性和发展态势。

互联网思维改变着人的世界观和价值观，也影响着个人的性格特征和思想品质的最终形成。一方面，互联网思维改变了人的生存方式和交往方式，使个人的自我价值得以充分展现，促进了主体价值的实现；另一方面，在实践过程中对互联网思维的过度依赖和运用不当也会导致严重的负面结果，不利于个人积极的人生观和社会观的形成。我们将在第二章对网络时代个人主体的多元价值观进行详细论述。

(二)互联网思维对人的社会性活动的变革

威廉·丁·米切尔在《比特之城》中有过这样一段精彩的描述:"我们可以很轻易地隐瞒身份,故意发出模糊的或错误的有关性别、种族、体形和经济状况的信息。我的网络化身不是生物性、出身和社会环境的必然产物,而是一个具有很强操纵性的、完全非物质的智力创造。"①这说明:互联网将个人身份彻底符号化和匿名化了,这就淡化了个人真实的角色身份和社会地位,消除了现实生活中可能存在的不平等关系。拥有多重符号代表的个人主体,可以以不同身份在不同时间、不同地点与不同人进行互动交流和信息分享,人与人之间的社会活动将呈现出一种自然性和本真性。

互联网思维促进了群体意识的自发形成。网络平台上集散着大大小小、不计其数的群体,每个群体的形成方式各有不同,有的是拥有共同兴趣爱好的个人自发聚集在一起,有的是追求共同目标和利益的个人自发形成,每个群体都有着潜在的存在意义和巨大的能量。与之前不同的是,个人在互联网思维下从事的群体活动是根据主体需求进行的。一方面,个人能够很好地运用网络资源和技术使主体地位得到极大提高,从而降低个体对群体的归属感和依赖感;另一方面,在群体组织活动中,群体无法像以前一样有效支配和强制干预个体的社会活动,网络社会也因此呈现出一片既欣欣向荣又杂乱无章的景象。

社会交往是人类主体社会活动的重要组成部分,也是个人自我满足、自我认知、自我完善的必要条件。互联网思维消除了传统交往方式中对交往对象角色身份、人格品行、社会地位的前提依赖,它以自由、平等、互动的形式赋予了人与人之间新的交往方式,这是一种全新的社会连接方式,显现出明显纯粹的自然属性,这也是一种现代化的开放型人际关系,开辟了人际交往的新领域。由此可见,互联网思维使人类社会交往方式产生了深刻的变革。

具体看来,远古时代有快马加鞭奔驰在各个驿站的送信使者,后来有了飞翔在天空的信鸽……近年来人们普遍用信函、电报进行着公文消息往来,用电话表达问候和进行商务谈判……如今,互联网已经发展到"互"的阶段,网络成为人类交往的主要媒介,在社会交往的需求下,作为载体和呈现方式,自然界普遍存在的任何事物都可以在互联网上找到相对应的表征符号和表达意象,人际交往在内容上包含文字、语音、文件、图片、表情、影音等多种形式。此外,人们的社交形式跨越了传统的面对面语言交往和跨时空书面交往,在时空上表现出无地域、无国界、无距离的即时互通性特点,互联网思维使人们的交往向更宽、更广的层面拓展,人类社会交往活动开始进入时时互联、处处创新的阶段,当下社交时代的来临正是互联网思维作用下的产物。

三、互联网思维与大学生

(一)互联网思维与青年人

传统思维对当代青年人的影响力甚微。如今,网络几乎以爆炸式的方式闯进了人们

---

① [美]威廉·丁·米切尔. 比特之城[M]. 范海燕,胡泳,译. 北京:生活·读书·新知三联书店,1999:13.

的生活，网络世界的包罗万象和神秘莫测是对涉世未久、尚未成熟的当代青年人的极大诱惑，严重阻碍了青年人对历史文化和传统思维的吸收和消化。纵观思维的发展历程，新老思维的传承不是绝对的历时替代，而是"取其精华、去其糟粕"的扬弃，当传统思维的精华被当代人忽略，势必将阻碍新旧思维的顺利传承，也使当代青年人与老一辈形成的代沟逐渐拉大，这是我们不得不引起注意的事实。

网络是当代青年人互联网思维形成的决定因素。青年一代在成长初期，网络就开始深入他们的大脑并促进他们思维的形成和进化。因此，当代青年人的互联网思维是以"触网"方式形成的，也在"触网"的体验中不断进化发展。网络科技日新月异地发展，网速的提升、结构的升级、接入方式的广泛伴随着青年一代的成长过程，使他们的思维已经无法抹去网络带来的冲击，网上生活和无线电设备已成为当代青年人生活中必不可少的一部分，他们的视野、认知和思想也在互联网思维的影响下变得更加宽广。①

互联网思维下，当代青少年得以健康成长。互联网具有交互性、多元性、开放性、共享性、平等性等特征，青年人接收到的网络信息是思维物质内容的重要组成部分，思维内容的丰富和深化反过来又促进了青年人对知识营养的摄取和吸收，使现代社会出现了越来越多的复合型人才。此外，网络的普及能够使青年人了解和熟悉社会中各式各样的信息，包括个人模范的先进事迹和困难面前集体的众志成城，着重培养了自身的整体观和大局观，对青少年个人良好性格的塑造和优秀品德的培养具有积极的推动作用。

互联网思维下，当代青少年的成长也面临着潜在的隐患。在互联网滚滚信息洪流中，老一辈人兼具传统思维的沉淀和互联网思维的熏陶，能够做到自主选择接收信息的内容，并杜绝垃圾信息的侵入。而年轻一代的思维方式多是简单而直接，多元化较为严重，他们抱着开放的态度接受一切冗杂信息，甚至包括垃圾信息，一旦对网络社会信息的侵入处理不当，便会导致更多偏激、堕落、腐蚀等思想的出现。此外，对网络生活的过度沉迷严重影响了当代青年人的世界观和价值观，不利于远大理想的树立和远大抱负的施展。更为严重的是，许多青少年为了满足日益膨胀的网络物质需求，现实经济生活质量极度下降，有的甚至走上了犯罪的道路，这不得不引起我们警醒和深思。

(二) 当大学生遇上互联网

时代发展的今天，互联网上丰富多彩的海量信息，互联网思维下五彩缤纷的网络应用，已经悄然无声地渗透到当代青年人生活的方方面面。大学生属于当代青年的主体之一，互联网思维正潜移默化地改变着大学生的精神生活、理想信念、文化娱乐、人际交往、思想道德、心理状态等各个方面。当大学生遇上互联网，具备互联网思维的他们正经历着一个最好也是最坏的时代。

这是一个最好的时代。大学生能够在广袤自由的平台上根据自主需求获取知识营养的补给，互联网完成了学习资源的优化配置和个人学习模式的私人订制，使大学生的学习超越了时空的界限，同时更具针对性和高效性；大学生面对游戏、音乐、视频、文学、直播时，他们的精神生活获得了极大丰富，互联网搭载的创新式娱乐平台，成为大学生在学习、工作之余放松休闲和缓解压力的有效方式；大学生毕业后有了更加多样的

---

① 赵亮. 网络发展与人的思维方式变迁研究[D]. 新乡：河南师范大学，2012：33-34.

人生选择，互联网行业中自媒体创业为大学生的梦想提供了施展的空间，使他们的理想信念有了更加舒适的栖息之所；同时，大学生的人际交往范围更加广泛，微信、QQ、论坛、贴吧等网络社交平台的出现让社会变成了一个统一体，互联网带来了交往方式的自主化，更好地满足了师生、同学之间沟通的自由和关系的融洽。

  这是一个最坏的时代。面对互联网过度的娱乐化生活，大学生失去了对真理的求知探索和对价值的理性思考，并逐渐丢下了学习这一最本职的任务；面对智能移动终端的普及，大学生人群成为了地球村中"低头族"的代表，严重影响了学习效率和生活节奏；面对网络碎片化信息的轰炸，大学生有时很难分清信息质量的好坏而盲目接受，甚至成为不良信息的传播者；长期沉迷于网络的大学生，现实生活的注意力极度分散，在对学校、社会事物分析认知的过程中，很难做到心平气和和全神贯注，从而导致其心理状态的浮躁；网络交往也有其消极的一面，大学生过度依赖网络交往，使得与亲人、同学之间的交往失去了安全感，长此以往直接导致了个人情感的孤独和意志的消沉。此外，网络谣言的危机、网络诈骗的横行，其危险的触角也在逐步伸向大学生人群，大学生的情商和辨别力还需进一步提高。

  在这个崭新的时代里，互联网思维与人们的生存和社会的发展有着莫大的联系，当大学生遇上互联网，具备互联网思维的大学生应如何面对？我们再次回到当初对"互联网思维"含义的探讨：互联网虽然如此发达和无所不能，但它并不是互联网思维的核心，作为思维主体的"人"才是互联网思维的关键所在。互联网+时代的大学生，所思考的应该是如何将自身的行为活动和理想信念正确融入互联网中，对待互联网是正确地利用还是盲目地沉沦，关键还是取决于大学生自身。

第二章 网络时代多元价值观

第一节 世界观 人生观 价值观

一、三种观念的释义

1. 世界观

世界观亦称宇宙观，是人们对整个世界的根本看法，在有阶级的社会里，世界观具有鲜明的阶级性，不同阶级的人们，由于在社会实践中所处的地位不同，特别是阶级地位不同，逐步形成了不同的世界观。① 世界观建立于一个人对自然、人生、社会和精神科学的、系统的、丰富的认识基础上，它包括自然观、社会观、人生观、价值观、历史观。世界观不仅仅是认识问题，而且还包括坚定的信念和积极的行为。对于一个人来说，世界观又总是和他的理想、信念有机联系在一起的。

世界观总是处于人的思想理念的最高层次，对人的理想和信念起支配作用和导向作用；同时世界观也是个性倾向性的最高层次，它是人的行为的最高调节器，制约着人的整个心理面貌，直接影响人的个性品质。可以说，世界观决定一个人的人生观和价值观。世界观是人们在社会实践的基础上产生和逐渐形成的。人们在长期的实践活动中，首先形成的是对于现实世界各种具体事物的看法和观点。久而久之，人们逐渐形成了关于世界的本质、人和客观世界的关系等总的看法和根本观点，这是形成世界观的基本过程。一般说来，人人都有自己的世界观，并以此来观察问题和处理问题。

2. 人生观

人生观是对人生的根本看法，由于人们在社会实践中所处的地位不同，认识不同，因而形成了不同的人生观。② 人们在实践中形成的对于人生目的和意义的根本看法，决定着人们实践活动的目标、人生道路的方向，也决定着人们行为选择的价值取向和对待生活的态度。

人生观是世界观的一个重要组成部分，受到世界观的制约。人生观主要是通过人生

---

① 辞海[M]. 上海. 上海辞书出版社，1982：37-38.
② 辞海[M]. 上海. 上海辞书出版社，1982：304-305.

目的、人生态度和人生价值三个方面体现出来的。

人生目的决定人一生所追求的目标，为了某一个人生目标，有人会不顾一切去奋斗、去拼搏，不同的人生观有着不同的奋斗目标；人生态度是人对于自己人生所持有的一种姿态，或积极或消极，或热情或冷淡；人生价值是人在生活中的价值观念，每个人都有自己的价值观念，这是一个较为复杂的价值体系。

每个人的人生观在不同时期随着社会的变化而变化，这种变化的外因是客观世界，变化的内因是人的主观世界。在自然界中，因为人们的生存环境、所受到的教育、接触的层面不同，所以，人生观必然各不相同。在阶级社会里，人生观具有鲜明的阶级性，不同的阶级有不同的人生观。

3. 价值观

价值观是指个人对客观事物及对自己行为结果的意义、作用、效果和重要性的总体评价，对什么是好的什么是坏的，什么有价值什么没有价值的判断，是推动并指引一个人采取决定和行动的原则、标准，是个性心理结构的核心因素之一，它使人的行为带有稳定的倾向性。价值观是人用于区别好坏，明辨是非及其重要性的心理倾向体系。它反映人对客观事物的是非及重要性的评价，人不同于动物，动物只能被动适应环境，人不仅能认识世界是什么、怎么样和为什么，而且还知道应该做什么、选择什么，发现事物对自己的意义，设计自己，努力改变自己所处的各种环境，确定并实现奋斗目标。这些都是由个人的价值观支配的。价值观决定、调节、制约个性倾向中低层次的需要、动机、愿望等，它是人的动机和行为模式的统帅。人的价值观建立在需求的基础上，一旦确定则反过来影响调节人进一步的需求活动。人们对各种事物，如学习、劳动、享受、贡献、成就等，在心中存在主次之分，对这些事物的轻重排序和好坏排序构成一个人的价值观体系。价值观体系是决定一个人行为及态度的基础。价值观受制于人生观和世界观，一个人的价值观是从出生开始，在家庭和社会的影响下逐渐形成的，一个人价值观的形成受其所处的社会生产方式及经济地位的影响，具有不同价值观的人会产生不同的态度和行为。

价值观是一种内心尺度，为人自认为是正当的行为提供充足的理由。它在整个人性当中，支配着人的行为、态度、观察、信念、理解等，支配着人认识世界、明白事物对自己的意义和自我了解、自我定向、自我设计等。

价值观包括内容和强度两种属性。内容属性告诉人们某种方式的行为或存在状态是重要的，强度属性表明其重要程度。当我们根据强度来排列一个人的价值观时，就可以获得一个人的价值系统。每个人的价值观都是一个层次，这个层次形成了每个人的价值系统。这个系统通过我们赋予自由、快乐、自尊、诚实、服从、公平等观念的相对重要性程度而形成层次。

价值观从行为学的角度研究组织行为是很重要的，因为它是了解人的态度和动机的基础，同时它也影响我们的知觉和判断。每个人在加入一个组织之前，早已形成了什么是应该的、什么是不应该的思维模式，这些观点完全建立在价值观的基础之上，它们包含着对正确与否的解释，并隐含着一种观念，即某种行为或结果比其他行为或结果更可取。价值观是基于人的一定思维感官之上而作出的认知、理解、判断或抉择，是人认定事物、辨别是非的一种思维或取向，从而体现出人、事、物一定的价值或作用；在阶级社会中，不同阶级有不同的价值观念。行为学认为价值观是人们对社会存在的反映，是社会成员用来评价行为、事物以及从各种可能的目标中选择自己合意目标的准则。价值观通过人们的行为取向及对事物的评价、态度反映出来，是世界观的核心，是驱使人们行为的内部动力。它支配和调节一切社会行为，涉及社会生活的各个领域。

4. 三观的辩证关系

世界观、人生观与价值观是三个相辅相成的辩证关系，世界观决定人生观，人生观决定价值观，价值观又反作用于世界观与人生观，三种观念相互作用，又相互依存，三种观念联系紧密。

同时，三种观念又相互包含，它们之间没有明确的界限，彼此之间相互覆盖、相互支撑，三观之间相互渗透、相互影响，从而形成了共存的局面。

二、价值观的类别分析

正是因为价值观在人生中的重要作用，所以人们花了相当大的精力去探讨价值观问题，德国哲学家施普兰格尔把人的价值观进行过系统分类，他认为根据人的侧重点不同，人生价值体系可以从这样几个方面来区分：

第一种是理论型的价值观，他们重经验，崇尚理性，重视哲理，认为只有经验和理性才是人生最重要的东西。

第二种是政治型的价值观，他们注重的是权力对社会的影响，重视自己所获得的权利，他们认为人生最有价值的是自己对权力的获得和使用。

第三种是经济型的价值观，他们并不看重权力，更不看重那些虚无的他们认为毫无意义的观念，他们看重的是自己在经济活动中所能得到的东西，那些实实在在的金钱和产业。

第四种是审美型的价值观，他们认为人生价值在于不断地发现美，美存在于万物之中，美在形式，美在内容，寻找美才是人生真正的价值所在。

第五种是宗教型的价值观，他们对宇宙敬畏，对生命敬畏，信奉世界万物都是由上天来决定的，他们注重对宇宙奥秘的探索，他们笃信他们所认定的事物，并一生为之奉献所有。

第六种是情感社会型的价值观，他们认为人最重要的是情感，是情爱，如果人没有情感和情爱，那么人就没有生活的价值和意义，人就等同于动物，因此，他们将情感和情爱视为人生最为圣洁和最有价值的。

施普兰格尔认为，人们的生活方式朝着这六种价值观方向发展。六种价值观念的划分并不表示有这六种典型人物存在，分类只是为了更好地理解价值观。事实上，每个人都或多或少地具有这六种价值观，只是核心价值观因人而异。人们的生活和教育经历各不相同，因此价值观也多种多样。

美国心理学家 M·罗基奇于 1973 年提出他的价值系统理论，他认为，各种价值观是按一定的逻辑意义连接在一起的，它们按一定的结构层次或价值系统而存在，价值系统是沿着价值观的重要性程度而形成的层次序列。他提出了两类价值系统：

第一类系统为终极性价值系统，用以表示存在的理想化终极状态或结果，包含的内容有：舒适的生活、振奋的生活、成就感、和平的世界、美丽的世界、平等、家庭保障、自由、幸福、内心平静、成熟的爱、国家安全、享乐、灵魂得到拯救、自尊、社会承认、真正的友谊、智慧。

第二类系统为工具性价值系统，是达到理想化终极状态所采用的行为方式或手段，包含的内容有：有抱负、心胸宽广、有才能、快活、整洁、勇敢、助人、诚实、富于想象、独立、有理智、有逻辑性、钟情、顺从、有教养、负责任、自控、仁慈。①

价值观有很多种类，无论是哪类价值观，它对于人的行为都是起关键作用的，第一，价值观在思想认识上的统一是人际关系的基石，所谓物以类聚，人以群分。第二，价值观利益上的互动和协调是人际关系的核心。第三，价值观信息上的沟通是人际关系形成的关键因素。价值观对人们自身行为的定向和调节起着非常重要的作用。价值观决定人的自我认识，它直接影响和决定一个人的理想、信念、生活目标和追求方向的性质。价值观的作用大致体现在以下两个方面：

其一，价值观对动机有导向的作用，人们行为的动机受价值观的支配和制约，价值观对动机模式有重要影响，在同样的客观条件下，具有不同价值观的人，其动机模式不同，产生的行为也不相同，动机的目的方向受价值观的支配，只有那些经过价值判断被认为是可取的，才能转换为行为的动机，并以此为目标引导人们的行为。

其二，价值观反映人们的认知和需求状况，价值观是人们对客观世界及行为结果的评价和看法，因而，它从某个方面反映了人们的人生观和世界观，反映了人的主观认知世界。

三、人生价值观

现在不少人将人生观与价值观合二为一，称为人生价值观，这种提法已为现代人所认可，并赋予它许多新意，它主要回答什么是人生、人生的意义、什么是人生的价值、怎样实现人生的价值等问题。

人生价值是一种特殊的价值，是人的生活实践对于社会和个人所具有的作用和意义。选择什么样的人生目的，走什么样的人生道路，如何处理生命历程中个人与社会、现实与理想、付出与收获、身与心、生与死等一系列矛盾，人们总是有所取舍、有所好恶，对于赞成什么反对什么、认同什么抵制什么，总会有一定的标准。人生价值就是人们从价值角度考虑人生问题的根据。

在关于人生的思考中，回答"为什么"的问题，即人生目的问题，要以人生的价值特性和对于人生的价值评价为根据。一个人自觉地追求着自己认定的人生目的，是因为他对自己选择的生活作了肯定的价值判断，认为这样的生活具有价值或者能够创造价值。回答"怎么样"的问题，即人生态度问题，同样要以对人生的价值判断为根据。

目前人们对人生价值观的分类有很多种，与施普兰格尔及 M·罗基奇价值观的分类有相同点也有不同点。目前大致可分为以下六种。

---

① 韩震. 社会主义核心价值体系的研究[M]. 北京：人民出版社，2007：120-126.

第一，享乐主义人生价值观。它从人的生物本能出发，将人的生活归结为满足人的生理需要的过程，提出追求感官快乐，最大限度地满足物质生活享受是人生的唯一目的，认为人生最大的价值便是享乐。

第二，厌世主义人生价值观。厌世主义认为，人生是苦难的深渊，充满各种烦恼与痛苦，人从生下来那一天起，是哭着来到这个世界，面对的是漫长的苦难岁月，一生受尽各种煎熬。他们甚至对人类的前景都深感担忧，认为人类总有一天会用完世界上所有的资源，最后人类消亡。

第三，禁欲主义人生价值观。它将人的欲望特别是肉体的欲望看做是一切罪恶的根源，主张杜绝人欲，实行苦行主义，他们认为人类唯有脱俗灭欲，才能真正得到解脱。

第四，幸福主义人生价值观。一种观点是强调个人幸福是人生的最高目的和价值；另一种观点是在强调个人幸福的同时，也强调他人幸福和社会公共幸福，认为追求公共幸福是人生的最高目的和价值所在。

第五，乐观主义人生价值观。它认为社会发展的前途是光明的，人生的目的在于追求社会的文明和进步，在于追求真理，对人生抱着积极乐观的态度。

第六，共产主义人生价值观。它是无产阶级的科学的人生观。它把人的生命活动历程看做是认识和改造客观世界的过程，把消灭资本主义、实现共产主义、为绝大多数人谋利益看做是人生的崇高目的和最大幸福。人生的价值和意义在于对社会所尽的责任和所作的贡献，人生的最大价值和意义，在于努力为人民服务，无私地把自己的一切精力贡献给共产主义事业。[①]

任何一种人生价值观都有其存在的意义，它形成的视角、背景、判断以及它所述说的意义，都会有着一定程度上的客观价值所在，而这种价值则在于它所被认可的程度和意义。

现在从人生价值观衍生出各种类别的价值观，比如职业价值观、婚姻价值观、家庭价值观等，这些价值观对于人们生活的方方面面都从价值观的角度进行了诠释，根据当代人所持有的不同价值取向，也繁衍出了多种版本。

伴随着社会的不断发展，可供选择的机会越来越多，择业问题已经成为人生大事，因此职业价值观成为人们热议的话题。

职业价值观是人生目标和人生态度在职业选择方面的具体表现，是一个人对职业的认识和态度以及他对职业目标的追求和向往。人的理想、信念、世界观对于择业的影响，集中体现在职业价值观上。俗话说"人各有志"，这个"志"表现在职业选择上就是职业价值观，它是一种具有明确的目的性、自觉性和坚定性的职业选择的态度和行为，对一个人的职业目标和择业动机起着决定性的作用。

由于每个人的身心条件、年龄阅历、教育状况、家庭影响、兴趣爱好等方面的不同，人们对各种职业有着不同的主观评价。从社会来讲，由于社会分工的发展和生产力水平的相对落后，各种职业在劳动性质的内容上，在劳动难度和强度上，在劳动条件和待遇上，在所有制形式和稳定性等诸多问题上，都存在着差别。再加上传统的思想观念

---

① 袁贵仁. 价值观的理论与实践[M]. 北京：北京师范大学出版社，2013：201-203.

等的影响，各类职业在人们心目中的声望地位便也有好坏高低之见，这些评价都形成了人的职业价值观，并影响着人们对就业方向和具体职业岗位的选择。①

每种职业都有各自的特性，不同的人对职业意义有不同的认识，对职业好坏有不同的评价和取向，这就是职业价值观。职业价值观决定了人们的职业期望，影响着人们对职业方向和职业目标的选择，决定着人们就业后的工作态度和劳动绩效水平，从而决定了人们的职业发展情况。哪个职业好？哪个岗位适合自己？从事某一项具体工作的目的是什么？这些问题都是职业价值观的具体表现。

第二节 人生价值观的爱情变调

当前人们的人生价值观是多元的，尤其表现在对婚姻的看法上。2016年江苏卫视《非诚勿扰》节目中，一位女嘉宾的一句"宁愿坐在宝马车里哭，也不愿坐在自行车上笑"的言论使她一夜成名，她说出了当代一些人的心里话，成为众人议论的拜金女。节目播出后这位嘉宾虽然受到不少人的抨击，但也因其自大、媚富的言论而在网络上蹿红，成为各档节目的座上宾。"宁愿坐在宝马车里哭，也不愿坐在自行车上笑"，为什么这样一句话会使一位普通的电视节目参与者一夜蹿红，这其中具有深刻的社会原因与经济原因。

一、拜金主义思潮的泛滥

拜金主义古已有之，早在20世纪人们还生存在传统农业社会时就已经产生，但它真正成为盛行的观念却是在资本主义产生之后。资本主义高度发达的物质文明和拜金主义恰如一对孪生姐妹，或者说，拜金主义是物质文明发展过程中除不掉的毒瘤。物质文明之所以会盛行拜金主义，就在于人贪婪的性情以及无休止地聚敛财富，在于金钱作为财富的化身，可以在许多时候左右一切。应当说，西方的一些有识之士早就认识到拜金主义的危害，并展开了对它的批判，但是拜金主义并没有被清除。改革开放后，随着国门的打开，在引进资本、技术和优秀文化成果的同时，这些腐朽思想也传了进来。②

在当今经济大潮的冲击之下，不少人认为，金钱不是万能的，但没有钱是万万不行的，有钱能使鬼推磨。在这种观念的冲击下，不少人开始拜金，他们把金钱作为自己人生追求的主要目标，把人生的目的与意义归结为对金钱的追逐。

在这样一种思潮的推动之下，拜金主义甚嚣尘上，连人们认为最神圣、最圣洁的爱情，也被拜金主义所侵蚀，现在人们还流传着一句话：没什么不能没钱，贫贱夫妻百事哀。认为如果没有钱，夫妻、家庭就不会有任何幸福，再美好再纯净的爱情都应该以金钱作为基础，在这样一种潮流的冲刷下，谈恋爱、建立家庭的首要条件是对方有钱，再

---

① [美]梅格·惠特曼，琼·汉密尔顿. 价值观的力量：全球电子商务教母梅格·惠特曼自传[M]. 吴振阳，麻勇爱，译. 北京. 机械工业出版社，2010：102-106.
② 《思想道德修养与法律基础》编写组. 思想道德修养与法律基础[M]. 北京. 高等教育出版社，2015：182-183.

善良的人性、再优良的品格，只要没有金钱，一切都免谈。即使恋爱双方有了纯洁的爱情，但社会舆论、家庭压力、亲朋好友等层层关卡也难以逾越，最终爱情输给了金钱。

二、爱情、婚姻成为一场交易

爱情、婚姻成为一场交易，恋爱双方成了交换的商品。当年遭人唾弃、害人匪浅的陈旧观念也沉渣泛起，再度成为人们信奉的圭臬。一个农村来的大学生休想与一个腰缠万贯的老板千金谈恋爱，那是门不当户不对；一个美若天仙的姑娘打死也不会嫁给一个家境贫寒的美男，那是鲜花不能插在牛粪上。凡此种种，不胜枚举。

1. 房、车是婚姻的先决条件

当今的婚姻爱情观，是否有房产、轿车等成为婚姻的先决条件，如果不具备这些基本物质条件，一切都免谈。不少大学生在校读书期间，就开始考虑婚姻问题，他们的基本观念也十分清晰，结婚就必须有房有车，没房没车怎么生活？这种婚姻价值观使许多个人优秀而家庭条件相对较差的青年找不到自己的另一半，有的虽然两个青年人相爱，但也很难逾越家庭长辈这道坎。

2. 对方的家庭条件是关键考量

当今我们不少大学生在择偶时，以金钱为尺度，以家庭条件作考量，将许多品质优秀、心地善良而家境欠佳的人拒之千里之外，这不能不说是件很遗憾的事情。

家庭条件本来是一种外在的、非核心的问题，但现在许多青年人却把它作为婚姻重要的考量标准，他们认为只有家庭好，人才会好，只要找到好的家庭，就可以找到好的伴侣，在这种观念的指导下，人们的婚姻不再是以人的品质、道德、修养等为衡量尺度，这本来是一件非常荒唐的事，而在今天却显得十分明智、正常。

我们不禁要问：这种以财富作为砝码的婚姻，怎么可能有患难夫妻？又怎么可能会相濡以沫！到头来，只能是夫妻本是同林鸟，大难当头各自飞。我们不是爱情至上者，但是我们十分清楚，没有爱情的婚姻是最不牢固的婚姻，没有爱情的婚姻是最悲哀的婚姻。在历史的长河里，我们看到无数因为交易而没有爱情的婚姻，有几个是幸福美满的？有几个又能持久？人之所以是高级动物，就是因为他们有思想、有感情、有追求、有信仰、有七情六欲、有喜怒哀乐，如果仅仅以金钱作为等价交换的条件来维持婚姻，那人与动物何异？

3. 颜值、身材、眼缘是必要条件

颜值、身材、眼缘等这些是外在的表面的东西，特别是在今天，我们可以人工地将人的颜值提升得很高，人造美人比比皆是，而这种花钱就可以得到的"美"也为许多青年朋友所看重。"颜值"这个现代人创造的新词在今天成为一个特别流行的词汇。

身材、身高在今天也成为青年人择偶的标准之一，不少人因为太胖或者太瘦就成了"剩男剩女"，有些人身高没有达到一些人择偶的标准也被拒之门外，所以，减肥与增肥就成为当下的时髦语句。而商家也看到了商机，在大街上随处可见减肥会所、健美中心、形体塑造这样的铺面。

另外，眼缘也是人们择偶考虑的条件之一。眼缘，顾名思义是看对方是否有缘分，有人说女人的第六感觉是最"准确"的，她们第一眼看人的感觉是最准的，因此，第一眼印象就成为择偶的一个不可忽视的条件。有些人深信缘分，认为第一眼的印象是缘分所致，这种虚无缥缈甚至是有些迷信色彩的观念反映为现代人的一句流行语：我们没有"眼缘"。

三、爱情是有价格的吗

在今天，不少人认为金钱是可以买到一切的，人们为了金钱可以无所顾忌地去做任何事情。

我们看到西方资本主义国家金钱至上的观点在许多人心中根深蒂固，他们不相信爱情却相信金钱，认为金钱可以买到所有东西，爱情是有价格的。但是，金钱至上的观点给人们带来的危害是巨大的，几百年来，"金钱败坏人心"已经成为西方社会发展中总结出的事实，从巴尔扎克的《高老头》到司汤达的《红与黑》，从雨果的《悲惨世界》到福楼拜的《包法利夫人》等，我们在这些西方国家的名著中都可以看出端倪。

与此相反，在我们社会主义国家里，金钱不等于爱情，爱情是用金钱买不到的。尽管在西方社会拜金主义的影响之下，有个别这种"宁愿坐在宝马车里哭，也不愿坐在自行车上笑"的拜金女，但绝大多数青年还是可以正确对待爱情与婚姻，他们将人的品质、道德等作为衡量对方的基本条件。所以，在今天经济大潮的冲击之下，如何使我们的思想不被资本主义国家的金钱至上的观念所侵蚀，真正树立社会主义价值观、人生观，是至关重要的。

第三节　怎样理解"人生无常，活在当下"

人生短暂且无常，活在当下是正道，这是一种享乐主义人生价值观。享乐主义人生价值观从人的生物本能出发，将人的生活归结为满足人生理需要的过程，提出追求感官快乐，最大限度地满足物质生活享受是人生的唯一目的，认为人生最大的价值便是享乐。

一、短暂的人生如何度过

确实，人生苦短，弹指之间转瞬百年，所谓朝如青丝暮成雪。然而如何度过这短暂的人生？我们不禁想起一句名言："人的一生应当这样度过：当你回忆往事的时候，不会因虚度年华而悔恨，也不会因碌碌无为而羞愧；在临死的时候，他就能够说：我的整个生命和全部精力，都已经献给了世界上最壮丽的事业——为人类的解放而斗争。"这是苏联名著《钢铁是怎样炼成的》中主人公保尔·柯察金所说的一句话。

人生苦短，该如何度过，不同的人有不同的观点，这是不能强求的。但是，无论如何，人生应该活得有价值、有意义。每个人的能力不同，追求不同，实现的价值亦不尽相同。但有一点是需要强调的，就是要对社会、对他人有所奉献。如果一味地追求私利，只为自己活着，那就活得没有价值，没有质量。

正是由于人生苦短，所以每一个人都应该严肃认真地对待自己的一生，而不是完全放松，得过且过。

不少大学生，从他们迈进大学校门那一天起，就认为自己的目的达到了，因此在大学的四年时间里，饱食终日，无所用心。他们高喊着"60分万岁！多一分浪费，少一分受罪"的口号。在网上还有"60分考试神器"之类的助考器，真是荒唐。在今天的大学校园里，这种60分万岁及读书无用论的论调并不少见。

现在人们的生活水平提高了，在衣食无忧的生活环境下，不少人竟然找不到奋斗的目标、人生的方向。中国有句老话：穷可以使人发奋。人为了摆脱贫穷的命运，改变自己的处境和地位，所以发奋前行。今天我们在不断地向小康社会迈进，生活水平提高了，难道我们就不需要奋斗了吗？衣食无忧只是解决了一个基本的生存问题，而我们的目标应该绝不止于此，我们还有更高的追求，更远大的抱负。

我们的数学家华罗庚在美国有着优厚的待遇和优越的生活，但为什么会放弃，回到祖国，那是因为华先生有信仰、有理想，他想要建设一个美好的社会，实现壮丽的人生。

60分万岁及读书无用论的毒液正在侵蚀着我们的大学生，想让我们这些天之骄子在碌碌无为中毁掉一生，这是非常可怕的。然而，在大学里，确实有一些大学生浑浑噩噩地生活，把大学四年的美好光阴消耗在网吧里，在网游中奋进，在虚拟的世界里浪费自己宝贵的青春。

我们可以确切地说，在任何意识形态的社会都需要知识和能力，一个没有知识和能力的青年在社会上是无用的，一个社会的无用之人，他的生活境遇可想而知。读书和接受教育是提高个人能力的重要途径，因此，我们决不能放弃接受教育和读书，这是一种非常可悲的想法与做法。

二、如何对待无常的人生

"人生无常，活在当下"成为网络上一句流行语，这种享乐主义人生观是一种及时行乐的观念，他们认为人生苦短，应该纵情欢乐。他们还用李白的诗句来佐证自己的观点，"君不见高堂明镜悲白发，朝如青丝暮成雪"，之后得出结论："人生得意须尽欢，莫使金樽空对月。"实际上，他们并不了解诗人李白当时所处的环境与心情，却断章取义地以诗人的诗句作为自己人生的追求。

人生无常。天有不测风云，人有旦夕祸福。的确，我们应该承认人生的无常，因为我们随时会面临各种各样的人生困境，面临来自四面八方的压力，面临各种危险，这是人生的必然。因为水可能会淹死人，所以我们就永远不再碰水？因为吃饭可能会把人噎死，所以我们就不再吃饭？非也，人在任何情况下都可能面对困境和危险，即使躲在家中，也可能会发生地震、水灾和其他险境。

面对无常的人生，是自暴自弃、逃跑躲避，还是直面人生、勇敢面对？这是两种人生观、世界观。现在的确有一些人，面对无常的人生，选择了躲进小楼成一统，哪管春夏与秋冬的消极做法。我们不少学生也有这样一种倾向，他们尊崇"人生无常，活在当下"的做法，对读书学习、追求上进没有兴趣，而将大部分精力用在网游、网恋、网购等虚拟的网络世界之中，而对自己的未来、人生的目标则很少考虑。

三、"活在当下"的多种含义

"活在当下",很多人将此话奉为圭臬,他们认为人生苦短,转眼便是百年,所以要把握当前的人生,享受人生。因此,他们把人生宝贵的时间用来吃喝玩乐,用来消耗在网络游戏中和酒吧歌厅里。

其实,不少流行的网络词语是可以从多方面进行解释的,这句"活在当下"的流行语也可以从多种角度来理解。从正面的角度看,因为人生苦短,我们应该在活着的时候多做点事,昨天已经过去,明天还没有到来,唯有把握当下才是道理。

汉宣帝继位之初,下诏想把祭祀汉武帝的庙乐升格,不料却遭到了光禄大夫夏侯胜的反对,丞相、御史大夫等公卿大臣们一阵惶恐,胆敢反对皇上的诏书,这还了得!马上联合上了一道奏章,弹劾夏侯胜大逆不道。顺便把不肯在奏章上签名的丞相长史黄霸也以不举劾的罪名一道上报给了皇帝。于是这两个人被一起逮捕下狱,判了死罪,等待处死。夏侯胜是当时有名的大儒,尤其精通《尚书》,素来性情耿直,不会阿谀逢迎,如今受此大辱,郁郁寡欢,想皇上的寡恩,想人生的无常,不免心灰意冷。好在那个更冤的黄霸跟他关在了一起,寂寞之中,还有人可以说说话。黄霸生性乐观,他早就仰慕夏侯胜是个大儒,只是无缘亲近,没想到因意外的灾祸被关进了同一间牢房,他心想,原来天天忙工作没有时间,现在时间也有了,而良师近在眼前,为什么不赶紧补上这一课呢?

黄霸便将求教之意告诉了夏侯胜。夏侯胜苦笑,说:"咱们都犯了死罪,马上就要被处死了,现在读经有什么用?"黄霸说:"孔子曰:朝闻道,夕死可矣。人应该活在当下,抓住现在,学有所得,心有所悟。今天就是快乐的,何必管虚无缥缈的明天呢?"夏侯胜听了精神为之一振,内心大为感动,当即答应了黄霸的请求。两人席地而坐,每天夏侯胜都悉心向黄霸传授《尚书》,黄霸尽心听讲,二人日夜讲学津津有味,研读到精妙处,时不时还抚掌大笑。弄得监狱的看守过来察看,结果是一头雾水,搞不懂两个将死的人为什么这么快乐。

有人促请汉宣帝该把夏侯胜和黄霸执行死刑了,汉宣帝派人到狱中调查这两个人是否心中哀痛,有悔改之意,回报说他们每天以读书为乐,面无忧色。汉宣帝心中不满,但也感叹俩人之贤,不忍杀之,以至此案久拖不决。虽然身在监牢之中,决意活在当下的夏侯胜和黄霸心无阻碍,没有什么能够束缚他们。时间不再是他们的敌人,因为有事可做,两个冬天过去了,他们也没有感到时间的漫长,反倒是学问研究得愈益精到,思想有了长进,精神更加充实。两年后的一天,汉宣帝大赦天下,夏侯胜和黄霸得以出狱,不过他们并没有被逐回老家,而是又直接被宣进朝廷,夏侯胜被任命为谏大夫,留在皇帝身边,黄霸为扬州刺史,外放做官。后来夏侯胜因正直博学做了太子的老师,九十岁逝世,为谢师恩,太子为他穿了五天素服。天下儒生都引以为荣。黄霸以精明干练、政绩卓著名扬天下,后来官至丞相,史书评价他,自汉朝建立以来,才能卓异的丞相多多,但论到治理百姓,则"以霸为首"。牢狱之灾成了夏侯胜和黄霸命运的转折点。

佛学一向强调"放下",主张把一切都放下,放下对生命的牵挂,放下对未来的执着,把握唯一能把握的当下,做手边能做的事,把当下的每一分每一秒都活得充实,生命便有了最现实的意义。佛家强调遇事"见了便做，做了便放下，了了有何不了"。这种心态看似消极，其实包含着大智慧。活在当下，便活出了未来。

因此，我们看到"活在当下"有许多种解释，有消极的，也有积极的，我们应该取积极的态度，克服当下人生道路上的各种障碍，使人活得有价值、有意义。正如毛泽东所教导的：下定决心，不怕牺牲，排除万难，去争取胜利！

第四节　再议"人不为己，天诛地灭"

人不为己，天诛地灭。此话是句老话，但在今天的网络上却特别流行。许多人认为今天是应该为自己活一把的时候了，特别是在经商大潮中，大家把这句话当成了座右铭，成为随时挂在嘴边的口头禅。从字面上理解这句话似乎非常简单，而实际上，大多数人都曲解了此话的真实含义。

一、"人不为己，天诛地灭"的真正含义

《佛说十善业道经》中第二十四集指出：人生为己，天经地义，人不为己，天诛地灭。"人不为己，天诛地灭"中，"为"是"修习、修炼"的意思；天诛地灭，就是天地诛灭的意思。通俗一点讲就是："人如果不修习自己的德行，那么天理难容啊！"

佛学中一再强调：不杀生、不偷盗、不邪淫、不妄语、不两舌、不绮语、不恶口、不贪欲、不嗔恚、不邪见，才是"为自己"。不为自己制造新的孽障恶果，不为自己造成新的灾祸，这才是"为自己"。只有这样才不会天诛地灭。

在"人不为己，天诛地灭"这句话中，"为己"则是要求"人"遵循道德法则。以此看来，"为己"的"己"，与我们一般人理解的私利含义并不相同。非但名利不是"己"，连妻子、家庭也不是"己"。按照佛学的主张，真正为"己"的人，必然淡泊名利，超脱物外，举止合度。

因此，"人不为己，天诛地灭"的真正含义是教人向善，主旨在于对自己的约束和修习，核心是律己、慎独。这与孔子一向强调的"克己复礼"的教诲如出一辙，也与今天所提倡的"正人必先正己，严于律己，宽以待人"等有异曲同工之意。

二、现代人的曲解

在当代商业大潮的冲击之下，不少人将"自我"利益不断放大。"人不为己，天诛地灭"这句话在他们看来是一句颠覆不灭的真理，他们曲解了"为己"的真正含义，认为人就是为了自己，不为自己谋利益天地都不答应。他们认为"人不为己"的"为"字就是"给、替"，就是"帮助、护卫"。

确实，在我们国家的一些影视剧中，常有曲解"人不为己，天诛地灭"含义的台词，这是许多人时常挂在嘴边的一句口头禅。

在我们国家有些俗语、谚语之类与现代人理解的"人不为己，天诛地灭"大体相似，比如"自家各扫门前雪，莫管他人瓦上霜"，"事不关己，高高挂起"等，总之，那种只顾自己不管他人的口头禅张口就来。

在我们社会主义国家里，百姓之间相互帮助、相互体贴已经成为一种良好的风气。毛泽东早就教导我们说，我们都是来自五湖四海，为了一个共同的革命目标，走到一起来了。我们的干部要关心每一个战士，一切革命队伍的人都要互相关心，互相爱护，互相帮助。不同的社会制度有着不同的社会观念，在一些看重金钱的国家里，他们认为金钱是万能的，而人与人之间只有金钱和利益的关系，没有感情，甚至没有亲情。"商场里面无父子"这句话就表达了为了利益不讲亲情的意思。

三、多元价值观的偏倚

对于价值观问题，在任何时候都不可能做到完全统一。每个人都有自己的生活轨迹，有自己的生活圈子，有不同的受教育程度，因此也有自己的生活理念和自己的价值观。在今天这个信息发达、科技进步的时代，人们有信仰的自由，对于价值的判断呈现出多元化倾向是很自然的。

但是，我们应该看到价值观在不同年代具有一定的偏倚性。从我国近几十年的发展来分析，价值观的变化与当时的社会环境、舆论导向、经济基础等都不无联系。有位哲人曾经说过，成千上万人的习惯势力是最可怕的势力。这种势力可以排山倒海，气吞山河。曾经有很长一段时间，我们的教育以"天下为公""大公无私"为主要教育内容，人们崇尚为国家民族而忘我的工作精神。时代造就了雷锋、王杰、黄继光、董存瑞、焦裕禄等一批英雄人物，他们成为人们争相效仿的榜样。榜样的力量是无穷的，在这些时代楷模的带动之下，公而忘私，为人民服务的良好社会道德规范蔚然成风，整个社会呈现出一幅美好的图景。

伴随着数字化时代的到来，人们获得信息、了解世界的途径越来越多了，各种价值观、人生观也从四面八方涌进国内，人们对于价值的判断也逐渐形成多元化的倾向。

随着享乐主义、自我主义等思潮的涌入，有些人似乎茅塞顿开，他们认为以前的人们"太傻了"，为什么要为别人付出，人活着就应该为自己。他们好像发现了真理，便立刻把这种观念通过网络、手机及其他方式告诉他们的亲朋好友，发在他们的微信朋友圈、信息群里。不少人认为，人活着就是应该自私点，"人不为己，天诛地灭"成了他们的人生座右铭，为了自己的私欲没有什么不敢干的，真有一种为达目的不择手段，不达目的誓死不休的干劲。

确实，这种以私欲为人生目标的倾向是具有一定影响性的，一时间，社会上私欲泛滥，各种劣行沉渣泛起，各种"碰瓷"事件不绝于耳，各种诈骗事件接踵而来，看到社会流氓街头施暴时，不少人口中默念"事不关己，高高挂起""多一事不如少一事"……远远地躲在一旁看热闹，或者头也不回地悄悄离开。

多元价值观的偏倚在今天是一种客观现象，任何一种现象的发生必然有其内在的原因，这与当今社会、政治、经济、文化等有着千丝万缕的联系，它是一个时代发展的产物。多元价值观的偏倚是一种思潮的体现，人们在不同时期尝试着用不同的观念去从事不同的实践，无论对错，总会有一个结果，这个结果成为人类思想发展进程的一个阶段性总结，一个将观念付诸现实的实践过程。

四、社会主义核心价值观

在社会主义社会，我们应该树立正确的世界观、人生观和价值观。2017年10月18日，习近平同志在十九大报告中特别强调指出，要培育和践行社会主义核心价值观，要以培养担当民族复兴大任的时代新人为着眼点，强化教育引导、实践养成、制度保障，发挥社会主义核心价值观对国民教育、精神文明创建、精神文化产品创作生产传播的引领作用，把社会主义核心价值观融入社会发展各方面，转化为人们的情感认同和行为习惯。

社会主义核心价值观是社会主义核心价值体系的内核，体现社会主义核心价值体系的根本性质和基本特征，反映社会主义核心价值体系的丰富内涵和实践要求，是社会主义核心价值体系的高度凝练和集中表达。

社会主义核心价值观是党的十八大提出的，主要内容是：倡导富强、民主、文明、和谐，倡导自由、平等、公正、法治，倡导爱国、敬业、诚信、友善，积极培育和践行社会主义核心价值观。富强、民主、文明、和谐是国家层面的价值目标，自由、平等、公正、法治是社会层面的价值取向，爱国、敬业、诚信、友善是公民个人层面的价值准则。这24个字的社会主义核心价值观是我们当代大学生应该建立的。

思考题
1. 婚姻与爱情到底是一种什么样的关系？
2. 如何理解"活在当下"的含义？
3. "人不为己，天诛地灭"的真正含义是什么？

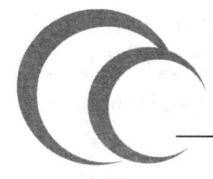# 第三章　网络时代大学生情商

随着互联网技术的快速发展和逐渐普及，我们每个人都处于一个全球化、数字化、网络化的社会，各种网络社交平台、娱乐化的 App 爆发式的出现，充斥着人们的日常生活。大学生在互联网中扮演着与生活中不同的角色，他们以更加开放、活跃的姿态活跃在网络社会中。

像世间的很多事物一样，互联网也是利弊相生的。一方面，它给人们的生活带来了便利，满足了人们个性化、精准化阅读的需求，使人们可以根据自己的需求任意选择时间进行信息的获取。正如尼葛洛庞帝所言："过去，地理位置相近是友谊、合作、游戏和邻里关系等一切的基础，而现在的孩子们则完全不受地理的束缚。数字科技可以变成一股把人们吸引到一个更加和谐的世界之中的自然动力。"①各种即时通讯软件的发展使得人们之间的交流沟通更加便捷和迅速，如微信、微博等成为人们交友互动、获得信息的主要渠道，他们降低了人与人之间相互交往的成本，丰富了人们的日常生活，互联网已经深深地融入、渗透到了人们生活的方方面面。

但另一方面，它也在一定程度上侵蚀着人们的日常生活。在这个信息爆炸的时代，网络上不断出现各种新奇的事物，新鲜的新闻事件，形形色色的综艺节目、电视剧，以及各式"流量明星"的爆红及娱乐八卦，充斥着当代大学生的日常生活，它压抑了大学生应有的激情和活力，他们整日沉浸在互联网中，课堂上也低头"苦读"，对网络产生了过度依赖。值得我们注意的是，在这个过程中，大学生们情商问题凸显。不断出现的校园暴力事件和大学生自杀事件，都反映了当代大学生正在逐渐忽略现实生活的人际交往，他们沉溺于虚拟的网络中，使得现实中人与人之间的关系愈发冷漠，人情味越来越淡，他们不善于控制自己的情绪，更缺乏面对挫折的勇气，情商指数越来越低。当代大学生作为伴随互联网长大的一代，这种现象尤其明显。

第一节　大学生的智商与情商

一、高智商的大学生

自人类诞生开始，人的智商就在不断地提高和发展，如从钻木取火到发明电灯泡、

---

①　[美]尼葛洛庞帝. 数字化生存[M]. 胡泳，范海燕，译. 海口：海南出版社，1997.

飞机、高铁,以及各种物理学原理、化学原理的由浅入深,现代科技的逐渐突破等,都体现了人类智慧的发展。我国的应试教育非常注重学生智力的开发,作为天之骄子的大学生智商水平是值得肯定的。

伴随着互联网成长的当代大学生,可以十分自如地利用互联网快速找到自己需要的学习资源,这使得他们的学习更加便捷,也在一定程度上促进了他们的学习热情。但是这种快捷也使得他们产生了一种惰性,由于这种惰性,大学生们在通过网络满足自己的一切生活、学习、娱乐需求的同时,往往不会仔细甄别和筛选那些信息,反而更倾向于盲目地听从意见领袖的看法,失去理性思考的能力。著名文艺评论家陈丹青曾说:"我们今天已经处在尼尔描述的世界里,处在一个讯息和行动比例严重失调的时代,在空前便利的电子传媒时代,我们比任何时候都聪明,也比任何时候都轻飘。"正是这种轻飘使许多天之骄子的智商与情商失衡。

二、智商与情商的关系

1990年,美国耶鲁大学的萨洛维和新罕布什尔大学的梅耶首次提出了"情商"的概念,直到美国哈佛大学心理学教授丹尼尔·戈尔曼出版《情商:为什么情商比智商更重要》之后,才使得情商引起了全球范围内的关注,他也被誉为"情商之父"。情商,主要是指人们在情绪、情感、意志、耐受挫折等方面的品质,丹尼尔·戈尔曼认为情商主要包含五个方面:

1. 对自我的了解。也就是了解自己的情绪,人们只有正确认识自己的真实感受,才能对生活有更强的掌控能力。

2. 自我管理的能力。这一能力建立在认知情绪的基础之上,即能够合理控制自己的情绪,使情绪适时适度地表现出来,不让消极情绪影响自己的思维能力。

3. 自我激励的能力。即在遇到困难挫折时或在某项任务中,能够调动、指挥自己的情绪,能够进行自我减压,缓解焦虑和抑郁情绪,这可以使人走出生命中的低潮,也会使我们在工作学习中更有效率。

4. 正确识别他人情绪的能力。能够通过细微的信号和符号,敏感地感受到他人的需求与欲望,这是与他人进行正常交往、实现顺利沟通的基础。

5. 处理人际关系的能力。即跟朋友和同事能够友好和谐相处。

在以往的生活中,我们往往把智商作为衡量优秀人才的重要标准,把学生的考试成绩当作衡量一个学生好坏的重要指标,但往往忽略了,当人们的情绪占据主导地位时,智商可能毫无意义。相对而言,情商对一个人的全面发展起到的作用更加重要。

情商影响智商的发展。丹尼尔·戈夫曼在谈及两者关系时说,智商和情商这两种竞争力因素不是相互对立的,而是相互独立、相辅相成的。一个人如果智商低或者情商低都很难获得成功。智商主要反映一个人的思维能力、认知能力、观察能力、推理能力等,而情商的存在则会促进或干扰这些能力的应用。高情商的人善于控制自我情绪、体察他人情绪,他们能够不断激励自己,提高自身的心理素质,因此其智商和潜力都能被充分开发和利用,在人生的各个领域中都更有优势,面对生活和学习中的问题能够轻松应对,走向成功。而低情商的人不善于调节自己的情绪,遇难畏难,爱抱怨,不利于其专注工作和清晰地思考问题，从而使自己的潜力不能得到充分发挥。

高情商的人更善于在社会中生存和与人共事。在经济迅速发展的现代社会中，情商越来越受到学校和社会的重视，人们往往会强调一个人的综合素质水平，而不只是单一地看其文化素质水平。著名企业家李嘉诚曾提出"用智商解决问题，用情商面对问题"的商界新理念。目前，越来越多的企业领导意识到，拥有一个高情商的员工和赚钱同样重要。在企业的招聘和面试中，往往会在测试中加入情商的考察内容，通过观察应聘者的说话方式、行为反应、思维方式来初步了解他们的情商水平，以此作为筛选应聘者的重要指标，因为高情商的人在工作中更有团队意识、合作意识，可以有效协调团队成员的关系，从而促进公司的发展。

高情商的人在生活中也更有幸福感和满足感。情绪伴随着人的一生，高情商的人更善于保持自己的愉快情绪，当遭遇生活中的低潮时，能够保持平衡的心态，不被消极情绪所扰乱，仍能够感受到快乐；而低情商的人容易失控，过于极端，更容易产生消极情绪。高情商的人不论在工作中与领导、顾客交流，还是在生活中与恋人、朋友相处，都能够了解他人感受，善于调节他人情绪，工作生活也相对和谐融洽。

除此之外，在生活中人们也往往更愿意跟高情商的人交往，因为高情商的人更善于控制和管理自己的情绪，也能够领悟他人的感受和动机，与他人融洽相处。反观，当一个人情商能力较低时，容易不自信，害怕话题引不起别人兴趣，所以在社交场合中不敢轻易讲话，或者容易在人际交往中以自我为中心，使他人反感。

一个优秀的高素质人才只有同时具备高智商与高情商，才能在求职中获得优势，在激烈的竞争中脱颖而出，从而适应社会的需要；才能够有效控制自己的情绪，拥有强大的心理素质，在学习和生活中和谐地与自己和他人相处。当代大学生肩负着时代赋予的重任，是国家重点培养的高素质人才，应同时具备高智商和高情商，因此，培养当代大学生的情商十分重要。

三、情商低酿成的悲剧

互联网使人们的生活、学习、娱乐方式发生了深刻的转变，它以其虚拟性、匿名性、广泛性、互动性为大学生提供了一个广阔而又私密的空间，使他们有了更多交流互动的场所和空间，有了更加丰富的可利用的信息资源，打破了空间的界限，开阔了他们的视野，丰富了他们的日常生活。但是从高中阶段步入大学生活，很多人的心智并不成熟，我们在注重应试教育的同时忽略了大学生的情商教育，导致当前很多大学生表现出高智商低情商的问题。

从互联网与情商的关系角度分析，当前大学生情商存在的问题主要表现在以下五个方面：

1. 大部分同学对自我的认知有所提高，但还不够明确。
2. 对于自身情绪的管理能力较差，易被情绪干扰。
3. 自我激励的能力存在不足，心理调适能力较差。
4. 以自我为中心，不注重感受他人情绪。
5. 缺乏社会适应能力，人际交往能力不足。

近年来，高校学生之间发生命案的事件屡见不鲜，"感谢室友不杀之恩"也成了热门网络段子。

2013年4月1日早上，复旦大学2010级硕士研究生黄洋起床后接水喝，饮用后便出现干呕现象，最后因身体不适入院。

4月11日，上海市公安局文化保卫分局接复旦大学保卫处对黄洋中毒事件报案，上海警方接报后立即组织专案组开展侦查。经现场勘查和调查走访，警方表示，在该生宿舍饮水机内剩余的水中检验出某些含剧毒化学成分，锁定黄洋同寝室同学林森浩有重大作案嫌疑，当晚依法对林森浩实施刑事传唤。

4月16日，因抢救无效，黄洋于当天下午3点23分在上海中山医院去世。

据警方调查，林森浩因生活琐事与黄洋关系不和，心存不满，于2013年3月31日中午，将其做实验后剩余并存放在实验室内的剧毒化合物（N，N-二甲基亚硝胺）带回寝室，并注入了饮水机槽内。

法庭审理中，林森浩当庭供认了起诉书指控其采用投毒的方法致黄洋死亡的事实。上海市第二中级人民法院2014年2月18日上午对"复旦投毒案"依法公开一审宣判，被告人林森浩犯故意杀人罪被判死刑，剥夺政治权利终身。2015年1月8日，上海市高级人民法院公开宣判，二审裁定：驳回上诉，维持原判。

校园投毒成为我国高校一个令人痛心的事件：1995年5月、1997年5月，清华和北大先后发生了两起学生铊盐中毒案件。除涉嫌人为作案外，铊盐未按剧毒品管理是重要原因。

除了校园中的凶杀暴力事件之外，高校大学生自杀的新闻也屡见不鲜，而自杀的原因也各式各样，如情感问题、学业压力、家庭因素等。

其实，大学生的这种伤害他人的行为与情商的高低有着密切的联系。这些惨痛的案件，矛盾的爆发点往往是一些生活中的小细节，因为性格差异、生活习惯等的不同，情商较低的同学会更多地以自我为中心，不善于体察他人情绪、换位思考，往往会将消极情绪积压在心理，不会主动寻求解决问题的办法，进行有效的沟通交流，从而导致矛盾逐渐累积，对他人的厌恶和仇恨感在一个个细节中逐渐增强，进而被自己的消极抵触情绪所掌控，走到极端，做出失控的行为，酿成了一系列的悲剧，而这些都是情商低下的表现。

四、情商低使人误入灰色地带

何谓灰色地带？灰色地带就是心理学中经常提到的灰色理论。严格说起来，灰色理论就是灰色系统理论，原是一门研究信息部分清楚、部分不清楚并带有不确定性现象的应用数学学科。今天我们把灰色地带运用到心理学中，实际上指的是一种心理障碍。当代大学生正处于快节奏、高压力的社会中，他们中不少人存在焦虑、抑郁、自卑、多疑、悲观和绝望等负面情绪，使其进入了心理的灰色地带，在这样一种状况之下，其情商会变得更低。大学生群体的各种突发事件不绝于耳，凶杀、自杀事件时有发生，近年来，大学生自杀率呈上升趋势，大学生已成为自杀高发群体，引起了社会的广泛关注。

案例一：

新华网北京 2016 年 12 月 9 日电 近日，一则新闻让人五味杂陈。20 岁的湖南大学生小伟通过 QQ 群和网友相约去峨眉山跳崖，其父卧底该 QQ 群，成功救下一名轻生者，但小伟却另约他人在长沙跳楼身亡。自此，随着这个花季少年生命的陨落，青年"自杀群"现象再次浮现于公众视野。

也是在近日，有记者卧底 11 个"相约自杀群"，揭开了这一群体的真实面目：数量多，且不少群非常活跃。报道显示，从聊天内容看，这些 QQ 群弥漫着负能量，"跳楼""吃安眠药""烧炭""割腕"等成为较为常见的聊天用语，甚至还有网友对未轻生者提供自杀攻略。

媒体报道显示，近年来有关"集体自杀"的新闻时常见诸报端，且大多是 20 多岁的年轻人，基本都是通过网络相约的。作为便捷的网络即时聊天工具，QQ 群吸引了数以亿计的网友，而隐身于其中的相约自杀 QQ 群，正成为一个令人担忧的社会问题。试想，当人们绝望、痛苦，但又无勇气轻生时，认为自己的这些感受羞于启齿，只得通过网络去寻找同样感觉的人"抱团取暖"。这时，"拉一把"，就能给他们生活下去的勇气，"推一把"，则会让他们跌落至无尽深渊，而这些畸形的自杀群，往往是"推一把"。

明星们长期处于在高压状态中，也是抑郁症高发人群。

案例二：

中新网 2017 年 7 月 22 日电 "我努力过，但终究一切徒劳"，这是美国摇滚乐队"林肯公园"主唱查斯特·贝宁顿曾高吼过的歌词，或许也是他结束生命前的无声呐喊。41 岁的贝宁顿日前被发现在家中上吊自杀，他的离世不仅是世界乐坛的损失，也让无数音乐爱好者震惊心碎，无限缅怀。

一代巨星张国荣因抑郁症跳楼自杀，结束了自己年轻的生命。张国荣与抑郁症斗争了很长时间，他在 1987 年的自传中这样写道："记得早几年的我，每逢遇上一班朋友聊天叙旧，他们都会问我为什么不开心，脸上总见不到欢颜。我想自己可能患上忧郁症，至于病源则是对自己不满，对别人不满，对世界更加不满。"

2016 年 9 月 16 日，28 岁的乔任梁也因抑郁症自杀身亡，这些案例至今仍然令人痛心疾首。

案例一中，很多 20 多岁的年轻人由于没有专业人士对其进行正确的情绪引导，自身没有认识到情绪、心理健康对人生的重要影响，也没有向亲人朋友倾诉，最终选择"抱团取暖"，将自己内心的孤独和焦虑隐藏在内心，甚至相约自杀，伤害自己，更伤害父母，这尤其值得当前大学生引起重视，以此作为反面教材。

案例二中的主人公都是因为未能够合理管理自己的情绪，从而负能量累积，导致最后以自杀终结自己的生命。根据中国疾病预防控制中心（CDC）报道，我国每年自杀死亡人口高达 28.7 万，其中 40% 的自杀者患有抑郁症。[①] 情绪就像一个在暗处的杀手，

---

① 冷传芳，郑伟，陈蕊，等. 预防抑郁症患者自杀问题的研究进展[J]. 中国健康心理学杂志，2017，25(12)：1909-1912.

是严重危害人们身心健康的重要因素。同时，一些因抑郁症自杀的明星拥有大量粉丝，可能引起身心迅速发展的当代大学生盲目学习、模仿，所以，当代大学生的心理健康教育需要引起全社会的重视。

一般来说，导致自杀行为的因素主要包括个人因素和社会环境因素。针对抑郁症，有很多研究结果显示，人们生活中的负性生活事件（如生活压力、人际关系、恋爱受挫、家庭不和的压力）、自责和认知障碍、绝望感和焦虑感高与抑郁症患者的自杀行为密切相关。当代大学生多数为独生子女，在成长过程中受到父母过多的宠爱，大事小事通常都由父母一手包揽，不需要他们思考解决问题，因此缺乏压力体验，抗压能力弱，心理承受能力也相对较差，许多大学生步入大学生活后，遇到了很多出类拔萃的人，自认为丧失了高中阶段的优势地位，容易产生落差感，形成消极的自我评价，加上他们正处于身心发展的关键时期，极易受外界环境，如学业压力、就业压力、人际关系、家庭矛盾等压力的影响，对各种潜在事物极其敏感。

此外，当前网络世界中各种充满诱惑的人与事物，与现实事物具有明显落差，使大学生们普遍表现出焦虑、抱怨、苦闷等消极情绪，当这些情绪因素超出人的承受能力时，缺乏较强的自我调节能力和自我控制能力的同学，在没有正确引导的情况下，轻则患有心理障碍，重则患有抑郁症，丧失对生活的信心，容易产生自残自杀行为。

五、情商与情绪调节

不管抑郁的起因是什么，当代大学生表现出的抑郁是一个十分严重的问题，这种不善于调节和控制情绪的行为就是低情商的表现。情商是一个人调节心理抑郁、脆弱和压力过大等状态的最有效方式。情商水平与一个人的成长环境和所处的社会环境密切相关，由于这些因素的不同，在面对负性生活事件时的反应也不尽相同。同样在压力面前，有人将它转化为动力，有人却不堪一击。如在面对亲人去世、经济压力等不幸事件时，高情商的人往往会积极地调整自己的悲观情绪，走出人生低谷。低情商的人则不会恰当地处理自己的情绪，容易愤怒、抑郁、焦虑，持续发展则会严重损害身心健康。我们应当以这些悲痛事件不断地警示自己，从认知上明确情绪对于我们的重要影响。

大学生正处于从青少年向成年发展的阶段，要深刻认识到在如今快节奏、高压力的生活中，我们每个人都难免会经历一些挫折、面对一些难以处理的事件，要认识到情绪的管理不当，对我们的学习、生活、工作以及人际关系的处理百害而无一益，还易引发焦虑、抑郁、自卑、嫉妒等一系列的不良情绪，甚至还会出现自我伤害的极端行为，而这些消极情绪对于我们解决实际问题并没有促进作用。其实，情绪管理不当的影响体现在很多小事上，假设我们正面临一场考试，考前焦虑的同学可能会神经紧张，从而降低他们的复习效率，在考试中，焦虑则使得他们不能够清晰思考，记忆的知识也不能顺利输出，最终影响考试成绩。而这些追根到底就是情商的问题。

一个高情商的人并不是没有消极的情绪，而是懂得控制和调节自己的消极情绪，他们相信自己可以战胜困境，找到解决问题的办法，懂得在压力中调动积极情绪鼓励自己、安慰自己，变压力为动力，保持乐观，在遭遇挫折时仍能维持向上的动力，从而走出人生的低谷。

第二节 人际关系与情商

一、大学时期的人际关系

人际关系这个词最初是 20 世纪初期由美国人事管理协会提出的，是指人与人交往的一种社会关系，它反映了人们为满足其社会需要的一种心理状态。人际关系与很多学科都有着密切的联系，是很多学科共同关注和研究的对象。如社会学将人际关系定义为人们在生产或生活活动过程中所建立的一种社会关系。心理学将人际关系定义为人与人在交往中建立的直接的心理上的联系。

大学阶段是一个人成熟发展的关键时期，良好的人际关系对于大学生的健康成长具有重要影响。和谐的人际关系能够使人心情愉悦，拥有自信心，保持乐观开朗的个性，促进大学生的身心健康发展。而不善于处理人际关系的大学生更容易出现猜忌、冷漠、悲观的情绪，生活缺乏幸福感。因此，建立良好的人际关系对于大学生来说至关重要。

人际关系会影响大学生的情绪状况。大学生正处于心理生理迅速发展成熟的阶段，也面临着一系列的学习、生活、情感问题，在这个过程中，拥有良好人际关系的大学生会主动寻找他人倾诉自己的秘密和内心感受，寻求他人的意见，合理地排解情绪，从而摆脱焦虑、悲伤等负面情绪，保持心情愉悦。

人际关系有利于大学生形成乐观开朗的性格。拥有良好人际关系的大学生乐于与人交往，充满自信和热情，生活在友爱、团结、乐观的环境中，拥有积极的人生态度，在与他人的思想情感交流中可以正确地看待生活中的各种不良因素。

人际关系是一个人事业成功发展的重要影响因素。拥有良好人际关系的大学生在交往中不胆怯，不退缩，更拥有自信心，善于表现自我，同时良好的人际关系也能够促进大学生的社会化程度，为其步入社会奠定坚实的基础，有利于大学生的事业发展。

人际关系是人类基本的社会需求，每个人都离不开现实的人际交往，都需要与他人交流。只有具有良好的人际关系，人们才能够与他人和谐相处，关系融洽，才更有工作效率，能够为事业的发展创造优势环境，拥有更强的自信心和幸福感。当代大学生是社会主义的接班人，肩负着实现中华民族伟大复兴的中国梦的重要使命，大学生处理人际关系的能力关系着社会未来的发展，因此培养其正确的人际交往观念和合理的人际关系处理方式迫在眉睫。

二、网络时代大学生的人际关系

随着互联网的逐渐发展和完善，智能手机的普及以及即时通讯软件的出现，人们的人际交往方式也发生了翻天覆地的变化。在现实生活中，由于地域、文化、专业等的差异，大学生的人际交往范围受到了一定的限制，彼此的交友圈仅限于自己学习工作中身边的人，而即时通讯的出现打破了这种限制，人们可以通过网络与世界各地的人取得联系，它拓宽了人们的人际交往范围，使得人们的交友、交流有了选择性，可以自由选择具有相同爱好、共同兴趣的人进行交流。相比现实生活，他们更愿意在网络中展现真实的自我。

除此之外，现实生活中的人们基于自己的年龄、性别和身份地位，在表达过程中往往需要考虑很多因素，受到很多社会道德规范的束缚，但网络的虚拟性和匿名性特点可以使人们隐匿自己真实的身份、特征和社会地位，从而使其充分展现自己在现实生活中所隐藏的、被压抑的另一面，在这之中人们有了与现实不同的言论自由，相互之间的地位界限也都不存在，人人都以一种平等的姿态出现在互联网中，因此，相比现实生活中的人际交往，人们更容易沉浸在网络中，寻求一种心理需求和满足感。①

与此同时，当代大学生也是充满理想的一代，在人际交往中也更理想化，在步入大学生活前，他们大多埋头读书，忽略与他人之间的交流，缺乏为人处世的知识和技巧，存在以自我为中心的交友态度，尤其是发现对方的行为不符合自己的期待时，便会对其保持距离感，冷漠对待，转向网络交往。

三、网络与床帘的悖论

互联网在给大学生人际关系带来积极影响的同时，也带来了一些负面作用。斯坦福大学政治学者诺曼尼认为，人们花在网上的时间和他们现实人际交往的时间成反比。根据第40次中国互联网络发展状况统计报告，截至2017年6月，我国网民规模达到7.51亿，我国网民中的学生群体规模最大，占总数的24.8%，网民的人均周上网时长为26.5小时，而过多地使用网络必然会占用现实生活中与亲人朋友亲密相处的时间。

网络交往的随意性、自由性、隐匿性吸引了大学生，但是也阻碍了大学生们面对面的情感交流，在一定程度上使得他们忽略了现实的交往，或者说是逃避现实交友，从而导致不少大学生自私、冷漠、更喜欢独处，缺乏朝气，也缺乏人情味，极易在现实交往中过度脆弱、焦虑、自卑和嫉妒，长期发展则会导致严重的精神麻木和道德冷漠的问题。

现实人际关系是大学生活不可忽略的一个重要组成部分，每个人都是社会的人，必须学会适应环境，掌握处理人际关系的能力，网络交往在一定程度上能够满足我们的心理需求，但是无法真正代替现实的情感交流，我们必须重视网络社交所带来的一系列现实问题，例如当前大学宿舍中流行的"床帘现象"。

宿舍是一个小集体，是每个同学在大学期间学习、休息、娱乐的主要生活环境，但是随着时代的发展，宿舍内的场景也大变样了。目前，高校大学生宿舍内的"床帘现象"泛滥，很多同学选择用各式各样的布料将自己的床铺包围起来，尤其是女同学，宿舍内的床铺被色彩缤纷的帘子围裹，狭小的宿舍被分割成了若干个小空间，床帘内是自己的小小世界。

有同学认为床帘可以保护自己的隐私，有自己的秘密空间，不被打扰，也能避免打扰到其他人。有心理学者认为，"床帘"可以让大家冷静和独立的同时，倾听自己内心

---

① 乔木. 现代网络社交工具对大学生人际关系的影响及对策研究[D]. 成都：成都理工大学，2012.

的声音,避免思维"同质化"。南开大学学生心理健康指导中心陈予老师指出,挂床帘的现象恰恰符合了当代大学生追求个性发展、生活多彩而又渴望宁静的特点。床帘像一道屏障减少了同学们之间的沟通,一布之隔隔开了同学们你我间的更多了解和关爱,带来了相互的误解和彼此的不信任。

对于床帘现象,所产生的弊端不言而喻,在今天网络时代的大背景之下,床帘与大学生人际交往的关系值得我们关注。

当今网络时代,人们变成了"手机的奴隶",同学们更喜欢在网络中寻求志同道合的小伙伴,大家每天抱着手机,各自囿于自己的小空间里自娱自乐。同学们都来自五湖四海,他们的家庭背景、生活习惯、性格特点等都不尽相同,以往女生宿舍的"夜谈会"在一层层的床帘下也逐渐消失,想要交流的同学也被那层床帘"堵"住了嘴。除此之外,现实中的大学生宿舍成员往往具有不可选择性,学生们无法自主选择自己的室友,而网络带给了大学生们人际交往的自主选择性,因此来自五湖四海的同学一旦产生摩擦和矛盾,床帘就像一堵厚厚的墙,切断了大家的交流,从而矛盾不断加深,严重则会导致恶性事件。加上当代大学生以"90后""00后"为主,大多是独生子女,更加强调自己的隐私,有较强的自我意识和保护隐私的意识,所以选择床帘的同学也越来越多。

近日,中国青年网就大学生宿舍关系话题,对全国958名大学生进行调查,结果显示:42.28%的同学与舍友曾经发生矛盾;与舍友发生矛盾时,47.81%的学生会选择"积极沟通",其次为"自然而然和好""若无其事和互相冷战",分别占39.04%、6.89%。其中,28.29%的受访学生表示"有换宿舍舍友的想法"。"生活习惯不同""不注意说话方式""性格爱好不同"成为舍友间矛盾的主要起因。

在大学生宿舍关系矛盾多样化的情况下,如何维持和谐的宿舍关系显得尤为重要。根据调查显示,有86.22%的学生认为"尊重各自生活习惯"可以维持和谐的寝室关系,其次为"生活中互帮互助"和"不为小事计较",分别占80.58%和71.29%。由此可见,大学生舍友间出现矛盾时,多数采取积极的处理方式。

四、网恋心理探究

大学生情商的高低是可以通过各种各样的方式进行考量的,网恋就是其中的一种。

大学生谈恋爱已成为一种普遍现象,校园中的情侣随处可见,但是与此同时,随着互联网的日益普及,网恋也成为满足大学生们日常情感需求的一种恋爱方式。很多大学生选择网恋来寻找自己精神上的寄托,弥补现实生活中缺少的情感。

网恋是一种以互联网为载体,恋爱双方打破时间空间的限制进行情感交流的一种恋爱方式。究其原因:一是在当前高压力、快节奏的社会,越来越多的大学生不愿意去花费时间在生活中结识新朋友,更愿意在闲暇时间上网交友,网恋扩大了大学生选择恋爱对象的范围,降低了谈恋爱的成本。①

二是由于两人之间隔着屏幕,距离产生美,并且恋爱双方可以隐藏自己的缺点,也无需考虑很多现实问题,比现实中的恋爱更加轻松。

---

① 陶国富,冯凌. 当代大学生网恋心理探析[J]. 山西青年管理干部学院学报,2004(3):10-12.

三是有一部分大学生性格较为内向，不善于日常交际，所以将网恋对象作为自己的情感寄托，尤其是当大学生遭遇感情挫折，不愿意或不便向现实生活中的朋友宣泄情绪时，便会在网络中寻求精神伴侣，当感受到对方的理解、关心和爱护时，则会深陷其中，对其产生一种依赖和归属感，形成网恋。

四是当代大学生的猎奇心理普遍较强，内心充满对异性的好奇心，他们极易沉浸在陌生人所营造的虚幻、浪漫的情景中，从而坠入爱河。

同时，运营商们利用大学生的这种交友心理，打造了各种网络交友平台和婚恋网站，使得网恋更加便捷。通过这些平台，他们可以随时随地认识新的朋友，从而快速确定恋爱关系。

五、网恋中彰显情商高低

随着时代的进步和网络技术的不断完善，大学生们对待恋爱的看法与传统的恋爱观念有了很大的差异。传统的恋爱关系在确定之前，往往要经历较长时间的接触和了解，在对对方的职业、年龄、家庭等个人因素全面了解之后，才会考虑进一步的发展。而当前一些大学生仅通过短暂的交谈之后就与另一方确定恋爱关系，不在乎对方从事什么职业、年龄大小、家庭状况、长相如何，他们认为只有网络中的恋人才能真正了解自己的感受，因此轻易地相信他人，有的甚至不远万里去见网友，而忘记了在网络社交中，每个人都带着一副漂亮的"面具"，背后隐藏的交往动机也都不相同，因此，如果缺乏警惕心和自我保护意识就容易上当受骗。

案例一：

2014年，18岁大学生小玉（化名）被自称"张雨轩"的网友以谈恋爱为名骗至河南焦作，遭强奸后被威胁成为对方发泄性欲的工具，并遭裸照威胁，两年中多次性侵，最后一次被迫害时还遭到非法拘禁。2016年10月12日，常德警方在郴州市火车站经过5个小时的蹲守，将涉嫌非法拘禁、强奸罪的犯罪嫌疑人张某抓获归案。

该男子自称"张雨轩"，河南人，是郴州某学院的学生，22岁的他是孤儿，因患病不得不辍学。单纯的小玉对"张雨轩"十分同情，并很快与对方坠入了情网。而这名男子真实姓名是张某，河南省焦作市博爱县人，现年50岁，小学文化，已婚的他有两个儿子，分别为20岁、18岁。张某称自己常在网络上勾搭女大学生，大多被拒绝，直到认识小玉。她单纯朴实，加之其性格软弱易于控制，于是就采取威胁、恐吓的方式将其控制长达两年之久。

案例二：

2017年7月3日，黄石港分局沈家营派出所接黄石一高校大三男生小陈的报警，称其与女网友沈某（实名王某）交往期间，对方多次向其借款，共借走4.9万元。目前因对方失联，自己怀疑被骗，遂报警。报案时，小陈情绪激动、思想波动大，有轻生倾向。

小陈告诉民警，他是通过网络认识对方并确定恋爱关系的，交往期间，两人通过

QQ、微信等进行沟通，从未见面。其间，"女友"以生活困难、父母做生意需要资金周转、亲戚生病等理由，多次向其借款。

为了支付昂贵的"恋爱经费"，小陈只得从每月的生活费中艰难挤出4000元，转账给了"女友"，但这远远无法满足"女友"的资金需求。一次偶然，小陈在网上看到了"校园贷"的广告信息，得知其审查放款手续简单，放款快，利率低，还款时间长。这让小陈看到了"恋爱经费"来源的希望，殊不知这将让其深陷"校园贷"泥潭，无法自拔。

为了满足"女友"的需求，小陈先后通过15家小额贷款公司共贷款4.5万元，通过网络转账，全部汇给了"女友"。而"女友"收款后，却一再推诿、拒绝小陈提出的见面要求，甚至在微信、QQ中"拉黑"他后失联。

最终经过警方的不懈努力，于7月14日成功将犯罪嫌疑人王某(女，20岁，河北省衡水市冀州市人)抓获。此后，专班民警积极开展追赃，冻结相关涉案账户，成功帮助受害人追回被骗资金4.9万元，并及时退还给小陈。

两个案例中的主人公，都因没有认识到网恋的真实性和安全性而失身失财。案例一中，受害者小玉被"男友"骗至外地，受到伤害后，由于性格软弱，被犯罪者威胁恐吓，不能够及时报案；案例二中的小陈被从未见面的"女友"骗了上万元，还深陷校园贷的泥潭。

其实，网恋往往是大学生们回避现实生活的情感交流方式，将在现实生活中无法释放的情感寄托在网络上一个虚拟的"恋人"身上，在面对网上"恋人"的糖衣炮弹时，感性压过了理性，失去了大学生本应有的辨别和分析能力，从而深陷泥潭，这也是情商低下的一种表现。

当然，网恋也是谈恋爱的一种方式，成功的网恋也是存在的，但是互联网毕竟是虚拟的，这种通过网络所结识的"恋人"，其真实身份是完全未知的，我们也无法轻易验证，我们要充分利用网络交友的积极作用，针对其可能产生的负面作用，提高警惕并采取合理有效的措施。引导大学生合理利用网络交友工具，必须要认识到网恋的安全性问题，谨防陷入不法分子设计的圈套。

第三节 提高情商的策略

一、情商的后天培养

在每个人刚出生时，情商的高低差距并不大。其实，情商并不只是由先天决定的，也与后天的培养密切相关，由于父母的教育、成长的环境以及学习环境的不同，每个人表现出情商的高低也不同，同时，它也会随着人们的人生经历的不断丰富而逐渐提高。因此，情商是可以通过正确的学习在培养中逐渐提高的。

当代大学生存在的低情商问题日益突出，尤其体现在对于人际关系处理方式的不理性、对自我情绪的控制能力不足，以及对于生命的漠视。可以说，在人与人之间出现矛盾时，不能理智地控制自己的过激情绪，就是一种情商低的表现。情商影响着我们日常生活的方方面面，影响着大学生未来的发展，提高大学生的情商应当引起社会各方面的重视。

首先，当代大学生应当正确认知自己的情商水平，正确看待情商的重要性。在生活中，要学会妥善管理自己的情绪，只有正确认识自己的情绪，并合理宣泄自己的不良情绪，从而满足心理健康的需要，做情绪的主人，才能主宰自己的人生；能够客观全面地了解自己，充分认识自己的优势和不足；在人际交往中遇到矛盾时，要学会体谅他人，积极主动进行交流，以成熟理智的方式化解矛盾；在遭遇挫折、困境时，采取休闲娱乐的方式，使自己摆脱沮丧、焦虑的负面情绪，走出人生的低谷；不管遇到什么状况，都能够保持积极的心理状态，把握自己的情绪变化，适时调整自己的情绪。[①]

如针对上述校园案件，我们能够总结出，在与他人相处发生矛盾摩擦时，持续的怒气只会阻碍事情的处理，我们要保持冷静，采用宽容、平和的心态来平息自己心中的怒气，防止愤怒的火焰越烧越旺，走向极端；要转换角度，冷静下来，可以采用散步、运动的方式来分散自己的注意力，以积极的态度来处理问题、解决问题，如主动与对方交流沟通，冷静地思考，聆听他人的感受，共同寻求解决办法。

很多国家在 21 世纪初就开始进行情商教育，如马来西亚、新加坡、英国、澳大利亚等。2002 年，联合国教科文组织向全球 140 个国家的教育部发布了实施社交与情绪学习的十大基本准则，开始在全球范围内推广社交和情绪学习。[②]

因此，高校作为为国家培养高素质人才的平台，转变人才培养方案已经是迫在眉睫，提高学生的综合素质是当前教育的重要任务，培养大学生的情商、树立大学生正确的人生价值观应当是大学课程不可缺少的一课。如大连海事大学设立的情商奖学金，在各个比赛中成绩优异的同学和在同学中有积极影响力的同学都可以申请。[③] 这在一定程度上鼓励了大学生的社会实践和人际交往活动，使得学生有意识、主动地进行社会交往活动，在丰富的活动中，逐渐提高大学生的综合素质和心理素质水平，强化大学生的抗压能力，培养其独立健全的人格，潜移默化地提高大学生的情商。

二、提高大学生交往能力

我们要认识到，床帘的不断泛滥，会阻碍大学生之间的亲密交往，甚至会使一些同学感到压抑和烦恼，不利于大学生之间情感的亲密互动，影响原有的社交需求，不利于大学生的身心健康发展。大学生人际交往能力的提升，需要社会各方的共同努力，更需要学生自己的亲身实践。

当代大学生应当对目前所形成的人际关系进行反思。首先，要认识到人际交往的重要性及意义。每个人都不是孤立存在的，与人交往是生存发展的需要，因此我们要采取积极的交往态度，通过积极主动地与他人进行交流，提高自己的人际交往能力，积累人

---

① 刘光艳. 大学生情商培养对策研究[D]. 大连：大连海事大学，2009.
② [美]丹尼尔·戈夫曼. 情商：为什么情商比智商更重要[M]. 杨春晓，译. 北京：中信出版社，2018.
③ 董雪. 新时期大学生情商培养探析[J]. 山东省青年管理干部学院学报，2010(2)：58-60.

际交往的技巧,在人际关系中丰富自我、完善自我,而不只是一味地选择各种方式来逃避社交。

其次,在交往过程中,面对性格各异、生活习惯等不尽相同的室友们,尤其要重视以下几点:一是要尊重对方的生活习惯,对他人行为保持宽容和理解,多站在他人角度思考,学会欣赏他人,尤其是在与他人沟通时,切忌对他人抱有偏见,用言语中伤、嘲讽和取笑他人;二是要真诚友爱地对待他人,切忌猜忌怀疑和冷漠相待,学会积极主动与他人交往,设身处地为他人着想,如当他人睡觉时低声说话、关闭光源,从点滴的细节中提高与他人相处、沟通的能力,提高自己的情商;三是在遇到矛盾时要积极与他人沟通交流,解决矛盾。

此外,交友不能理想化,不能以自我为中心。当他人做出不符合自己期待、不合常理的事情时,要认识到人无完人,每个人的想法和处理事情的习惯都不相同,不能要求他人与自己完全一致,更不能因此而逃避与他人交往。

家庭和高校都应当引导大学生正确认识自己,认识他人,帮助大学生树立正确的人际交往观念,明白人际交往的重要意义以及处理人际关系的技巧。谨防大学生们被网络上一些错误的人际交往观念所误导,如"逢人只说三句话,未可全抛一片心","人与人之间是相互利用的关系"等扭曲的人际交往价值观,要重视对这些错误观念进行纠正,尤其是教育大学生们不应以某种动机作为人际交往的出发点,真诚相待才是人际交往的关键。

此外,有意识地在日常的教学工作中添加丰富的课外实践交流活动,如联谊会、座谈会等,增加同学之间的互动和心灵沟通。加强宿舍精神文明建设,通过举办宿舍装扮评比、宿舍运动会等一系列的集体活动,促进宿舍成员之间的交流互动,增强大学生宿舍成员的凝聚力和归属感,从而提高其处理人际关系的能力。也可以通过各种学生们喜欢的形式,如老师可以在网络上以匿名的形式平等地与大学生进行沟通,针对他们在处理人际关系中遇到的问题进行解答和指导,保证其现实社交活动的正常进行。

三、识破骗局 谨慎网恋

比尔·盖茨曾经说过这样一句话:你甚至不知道和你交流的对方是人还是一条坐在电脑前会敲击键盘的狗。由于网络的虚拟性,网络上形形色色、各式各样的人,他们可以随意隐藏自己的真实身份,是男是女、是老是少,这一切你都无从知晓。因此,在面对一个无从验证其真实身份的人,我们要加强自我防御,时刻保持警惕,理性思考,把可能出现的风险降到最低。

大学生在使用网络工具交友时,尤其是在网络中确立恋爱关系时,首先,不要轻易相信对方的甜言蜜语,透露过多个人信息。近年来不法分子利用互联网进行犯罪活动的案例不断增加,而这些不法分子更喜欢选择一些阅历不深的大学生为作案对象,充分研究并利用他们的心理、生理特征进行犯罪。所以,我们与他人在网络上交流时要始终保持警惕,切勿被花言巧语所蒙蔽,即使对方交代了自己的姓名、身份证号码、家庭住址等详细的个人信息,也要保持理性,要知道互联网具有虚拟性、匿名性,很多信息都是可以伪造的,切记不要透露自己的隐私信息,尤其是当涉及金钱问题时,更要提高警惕，不论是对方向你借钱还是向你汇款，都不要轻易答应和接受，不要像案例二中的"小陈"，被"恋人"骗了上万的资金，被拉黑后，才幡然醒悟。

其次，要具备较强的自我保护意识。不要冲动去见网友，尤其是外地的网友，因为一旦到陌生的环境，犯罪分子就有了地理优势，不利于保护自己的人身安全。当决定去见网友时，也建议邀请三两个好友陪同，确保自己的安全。

要清楚地认识到，互联网只是给我们提供了认识朋友的途径，丰富了我们的现实生活，不能将自己的情感过度寄托在虚拟的网络中，现实生活才是我们真正需要去了解对方的重要渠道，如果长期脱离现实生活的交流，对我们步入社会百害而无一利。大学生们要充分利用网络社交工具的正面作用，提升面对网络的选择能力、思辨能力，正确、合理地使用网络通讯工具，面对网络上形形色色的人有自己分析辨别的能力，不轻易相信他人，不要对虚拟网络中的人产生过度的依赖性，提高自己的安全防范意识和自我保护意识，理性谨慎地对待网恋。

除此之外，当代大学生在课余时间应主动参与社会实践活动和校园文化活动，丰富自己的生活，不能沉浸在网络交往中，要在现实生活中扩大自己的交友圈，增加与异性交流的机会，减少网恋的几率。

政府的相关部门应当加大监管力度，全面落实网络社交实名制的实施，为大学生营造一个健康和谐的网络社交环境。实施实名制能够制约不法分子利用虚假信息行骗，使网络交往更加安全。高校应当开展形式多样的校园活动，充分利用大学生的课余时间，积极鼓励学生融入现实的人际交往中，减少大学生的上网时间。同时，要针对当代大学生中存在的不正确的恋爱观念进行正确的引导，在潜移默化中促进大学生的健康成长。

四、重视大学生心理健康

事实上，患有抑郁症的病人不仅伴随着情绪低落、悲观的情绪，更多的是常人无法理解的失眠、记忆力下降等多重问题，它会降低我们对许多事物的兴趣。因此，要杜绝大学生自杀行为和抑郁症的发生，就必须重视大学生的心理健康问题，积极寻求有效措施。

首先，当代大学生应当认清复杂的社会形势，充分了解当前的大环境大背景，了解到在互联网快速发展、快节奏且竞争激烈的社会中，情绪对于人们生存和发展的重要意义，意识到挫折和压力都是每个人无法避免的，在这些认识的基础上不断以反面案例提醒自己，有意识地培养自己乐观、坚韧、自信的品质，加强自我认知和自我激励，学会接纳生活中不断出现的悲伤和焦虑，学会放松身心的方法，并在抑郁产生后加以运用。

其次，我们要积极寻求化解悲伤的措施，培养自己调节情绪的能力，能够在不同的状况下进行相应的自我调整，比如通过运动、看电影、聚会来转移自己的注意力，不要让消极情绪得到泛滥，要尽力摆脱悲伤心理，要主动向朋友、父母倾诉自己的心情，尤其不要自怜自艾。此外，不要感情用事，要三思而后行，在做出决定前，要充分考虑自身的行为后果，选择能够合理有效解决问题的办法，提升自己的抗压、受挫能力。当然，我们所说的控制情绪、化解悲伤的能力不是在一夜之间就可以学会的，这需要我们平时坚持不懈，在处理一件件小事中逐渐累积管理情绪的经验。

再次，高校应承担起其社会代理人的重要角色，注重当代大学生的心理健康教育、心理辅导和情绪教育，虽然有学校开设此类课程，但大多数只停留在理论阶段，学生们只以取得分数为最终目的，没有意识到课程对于自己成长发展的重要意义，失去了设置课程的初心。需要注意到，当代大学生具有独特的个性和思想，枯燥的理论说教只会让学生漠视甚至是反感。实践是学生们接受教育的有效途径，在开设心理健康教育课程的同时增加实践活动，促进学生的相互交流，同时定期对学生们进行心理辅导，从小处着眼，预防学生的抑郁情绪。心理健康教育主要以了解大学生的心理状态为重点，及时疏导不良情绪，同时也要使学生了解自己的情绪状态，使之做出相应调整，从而预防很多问题的出现，并有利于构建和谐社会。需要强调的是，在进行心理健康教育和心理辅导的同时要注重因材施教，尊重每一个大学生不同的个性特点，有针对性地进行教育和辅导，预防自我伤害的行为。

同时，也要通过设置相应课程来提高大学生的抗压能力。要使他们正视挫折与压力的客观存在，能够辩证地认识和看待生活中的挫折和压力，拥有直面挫折的勇气。当然，这种教育并不是教给学生某一具体事件的解决办法，而是通过教育使得大学生从心理层面上拥有不畏难的勇气，拥有面对挫折的强大心理素质，学会正确合理地宣泄情绪、转移情绪的方法技巧，从而掌握自己的情绪，主宰自己的人生。

除此之外，大学生们还要有辨别网络信息的意识，在信息爆炸的时代，拥有辨别和分析信息的能力，高校应当开展提高网络内容的辨别能力的课程，引导其合理利用网络，在面对网络上纷繁复杂的信息时，有选择和辨别的能力，远离消极的、负面的、无用的甚至是虚假的信息，能够正确筛选出有利于自己的学习、生活和娱乐的信息资源，吸纳网络中的正能量信息。①

情商对于大学生的发展至关重要，大学生是祖国未来发展和建设的主力军，他们的健康成长关系到祖国的繁荣和社会的进步。本章通过对当代大学生情商内容的阐述，以及对当代大学生容易出现的人际关系危机、容易忽略的网恋安全性问题和情绪控制及调节的重要性的叙述，说明情商对个人成长发展的各个方面都影响深远，因此，提高大学生的情商是当前一个十分重要又十分艰巨的任务，学生个人、家庭和高校要从认知层面意识到情商的重要性，并从实践层面采取恰当有效的措施，尤其是高校应当积极改革，探索能够提高当代大学生情商的新思路新方法。只有在学生个人、学校和家庭的共同努力下，促进当代大学生的情商发展，最终才会取得明显的效果。

思考题
1. 你和自己的室友因何事产生过矛盾，你们是如何解决的？
2. 你是否误入过灰色地带，产生过自杀念头，你是如何走出来的？
3. 在情商的五个方面中，你认为你的哪项能力较强，哪项较弱？

---

① 潘星昊. 新媒体环境下大学生抗压能力培养问题研究[D]. 锦州：辽宁工业大学，2015.

第四章 微时代的微阵地

何谓微时代？微时代是以信息的数字化技术为基础，使用数字通信技术，运用音频、视频、文字、图像等多种方式，通过新型的、移动便捷的显示终端，进行以实时、互动、高效为主要特征的传播活动的新的传播时代。① 网络微时代表现出了网民发布信息的独立性、发布内容的即时开放性、受众彼此影响的互交性三个特点，网民可以以独立的形态呈现自我，以行之有效的方式表现自身潜力，发布少量的文字进行交流互通。当今，科学技术带动信息技术的高速发展，高度信息化的时代已经来临。由于现代人的生活节奏加快和多元性特点，催生了空间、时间的零散性，即碎片化。当人们面临日益加快的生活节奏和获取更多信息的需要时，就希望能在最短时间内获取最多的信息，因为很多人已经没有足够的时间去潜心读完整本书、欣赏完几个小时的影片，所以，需要有新的媒介来填补碎片化的时间，从而满足人们对信息的需求。

第一节 微博

微博，即微博客（Micro Blog），在我国兴起于2006年，是一个能够快速满足用户对信息的传播及获取等多种需求的网络平台，是集多种媒介功能于一体的现代网络社交媒体，微博用户可以采取多种方式如客户端和网页，可以利用文字、图片、视频和直播、音乐、投票、微公益等对信息进行编码、译码和传播。2006年，杰克·多西创建了全球首个微博客——Twitter，即推特。推特允许用户注册用户名并创建个人档案，允许发布图片和文字信息，并且可以根据自己的兴趣选择性关注和转发特定用户发布的讯息。微博与其功能类似，微博基于公开平台架构，允许用户创作和发布信息并附加多媒体内容，还可以帮助用户获得大量的内生和第三方开发的应用，其中包括网络游戏。2010年新浪微博正式上线后，中国迎来了自己的微时代。2010年《南方人物周刊》在年终评选的时候，将微博列入当年的年度热点，2010年也被命名为微博元年。于是，在以微博为代表的新媒体平台的推动下，微时代很快进入人们的日常生活。

微博是学生群体了解最新社会动向的重要窗口，是学习交流、社交娱乐的重要平台。全国青少年新媒体论坛发布《中国校园微博发展报告（2015）》，报告显示：截至

---

① 林群. 理性面对传播的"微时代"[J], 青年记者, 2010(1): 7-8.

第四章　微时代的微阵地

2015年6月底,新浪微博共计有超过5200万名青少年用户,其中大学生占7成多,其中北京、湖北、江苏等增幅较大,北京市成为微博大学生用户数量最多的地区。同时有110所211高校开通了校园官方微博,985和211院校的用户基本全面覆盖。毫不夸张地说,微博经过十几年的发展已经成为目前主要社交媒体之一,并改变了当代大学生的生活。微博在大学生群体中的接触率、使用率和影响力日益增强,已经融入到他们的学习和生活中,并且这种影响不断深入,是大学生重要的沟通交流工具。

如图4.1所示,截至2017年6月,中国网民规模达7.51亿,其中微博用户达29071万。据中文互联网数据资讯中心数据显示,微博用户呈现出了年轻化、高学历的特征,其中18~30岁的微博用户最多。企鹅智库报告指出,从人均单日使用时长来看,微博用户在2016年7月人均每天使用微博26.2分钟。早在2011年广州某高校做了一项关于广州大学城10所高校大学生微博使用现状的调查研究,调查发现,97%的在校大学生开通了微博,在没有使用微博的学生中,有38%的人表示准备使用,在移动端使用微博的学生高达92%。微博已经成为交友与交流的重要途径之一。

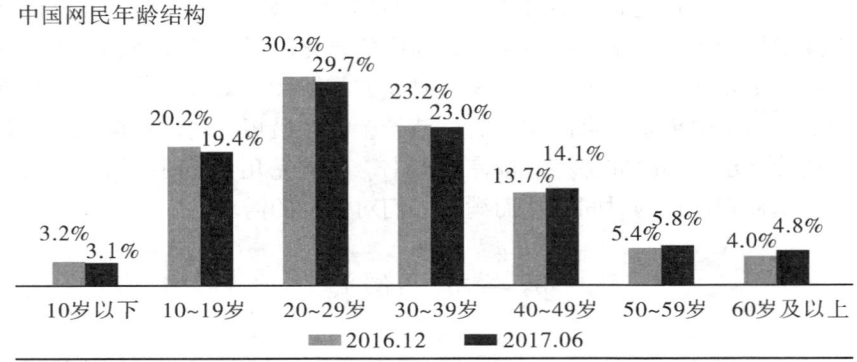

图4.1　第40次中国互联网络发展状况统计

(来源:CNNIC《中国互联网络发展状况统计报告》)

一、微博的魅力从何而来

1. 随时随地分享新鲜事

从人的成长阶段来看,大学生正处于青年中期,少了一分青春期的叛逆,多了一分成熟,其生理、心理发展也呈现出多元化特点,关注点不再仅仅是读书,自我意识增强,开始"拾起"自己的兴趣爱好。随着知识、阅历、心理成熟程度、个人能力的增加,大学生们更希望去表现自我、实现自我。在大学这个思维极其活跃的时期,微博的即时性、便捷性满足了大学生随时随地分享自己所见所闻所思的需求,可以是140字以内的几句话,可以是2000字以内的长篇内容,也可以是有感而发的头条文章,同时还可以配以九宫格的图片或者短视频,微博全方位服务的魅力吸引了大学生随时随地地分享自己的生活和新鲜事。

2. 高度社会化的信息传播平台

微博是一个包括社会新闻、朋友动态、生活资讯、生活感悟、娱乐资讯、科学教育、星座命理等各种信息源的平台。通过对微博话题的统计分析发现，用户对社会公共生活类话题的关注远远高于其他，为了获得更多真实可靠的社会信息，大部分微博用户关注了经过认证的记者和媒体的官方微博。大学阶段是大学生逐渐开始接触社会的时期，微博所涉及的信息小到学校内外和自己的朋友圈，大到国内外，信息更新及时，涉及范围极广。大学生可以通过实时热搜榜和好友热搜榜了解最新最热门的微博话题，参与讨论，发表观点，也可以搜索舆情监测了解多数网友的观点。

2017年12月20日，网民广泛关注的"江歌案"在日本进行最后的宣判，杀人凶手陈世峰最终被判20年有期徒刑，江歌母亲江秋莲没能达成"请求判处死刑"的申述，但是将江歌的闺蜜刘鑫推向了道德和人性的审判庭。江歌遇害后，刘鑫及其家人对于江歌案的态度让江秋莲十分不满，最终在微博上开始发声，寻求帮助，舆论场不断扩大，使得微博知名博主、明星、微博大V等纷纷转发江母微博，微博在伸张正义、鞭挞丑恶上起到了很好的作用。

3. 信息广泛 传播速度更快

微博打破了传统媒体对公共议程单向设置的功能，普通大众所关心、关注的问题进入到大众的视野，调查显示，七成网民选择微博发布最新消息。微博呈现的内容，往往是普通民众关心的或者罕见的信息，容易引起共鸣，迅速扩散。微博发布者许多是事件的参与者、见证者或者知情者，他们自身并不一定是微博舆论形成的重要节点和关键步骤，但是他们提供的议题具有"易燃性"，经过意见领袖和其他人的转发、改写、充实、评论后，形成强大的力量。微博具有强大的整合传播能力，议题引起关注之后，迅速借助群体传播、大众传播和多级传播的模式扩散。微博作为一个基于社交媒体的应用形式，在信息产生之后，首先在群体内传播；然后，该群体的参与者作为另一个群体的中心继续向外扩散信息，导致越来越多的群体关注这一信息。当关注人数达到一定程度后，论坛、门户网站以及一些传统媒体开始介入，继续扩大传播范围。此后，来自传统媒体和其他渠道的信息又不断地被重新链接回微博，并结合事件的发展，形成内容集合。以新浪为例，热点话题有加"#"的功能，可以使同一话题的微博被集中检索到，方便用户对话题进行跟踪。这个过程中，微博把传统媒体的权威性，自媒体的丰富性，文本信息的严肃性，图片、音频、视频信息的生动性等衔接起来，形成强大的传播力。微博通过对信息资源的聚合，使网民能够全方位、多角度地感知事件，增加了舆论传播的效果。[①]

2018年1月1日，北航女博士实名举报长江学者陈晓武教授性骚扰，并称多名女学生也遭到骚扰。该信息一经曝光立马上了微博头条热搜，这是继2017年12月19日南昌大学本科毕业生实名举报国学研究院副院长周斌性侵后又一引起社会广泛关注并在微博、自媒体等媒介广泛讨论和迅速传播的讯息。近两年关于"性侵"事件曝光的增加，

---

① 谢新洲，安静，田丽. 社会动员的新力量——关于微博舆论传播的调查与思考[N]. 光明日报，2013-01-29(15).

使得网友对"性侵"尤其是学校教师性侵事件尤其关注，无论是从法律上还是道德伦理上，时时触动着网友。

4. 跨越媒体　多形式传播

加拿大传播学家马歇尔·麦克卢汉指出："真正有意义、有价值的'讯息'，不是各个时代的传播内容，而是这个时代所使用的传播工具的性质、它所开创的可能性以及带来的社会变革。"相对于单一形式的传统媒体，微博可以称为"综合媒体"或者"全媒体"。纸媒只能发布文字和图片，广播只能进行声音传递，电视的传播主要靠视频，而微博，却是集文字、图片、音频、视频及网络连接为一体的媒体传播形式。"互联网+"时代的到来，给微博带来了更多的可能，移动设备的方便快捷，使得微博信息传播更加迅速。

经中央批准，自2018年1月1日起由人民解放军担负国旗护卫和礼炮鸣放的任务，在2018年1月1日7点36分，各大新闻媒体进行了网络直播，各大主流媒体的官方微博发表了专题文字报道、现场图片发布、视频直播等，通过视频直播网友可以"边看边聊"，提高了参与度。

5. 表述简单　使用快捷　符合年轻人习惯

微博是一个几乎"不设防"的媒体，没有等级观念，没有文字语法要求，是一个自由的媒体。2016年3月微博平台取消140字的限制，在微博平台最多可以发布2000字内容，但是字数超过140字时，剩余内容将被折叠以"展开全文"的形式呈现，9张图和短视频等的简单技术门槛，移动设备和电脑可以随时发布和接收信息，让每一个人都成为信息的发布者、接收者和评论者。

12月18日下午，南昌大学女毕业生小柔（化名）委托第三方向校方举报遭该校国学研究院副院长周斌持续性侵7个月，并将一些细节和证据发布在微博上，引发舆论关注。12月19日13点27分，微博博主"喝咖啡的猫11"发布了小柔的经历，引起了大量转发和关注。该事件被爆出后仅48小时，南昌大学就对涉事国学院副院长进行免职。这个事件从曝光到火速处理，微博功不可没。微博信息尤其是类似求助、关乎弱势群体的社会信息，一经发布，就会产生裂变式传播。

6. 即时互动　草根群聚

微博是聚集了大量草根的自媒体。美国新闻学会媒体中心的谢因波曼与克里斯威理斯两位联合提出，"所谓自媒体，是普通大众经由数字科技强化与全球知识体系相连之后，一种开始理解普通大众如何提供与分享他们本身的事实、他们本身的新闻的途径"。草根群体是微博的重要组成力量，随着互联网技术的不断发展，微博功能不断完善，越来越多的草根习惯在微博上获取信息、分享生活，聚合共鸣。"网红"一词在2016年流行起来，其实就是网络上的草根群体凭借某一特色如写搞笑段子、各类吸引眼球的微视频拍摄等迅速聚集大量的人气和粉丝，他们与网友即时互动，寻找共鸣。

被称为"第一网红"的papi酱，目前微博粉丝能达到3300多万，微博热度一点都不亚于一线明星。papi酱的走红靠着以独白秀的形式，利用变音器发布原创短视频内容，通过对口型、方言恶搞、男女关系点评等，大讲时下热点，从而获得网友的广泛关注。papi酱极具表演才华，也具有创作剧本的能力，并且了解网民的心理诉求，碎片化时代，她选择微视频内容创作表现形式，对当下网友关注的事情以搞笑的形式表达出来。

2016 年，真格基金、罗辑思维、光源资本和星图资本宣布对 papi 酱投资 1200 万元，papi 酱团队持股 88%，市值 1 亿元。类似 papi 酱这样的"网红"还有很多，比如软软其实不太硬、辣目洋子等。

二、大学生使用微博的行为动机

大学生是重要的网络使用群体，他们受教育的程度高，喜欢表达，追求新潮，是网上的活跃分子。微博具有个性化、消息短、及时性、娱乐性、实用性、实时性等特点，能够给大学生提供一个自由表达的平台和娱乐休闲的虚拟场所，大学生通过微博能够获取信息和满足精神需求。

1. 微博：大学生获取知识和分享学习经验的第二课堂

众多学习机构、名校教师、网络大 V 都有自己的微博账号，并且定时和不定时分享一些专业知识和学习经验，大学生通过微博可以学习和了解到更多的课外知识。尤其是与大学生专业学习和未来求职关系密切的"大 V"，如@ 中公教育（粉丝 149 万）、@ 新东方（粉丝 138 万），大学生通过转发、评论、点赞、私信的形式与其沟通，并与共同关注该问题的其他粉丝进行交流，来获得更多的知识、观点和经验。

2. 社会参与行为：微博热搜榜　今日大事件

根据《2016 微博用户发展报告》，拥有大学以上高等学历的微博用户占比高达77.8%，30 岁以下青年群体在微博用户中占比达到 80%以上，大学生是微博群体不可或缺的重要力量。今天的大学生处在信息化的时代，高学历、敢表达、有态度、主动性是其显著特征，而微博具有公开性、媒体性和传播性等特点，80%的社会热点是从微博开始发酵并传播开来的，所以微博对大学生的学习和生活影响越来越大，已经成为其获取信息资源的重要渠道。而网络热点事件传播迅速，并且很多热点事件在报道时使用网络语言风格，使得这些事件能快速吸引大学生，并在大学生群体中展开讨论，越来越多的大学生会在生活和学习中使用网络事件流行语进行调侃，甚至通过反讽传递正能量。微博这一媒介，使大学生在获取最新鲜的信息资讯的同时，又能够参与到社会热议中去。

3. 放松娱乐行为："爱豆"在微博　我就在

"爱豆"即英文 idol 的音译，即"偶像"的意思，是粉丝们对自己所喜欢明星的爱称。娱乐和资讯获取是大学生选择使用微博的两个重要原因，大学生利用碎片化的时间刷刷微博，翻一翻自己喜欢的明星今日行程，微博成为粉丝了解自己所喜欢的明星的主要媒介。近年来，随着微博用户的增加，越来越多的娱乐八卦新闻都是在微博上曝出，已有网友列出 2012 年度新浪微博引发 10 大娱乐事件、2017 十大微博娱乐热词等文章。无论是明星或者微博大 V 自曝或他曝新闻，都会引起网民的广泛关注，正是这些娱乐新闻，使大学生在学习和就业压力中得以短暂的放松。

4. 沟通交流行为：结交志同道合之人

微博交往不仅可以将人们现实的人际关系照搬到网上，还能在此基础上做进一步扩展，将用户之间复杂的交往关系聚合成一个纵横交错的关系网络。微博用户在逐年增长，微博用户中除了知识渊博的学者和高知名度的明星，还有广大的学生群体。微博不受时间、空间、身份等限制,为大学生群体提供了表达交流的平台。由于微博虚拟性的交流方式避免了面对面交流的尴尬,让大学生在虚拟的世界中找到志同道合之人,畅所欲言。结交志同道合之人即因趣交往,大学生通过微博,基于本身的兴趣爱好寻找与自己志趣相投的用户进行关注,进行人际关系的延伸。比如全民健身的到来,使得很多大学生爱上运动、爱上健身,他们就会在微博上关注与健身有关的用户,如全球健身中心、健身等有影响力的官微或大 V。

三、微博给大学生带来了什么

我们知道任何事物都有其两面性,微博也一样。微博给我们带来的好处主要有以下两个方面:第一,接收信息的渠道拓宽。据安徽省高校大学生思想动态分析研究中心研究员彭晶调查:在大学生获取的信息和知识中,有 72% 来自微博,微博上的文字、图片、音频、视频等形式的信息与知识深受大学生喜爱。随着智能手机和其他移动终端的普及,WiFi 覆盖率的扩大,4G 甚至 5G 的发展,越来越多的人可以不受地点、时间的限制,随时随地地利用碎片化的时间使用微博,获取信息。如微博热搜榜的时时更新,无论是关乎民生的重要政策决议,还是流量明星的八卦新闻,通过热搜榜可以获取目前网友最关心的信息。第二,易于交流、释放压力。大学生来自全国各地,生活习惯各有不同,面对学业压力,许多大学生会有不适应大学生活的情况。大学生主要处于人生发展的青年期阶段,心理发展逐渐走向成熟,思考的角度变多,维度变宽,心理压力增加,加之相当一部分大学生刚从紧张的高中生活转换到气氛相对轻松的大学,青春期的羞涩、焦虑、自卑、内向等心理还未完全褪去,当需要社会交往活动来拓宽自己的人际关系的时候,难免会无所适从,于是很多大学生会通过虚拟空间寻求安慰。把自己难以处理的人际发展与情感问题在微博上发布,宣泄和倾诉内心的困惑和苦闷,有同样问题的大学生会彼此交流,互相吐槽,有"过来人"经验的"陌生人"还会给他们以安慰,这在一定程度上释放了大学生的精神压力和紧张情绪。

微博给我们带来的负面影响也是显而易见的。第一,干扰学习,影响身心健康。安徽省大学生思想动态分析研究中心研究员彭晶对 2013 年安徽省 11 所高校 1765 名大学生微博使用情况的调查表明:96.6% 的被调查者每半个月至少使用一次微博,90.2% 的被调查者每周至少使用一次微博,其中 51.6% 的被调查者每天都在使用微博,有接近 30% 的被调查者承认自己是"微博控",有接近 50% 的被调查者没有固定的使用微博时段,有接近 35% 的被调查者固定在晚上深夜睡觉前使用微博,还有接近 15% 的被调查者会在上课时间使用微博。① 截至 2017 年 6 月,我国手机网民规模达 7.24 亿,网民使用手机上网的比例达到 96.3%。手机等移动设备几乎是大学新生入学的标配,据调查,大学四年中更换过手机的比例达 90%,这就使得大学生可以随时随地使用手机浏览微博信息。微博上信息庞杂,像搞笑短视频、美妆博主直播、游戏应用、娱乐新闻八卦等

---

① 彭晶. 微博,半数以上大学生每天使用——安徽省 11 所高校 1765 名大学生微博使用情况调查报告[N]. 中国教育报,2013-07-15(3).

都会引起大学生的注意力，加之技术升级后的微博更新速度以秒计算，使得很多大学生成了"微博控"，导致出现上课心不在焉、坐不住、听不进去的现象。再加上微博世界的价值观多元，良莠不齐，享乐、功利、媚外、哈日哈韩等思想会对身心正处于发展阶段的大学生造成一定影响。第二，碎片化阅读，弱化逻辑思维能力。2012年，中文互联网界的活化石菜头宣布准备停止更新微博："准备停止微博一段时间，不发也不潜水。原因是我怀疑微博的碎片化阅读对我的大脑有所损伤，很担忧再也不能读书和做深度阅读了。不写微博了我还是我，但不能读书的话我什么都不是。同时，微博让人易怒、易挑衅、易轻信，无法专注，我觉得还是面壁一段时间比较好。"随后，又在他的一篇名为《碎片化生存》博客中写道"我得实话告诉你：我已经没有办法读书了"。他认为这是一直在微博碎片化阅读的结果，他认为微博是无需知道"为什么"，只需要不断判断"是什么"，然后把一系列"是什么"组合起来。所以，哪怕是最简单的逻辑也都被抛弃了。微博，对于随着互联网发展而成长起来的一代来说影响更重，很多大学生反映碎片化阅读时间越长，头脑中的有用信息越少，注意力越分散，并且整理不出条理顺序来。当你抛开碎片化阅读，静下心来读书的时候，发现读完一段文字后，头脑中似乎会空白一下，读过的字句含义都消失了，无法完善所读过文字的构架。第三，沉迷于虚拟世界，易产生社交恐惧。长期依赖于虚拟化、匿名化的微博交流，使得某些大学生回归现实生活后无法适应，不愿面对生活中的人际交往，尤其是出现矛盾冲突时不愿尝试正面解决，而是选择在微博上"吐槽"心声，进而导致大学生产生社交心理障碍。第四，以网络的虚拟性作为"面具"，会弱化大学生的道德素养。"键盘侠"是网络新生的一个群体，是指部分在现实生活中胆小怕事，在网上占据道德高点来发表"个人正义感"和评论的人群，他们热衷于对社会热点事件动不动就妙语连珠、口吐莲花进行评头论足。由于大学生关注的社会热点较多，往往接收到的是碎片化信息，又缺乏自我管理的能力，容易跟风某种观点，失去理性思维，使得大学生很容易成为"键盘侠"中的一员。

碎片化阅读虽然可以让大学生在碎片化的时间中去获取碎片化的内容信息，但是正如菜头所说"微博是无需思考的地方"，如果仅仅依靠碎片式阅读这种浅层次的信息接收形式，会弱化大学生的逻辑思维能力。美国科技作家卡茨认为："我们牺牲了深入阅读的功能，变成只是信息的解码者，形成丰富的精神连接的能力被搁置。"

第二节 微信

微信(WeChat)，是腾讯公司在2011年推出的一款即时通讯软件，目前已发展成为多功能平台，其功能涉及通讯、社交、媒体、游戏、电商、支付等领域，并进一步向线上讯息与线下消费的商业领域进行拓展。

研究表明，2015年，中国社交媒体的使用行为发生在所有年龄段。16岁到25岁的消费者仍然是最多使用社交媒体的群体，同比增长18.7%。腾讯公布的2016年年度业绩报告显示，微信和 WeChat 合并后，月活跃账户数达到 8.89 亿，比 2015 年同期增长 28%。拥有国际领先移动互联网的腾讯利用社交产品持续发挥着国际影响力。① 调查显示，有 93.6% 的大学生正在使用微信；2.1% 的大学生曾经使用过微信，但现在不再使用；而不使用微信的仅占 4.3%。从接触微信的时间来看，28.2% 的被访者从 2011 年开始使用微信，37.6% 的被访者从 2012 年开始使用微信，29.1% 的被访者从 2013 年开始使用，而 2014 年开始使用微信的仅占到 5.1%。可见，微信在其推出后的 3 年时间里已扩散至大学生群体中。②

微信被《纽约时报》评价为"正积极尝试扭转中国本土互联网产品无法推向世界的命运"。在 2012 年 9 月中国互联网大会上，有人评价微信，"目前，只有微信拿到了移动互联网的船票"。

一、微信为何有如此的吸引力

1. 满足受众需求

在韩晓宁等发表的《内容依赖：作为媒体的微信使用与满足研究》一文中对大学生微信功能的使用偏好进行调查发现，50.99% 的大学生关注了 1~5 个微信公众订阅号，29.21% 关注了 6~10 个，19.80% 关注了 10 个以上；在阅读偏好上，大学生经常阅读的微信媒体信息类型中比重最大的是新闻与评论，占 77.23%，其次是校内资讯。③ 微信的这些功能满足了大学生受众的需求。"使用与满足"理论的提出者卡茨认为，受众是基于自身的社会与心理因素而产生一定的需求和目标，从而主动而不是被动地选择媒介和进行媒介接触行为，行为产生的满足感会影响下一次的媒介接触行为。而微信公众号的信息推送就满足了大学生新闻信息的需求；即时互动满足了大学生社交沟通的需求；朋友圈满足了大学生自由展示和讯息分享的需求等。

2. 社会系统内媒介依赖性

环境、个人、媒介共同构成了一个完整的媒介生态，在社会系统中媒介满足了人与人进行交流沟通、信息获取的需求，人们甚至产生了媒介依赖。无论是专业的调查研究还是平时的观察，"低头族"越来越多，微信就是"罪魁祸首"之一。就大学生来说，在使用微信的群体中，29.7% 的同学经常有忍不住查看微信的行为，另有 39.7% 的同学认为自己偶尔有忍不住查看微信的行为。如今的微信月活跃用户 8 亿多人，无论是在公交车上、路上还是吃饭间隙，都能看到低头刷微信的人，他们时而快速打字评论、交流，时而自言自语，完全沉浸在微信的世界中。

3. 管家式的推送

相对于纸媒、广播、电视、杂志等传统媒体对信息的被动式接收和主动的搜索，微

---

① 中国新媒体发展报告 No.8(2017)[EB/OC].[2017-07-05].中国社会科学网 http://ex.cssn.cn/zk/zk_zkbg/201707/t20170705_3569552.shtml.
② 张志坚，卢春天.大学生微信使用情况调查[J].当代青年研究，2015(3).
③ 韩晓宁，等.内容依赖：作为媒体的微信使用与满足研究[J].国际新闻界，2014(4)：82-96.

信小程序和公众号提供了一个更加方便快捷的信息收集方式。微信用户会主动寻找符合自身新闻信息需求的微信公众号进行关注和阅读,一旦关注,微信公众号会定时推送相关信息,也正是这种"点对点"的信息传递优势,类似于管家式的信息管理,减少了用户在信息搜索上的时间,成为受众获取新闻信息的重要渠道。据了解,每个阶段的大学生对微信公众号的关注度和关注内容是不同的,毕业生更多的是关注公务员、事业单位等考试相关的公众号,以及招聘类公众号,如中公教育、华图教育、高校人才网、某某招聘等。

二、微信博得大学生信赖

相关数据表明,大学生群体是微信的追捧者,对微信的使用率非常高,80%以上的用户使用微信时间都在半年以上,每天会用碎片化的时间刷微信,使用频率较高。微信自诞生之日起就在不断地探索如何更加专业化、人性化,而且微信Android版和iPhone版不断升级版本,微信的发展不仅符合互联网的特征和发展趋势,而且能快速捕捉和实现用户需求,使得用户对微信产生使用依赖。

1. 信息获取功能

网络即时传播的特点,使得更多的信息成为无国界信息。相对于其他固定的文字信息、音频等,微信的公众号推送模式满足了人们各方面的信息需求。用户通过订阅公众号的方式,定时接收新闻资讯、生活信息、娱乐信息等。如高校人才网,第一时间为求职者提供全国各地的高校、事业单位、科研机构、中小学校、知名企业、卫生系统等人才招聘信息,让大学生在忙碌的毕业季节省信息搜索上的时间,快速获得全国各地的招聘信息。

2. 自我呈现、获得群体认同

美国心理学家基恩和肯瑟说"人类正面临一场自恋大流行",这并没有贬义。自恋是自我呈现的一种,Jones和Piffman认为,自我呈现就是"调整自己的行为以给他人创造某个特殊的印象",[①] 由此可见,自我呈现是以一定的方式把自己呈现给他人,并且以一种既定的方式表现自己,给他人留下某种印象。所以,仔细观察不难发现,当代青年越来越热衷于虚拟社交中的自我呈现,微信朋友圈就是当代青年自我展现的最重要的场域。统计表明,73.53%的微信用户通过朋友圈留言的方式来展现自我。[②] 由于微信的半匿名性和半公开性,在这个虚拟的世界中,有一部分人喜欢不加修饰地去展现自己的衣食住行,所见所闻所思,在虚拟世界中展现真实的自己;有一部分人,不好与朋友分享自己的私人生活,于是通过另外一种形式来展现自己;也有一部分人喜欢对自己所发表的朋友圈仔细考量,略加修饰,时刻保持一种正面、积极的形象等。无论是在朋友圈"晒"幸福、"晒"旅游、"晒"孩子、"晒"自拍,还是心灵鸡汤大推送等,都是自我心理的一种表达,希望能够得到自己朋友们的点赞和评论,以获得群体认同。

---

① Jones E E, Pittman T S. Toward a General Theory of Strategic Self Presentation[M]//In: Suls J. ed. Psychological Perspectives on the Self. Hillsdale, NJ: Erlbaum, 1982: 231-262.
② 童慧. 微信的自我呈现与人际传播[J]. 重庆社会科学,2014(1).

3. 强大的社交功能

互联网时代，每个人都无法远离社交的影响，而操作便捷的聊天功能是微信最基本的社交功能，也是微信最初主打的功能，满足了人们社交的需求。在对大学生微信使用情况进行数据调查时发现，大多数大学生在使用微信时基本是为了满足自己社交的需求，因为微信使得自己的人际交往更加便利。与QQ不同的是，QQ的关系范围较广，大多是强关系和弱关系的混合，而微信的关系范围较窄，但关系性更强，基本以现实生活中的熟人为主。更多的大学生会有选择地添加朋友，并且会把朋友进行分组，在微信中就会形成一个人为的强弱联系。除此之外，如果是用手机号注册微信，就会在对方的手机通讯录中显示微信标志，若想有进一步的沟通联系，对方会主动申请添加好友。扫描二维码、漂流瓶、附近的人、摇一摇等功能都是为了满足用户的日常交往需求，不仅便利了生活，同时也提高了微信的趣味性和时尚性。

4. 移动支付功能

2014年3月，微信支付功能开通，只要绑定银行卡就能进行支付，用户移动支付的习惯逐渐养成。据艾瑞咨询《2017年中国第三方移动支付行业研究报告》数据显示：中国第三方移动支付交易规模持续增长，2016年移动支付交易规模约为58.8万亿元人民币，较去年同比增长381.9%。2016年版的《微信数据化报告》中显示，财付通第三方支付的市场份额已经超过20%。"微信支付"通过腾讯第三方支付工具，实现线上线下支付功能，整个支付过程不用退出微信程序或者下载任何购物应用，仅仅通过扫码或提供支付码就可以进行交易，支付过程不超过1分钟。

5. 微信小程序

2017年1月9日，微信小程序正式上线，"微信之父"张小龙在朋友圈披露其对小程序的定义：小程序是一个不需要下载安装就可使用的应用，它实现了应用触手可及的梦想，用户扫一扫或者搜一下即可打开应用。中国青年报社社会调查中心联合问卷网对2001人进行的一项调查显示，84.4%的受访者使用过微信小程序。在57.8%的受访者看来，微信小程序的出现是件好事，节省了手机内存（62.0%），并且操作简单（57.8%）。从实际情况来看，微信小程序确实比App便捷，用户不再需要下载App来获得服务，减少了对手机内存的占用，并且更加方便快捷。2017年摩拜共享单车入驻微信小程序以后，通过微信扫一扫就可以解锁使用单车，过程简单，无需打开摩拜App。

三、微信"让人欢喜让人忧"

微信作为互联网时代的新型社交媒介，自由、平等、随性和开放是其特点，既扩大了大学生信息获取渠道，又改变了大学生人际交往方式和生活学习方式，给大学生群体带来极大的便利。任何事物的存在一定会有正负两面性，微信也是如此。在8亿多的用户群体构成中，80%是青年群体，而大学生无疑是微信重要的用户群体。目前，微信对大学生的负面影响正逐步凸显，我们在大学校园随处可见沉浸在微信世界的"低头族"，有相当比例的大学生表示在课上会拿出手机刷刷微信朋友圈，跟同学朋友聊聊天，看看公众号信息推送等"打发时间"。如果过分依赖线上交流，长此以往，对现实面对面的交流会感到不适。这种现象不仅出现在大学生群体中，很多重度微信用户都表示当面对面进行交流的时候感到有压力，导致现实朋友圈范围缩小，很多网友对此调侃：世界上最远的距离是我坐在你身边，你却在给我发微信。除此之外，微信注册实名制后，也带来大学生信息被盗等安全问题。

第三节　手机客户端（App）

App 是英文 Application 的缩写，是指手机上的各类应用软件，亦称手机客户端。智能手机的快速发展和普及，手机客户端软件成为用户接触最频繁的软件工具，通过各式各样的客户端软件来实现娱乐、信息获取、社交等功能。根据 DCCI 的调查，43%的移动互联网用户在手机上安装 3~5 个客户端软件，24%的用户安装的软件为 6~10 个，有 5%的用户要用到 21 个以上的软件。① 艾媒咨询数据显示，2017 年，95.5%的手机网民会关注网上文化资讯或知识，过半数网民通过文化类型 App 和社交平台浏览文化信息。据调查显示，整体移动用户月平均使用 App 数量为 17 个，24 岁以下的年轻用户最为活跃，月平均使用 20 个。如图 4.2 所示。

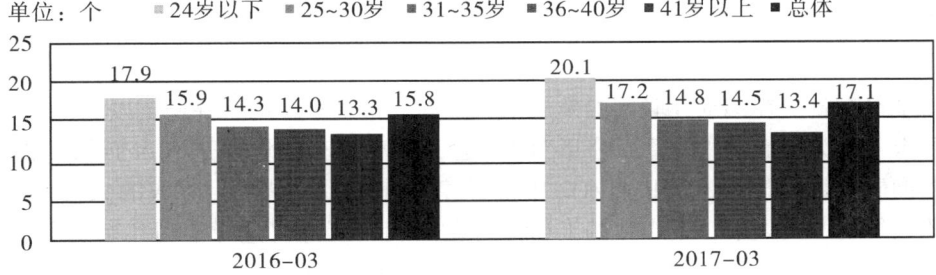

图 4.2　各年龄段用户 App 使用个数分布

（来源：QuestMobile TRUTH 数据库 2017 年 3 月）

一、手机上网进入客户端时代

手机 App 的使用，在移动互联网时代显示出了强大的市场生命力，碎片化、场景化态势越来越明显，单体 App 的用户价值无限延伸。数据显示，2015 年 6 月至 2016 年 4 月，移动客户端各类服务的用户规模，除了游戏之外均呈现稳定增长的态势。其中，使用工具类 App 的用户规模一直处于领先地位，紧随其后的是通讯聊天和影音类 App。② 面对众多的客户端，我们姑且将其简单的归类为四种：生活服务类、新闻资讯类、商务交易类和网络娱乐类，分别探析其火热背后的原因。如图 4.3 所示。

---

① 丛文. 评论：手机客户火热的背后[N]. 人民邮电报，2011-09-16(5).
② 艾瑞咨询. 2016 年中国移动端清理/优化 App 用户数据洞察报告[R]. 2016.

第四章 微时代的微阵地

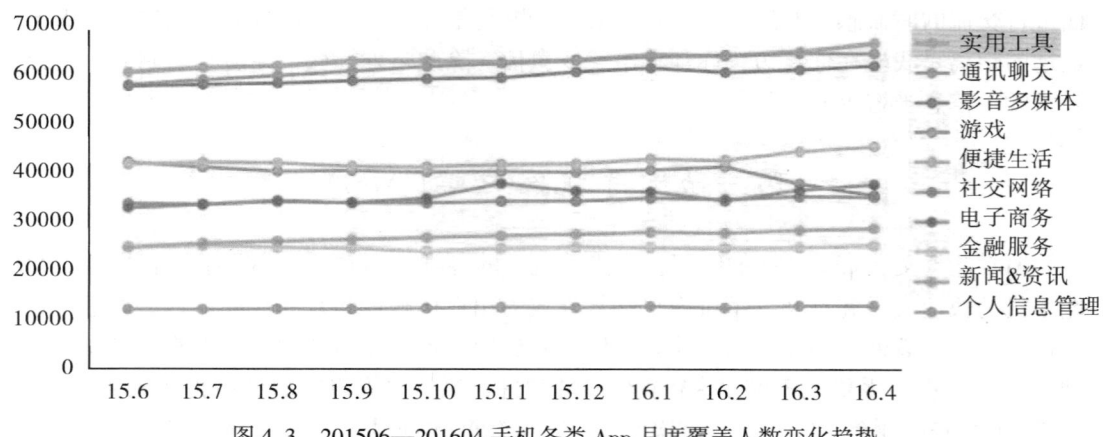

图 4.3　201506—201604 手机各类 App 月度覆盖人数变化趋势
（来源：艾瑞连续监测数据产品 mUserTracker）

（一）生活服务类客户端

生活服务类客户端为我们的日常出行和生活工作都提供了极大的便利，如地图指示客户端高德地图、百度地图，打车软件滴滴，出行服务客户端携程，共享单车客户端摩拜等。

共享单车就是在移动互联网的发展下兴起的。自打车应用软件稳定以后，在市场细分的要求下，为了解决"最后一公里"的问题，共享单车很快便进入人们的日常生活。艾瑞咨询研究数据显示，2017 年 Q2 中国共享单车的受访者中，4 成的人使用频率较高，达到每周 5 次以上，近半数的人通常会在"最后一公里"选择使用共享单车。同时，共享单车使用客户端下载用户也逐渐多了起来。根据艾瑞 mUserTracker 监测数据，进入 2017 年 3 月以后，用户对共享单车 App 月度平均使用次数明显提升，4 月达到 23.1 次，用户黏性明显增强。

（二）新闻资讯类客户端

中国移动新闻资讯应用用户群以年轻人为主，并且具有高学历和高收入的特点，其中拥有大专以上学历的用户比例达到 39.2%。根据 Analysys 易观监测数据显示，2015 年下半年，我国移动互联网用户细分应用用户渗透率中，新闻资讯用户渗透率为 54.6%。新闻资讯应用满足了用户多样化的信息需求，目前主流的移动新闻资讯 App 分为两种：聚合新闻客户端和媒体新闻客户端。除此之外，还有其他资讯公众号如 V 看天下、壹周刊、二十一世纪商业评论、梅花网、知乎等。

所谓聚合新闻客户端，就是网络媒体机构聚合传统媒体的新闻信息，在自身不生产媒体内容的情况下，整合多家媒体的新闻资讯，结合受众兴趣爱好及浏览历史，基于受众搜索、个性订阅等操作，对全屏新闻信息展开精准推送的形式，给予了用户极大的自主性。最典型的聚合新闻客户端是今日头条和一点资讯。以今日头条为例，今日头条是一个拥有累计 3.5 亿激活用户、聚合 5.1 亿单日文章阅读量的信息推荐引擎。2014 年年底，今日头条推出了"头条号"的媒体平台，截至 2015 年 7 月，"头条号"汇集了超过 3 万多个内容提供方，包括 2.5 万个自媒体和 7000 多家媒体和相关政府、机构，入驻单位覆盖全国 31 个省市自治区直辖市，他们每天为今日头条客户贡献 3.2 万篇内容和 73% 的阅读量。①

媒体新闻客户端是在移动互联网的快速发展下驱使着传统媒体以及互联网媒体拓展其内容传播渠道至移动端，而在自身媒体品牌的影响力及内容生产优势的基础上，媒体新闻客户端结合移动互联网受众不同的触媒习惯吸引用户，获取媒体价值。最典型的媒体新闻客户端有网易新闻、凤凰新闻、腾讯新闻客户端。以腾讯新闻客户端为例，腾讯新闻定位于快速、客观、工整地提供新闻资讯，以新闻秒传、独家栏目、社交互动、微信自媒体内容订阅为特色，且注重原创性，目前与其他几款新闻客户端用户重合度都比较低，与网易新闻客户端用户重合度为 4.2%，与凤凰新闻客户端用户重合度为 4.8%。根据 Analysys 易观监测数据显示，腾讯新闻客户端 30 岁以下的用户较多，年轻化特征显著。见表 4.1。

表 4.1 聚合新闻客户端和媒体新闻客户端对比

	聚合新闻客户端	媒体新闻客户端
内容产生	推荐引擎让渡于算法；依据兴趣爱好、行为习惯等因素筛选推荐内容；具备频道、栏目、话题、搜索等多样化的资讯信息分类展现形式，普遍没有内容屏蔽的调校功能选项	在分发过程中主要以人工编辑的方式运作，由专业编辑决定相关信息的组织、编排以及最后的内容呈现，以频道、栏目形式对资讯信息分类展示；此外，媒体新闻客户端还具有社会属性，承担一定的社会责任
核心优势	可以对资讯信息与用户阅读需求进行高效匹配，提升分发精准性，在分发过程中，对用户进行深度洞察，进一步挖掘潜藏的用户需求	拥有内容生产能力，人工力量介入使内容运营更有目的性、针对性，易于梳理品牌，聚拢一定规模的受众并形成品牌文化

（来源：Analysys 易观监测数据）

二、交易类客户端渐成潮流

商务交易类客户端包括生活服务类和投资理财类两种形式，生活服务类客户端主要有淘宝、京东、美团、携程等；而投资理财类客户端有各类银行手机 App、网贷理财 App 等。根据第 40 次《中国互联网络发展状况统计报告》显示：2017 年上半年，商务交易类应用持续高速增长，网络购物、网上外卖和在线旅行预订用户规模分别增长 10.2%、41.6% 和 11.5%。截至 2017 年 6 月，我国网络购物用户规模达 5.15 亿，其中，

---

① 王卉，张文飞，胡娟. 从今日头条的突破性创新看移动互联网时代内容产业的发展趋势[J]. 科技与出版，2016(6).

手机网络购物用户规模达4.80亿,半年增长9.0%,使用比例达66.4%。下面以"双十一"购物节和美团外卖为例进行分析。

(一)"双十一"成国人购买狂欢节

2017年,双十一进入第九年,已经由传统意义上的光棍节变成了真正的消费节。提到双十一,人们首先想到的是购物、打折、抢红包和购物券。2017年双十一狂欢节落下帷幕,天猫最终交易额是1682亿元,创下了11秒破亿,3分钟突破100亿的神话。双十一如此火爆主要有以下几点原因:

1. 各大电商平台进行多种形式的宣传。就天猫来说,双十一到来前就在各大网站、自媒体平台推出弹出式广告,如在浏览器页面上利用弹幕技术,浏览器打开时就会出现10秒左右的弹幕广告和红包广告;今日头条作为目前使用用户最多的自媒体平台,天猫、京东、唯品会等都在其首页做了5秒左右的视频广告。

2. 电商彻底进入移动时代。目前App购物成为新常态,就2016年数据显示:采用App购物的用户比达到41%,远远超过购物网站的16.2%。由于移动客户端的便捷性,有51%的消费者表示进入11月便开始准备双十一购物,另有27%的消费者表示,会提前一个月便开始准备,只要有时间、有网络,第一件事就是打开淘宝App,寻觅适合自己的商品。

3. 青年人再次成为购物主力军。目前中国网民构成中,10~39岁的群体比例达72.1%,身为青年群体的90后、00后大学生,作为一个特殊的消费人群,在消费中表现出强烈的个性偏好、追求时尚潮流、冲动和理性相结合。大学生大多数为小金额消费,消费金额低于全国平均水平,但是大学生消费的盲目性、冲动性、需求多样性,再加上网购的方便性、商品多元性等,使得大学生等青年群体成为网购主力人群。

(二)外卖行业的异军突起

这是美团创始人王兴对未来的预测。美团作为国内较早布局的O2O行业外卖领域,目前,美团已通过团购、美团外卖、猫眼电影、美团酒店等产品,在餐饮美食、休闲娱乐、酒店旅游等O2O垂直领域深入布局,据了解,美团在餐饮领域2017年上半年的交易额就达到了87亿元。根据公开报道,美团外卖在中国的市场份额占据六成,并以GMV全球第一的体量成为国际领先的外卖O2O平台。

据移动互联网大数据研究机构QuestMobile数据显示,美团外卖生态用户规模超过外卖行业独立App总量,并在2017年保持领先。从今年6月起,美团外卖生态用户就超过了8000万大关;9月MAU即月活跃用户量达到了8213万,较1月增长24%,显著高于外卖服务独立App用户增速。2017年以来,美团外卖生态用户DAU即日活跃用户量也实现了快速增长,9月DAU较1月增长33%,可见用户活跃率也有所提高。从2017年中国移动互联网用户年龄分布情况看,24岁以下的年轻用户增长较快。这部分用户中,大学生群体和刚刚毕业的上班族占了很大比例,对外卖服务有较高的需求和接受度,是各家外卖服务平台的重点培育用户。① 如图4.4所示。

---

① QuestMobile:2017年外卖行业生态流量建设成常态,进入供给服务比拼时代[R]. 2017.

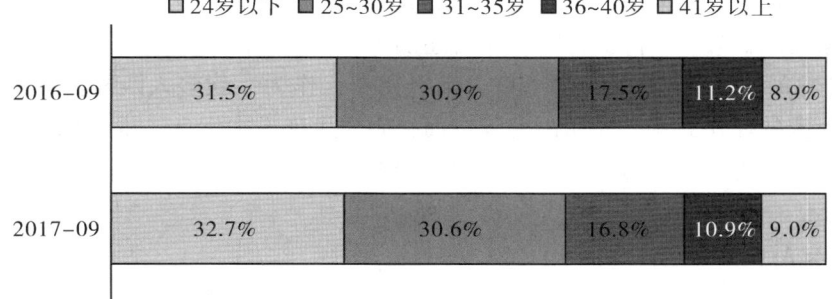

图 4.4 2017 年 9 月中国移动互联网用户年龄分布

（来源：QuestMobile, http://www.questmobile.com.cn/blog/blog_123.html）

三、娱乐类客户端受追捧

网络娱乐类客户端包括网络游戏、网络视频、网络音乐、网络文学、网络直播等。近两年网络娱乐类客户端发展迅速，以电子竞技为例，据《2017 年中国电竞发展报告》指出，电子竞技作为互联网+竞技体育的新兴产业，正在蓬勃发展，2016 年中国电竞行业产值达 200 多亿元，用户规模达 1.7 亿元。如此惊人的数据仅仅是电子竞技作为国内游戏产业中的一支而已。在电竞用户中，六成左右为 25 岁以下的年轻人，用户渗透率达到 40% 左右。

据中国互联网络信息中心发布的第 40 次《中国互联网络发展状况统计报告》指出：截至 2017 年 6 月，我国网络游戏用户规模达到 4.22 亿，占整体网民的 56.1%，其中手机网络游戏用户规模为 3.85 亿，占手机网民的 53.3%。网络文学用户规模达到 3.53 亿，占网民总体的 46.9%，其中手机网络文学用户规模为 3.27 亿，占手机网民的 45.1%。中国网络视频用户规模达 5.65 亿，网络视频用户使用率为 75.2%，其中，手机视频用户规模为 5.25 亿，手机网络视频使用率为 72.6%。网络音乐用户规模达到 5.24 亿，占网民总体的 69.8%，其中手机网络音乐用户规模达到 4.89 亿，占手机网民的 67.6%。网络直播用户共 3.43 亿，占网民总体的 45.6%。

1. 游戏市场野蛮增长

智能手机的普及、4G 时代的成熟和无线网络的建设，移动媒体大尺寸、高像素等参数的提升都使得手游体验更加流畅，再加上形式多样、无处不在的手游广告，使得手机游戏已经渗透进生活的每一个角落，我们在路上、地铁公交车上、学校等随处可见各个年龄层的玩家们。生活节奏加快，人们碎片化时间增多，除了碎片化阅读外，手机游戏是很多人用来填补碎片化时间的选择。据对当前 95 后在校大学生们对手游使用和态度的调查发现：除去不玩游戏的同学外，有超过 70% 的人在玩手游，并且 95 后中也存在不少重度用户，每天手游时间在 4 个小时以上的同学占 10%。

手游是如何"俘获"众多游戏玩家的呢？满足不同玩家的需求。例如，玩法简单、容易上手的游戏可以满足玩家休闲娱乐的需求；富有挑战性、操作性的游戏可以满足玩家益智需求；而喜欢冒险格斗、角色扮演的游戏玩家，对游戏视觉效果、操作性、剧情设定等元素要求比较高。除此之外，手游还加入了社交功能，如2016年爆款产品《王者荣耀》，自发布以来每月平均新增500万活跃用户，作为一款多人匹配竞技游戏，它更加侧重于玩家的操作意识、团队配合等方面，画质呈现更加优良，带给玩家原汁原味的对战体验，玩家可以通过微信、QQ和手机号登录清晰地知道自己的朋友谁在玩，社交功能加强。

2. 音乐App成为刚性之需

目前市面上的音乐类App根据产品功能大致可以分为四类：综合类音乐App，即提供综合音乐内容和音乐服务，相当于音乐播放平台和音乐播放器，如酷我音乐、酷狗音乐、QQ音乐等；个性化音乐App，即为了满足用户个性化需求而提供特定音乐功能，如唱吧—你的手机KTV、全民K歌、音悦台；音乐电台类App，集收听音乐节目和音乐分享为一体的App，如荔枝FM；铃声类App，即以满足用户铃声需求为目的，也带有铃声制作等功能，如铃声多多。

据艾瑞咨询对用户音乐类App使用时间分布的调查显示：在工作日，用户在午休、上下班时间和晚间休息时间收听音乐较多，并在晚间达到高峰；在休息日听音乐的时间段则较为分散，但整体高于工作日（如图4.5所示）。用户对音乐的收听时间段分布情况符合大部分人学习、工作和生活的规律，这也与音乐类App用户年龄较为符合。艾瑞咨询对2017年11月移动App指数监测显示，排在前五名的音乐类App分别是酷狗音乐、QQ音乐、酷我音乐、网易云音乐、全民K歌，它们都有一个共同的特点，即适用年龄占比情况类似：25~30岁群体使用音乐类App最多，这与2017年中国在线音乐用户情况相符，即年轻人是音乐类App用户的主力，尤其是30岁以下用户占比达到

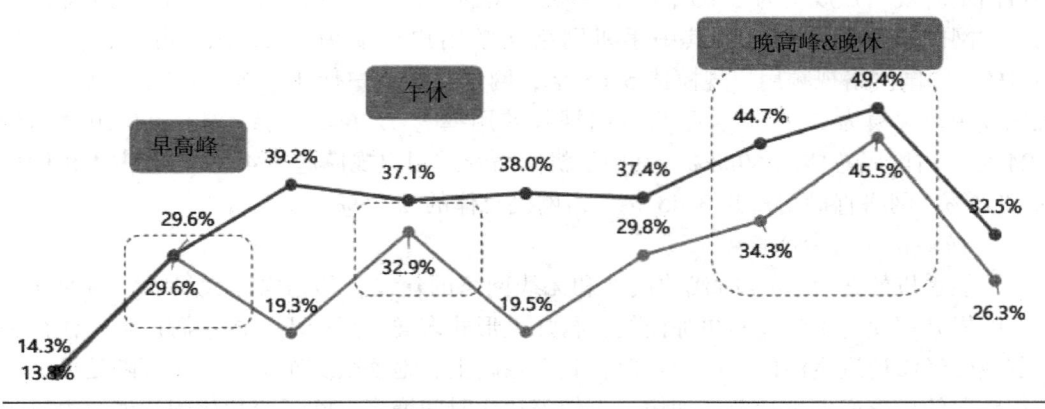

图4.5 2017年中国在线音乐用户日常使用音乐App的时间分布

58.5%，40.8%的用户是大学本科以上学历(如图4.6所示)。

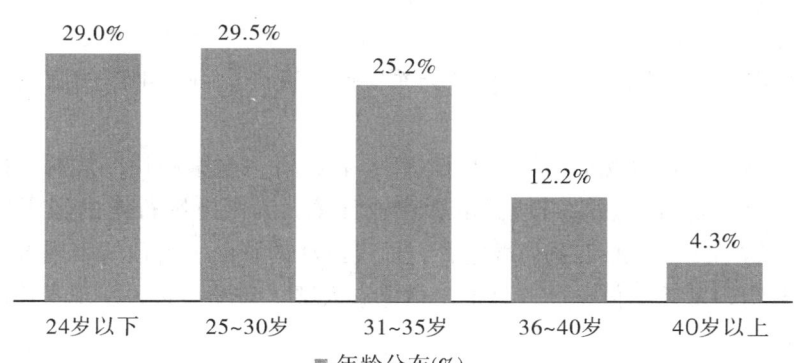

图 4.6　2017 年 Q2 中国在线音乐用户年龄分布

2017 年 11 月，酷狗音乐、QQ 音乐、酷我音乐用户使用排到前三名，这与 2017 年上半年，QQ、酷我、酷狗三家品牌音乐正式合并为腾讯音乐娱乐集团是分不开的，腾讯本身拥有大量的 QQ 和微信用户群，尤其是大学生用户，三家合并获得了大量品牌和产品资源，满足了用户更多的需求。

2018 年 1 月 2 日，微博、微信朋友圈被网易云音乐 App 在首页推出的"Hi，你的 2017 年度听歌报告"刷屏了，网友们纷纷晒出网易云音乐为自己做的听歌报告 H5，通过每位用户这一年的听歌"足迹"，展现出音乐对每个人生活的陪伴。网易云音乐通过这种年度总结的方式，勾起每位用户对 2017 年的回忆，直击心灵，迅速引发用户广泛参与和深度共鸣。

3. 网络视频和直播齐头并进

网络视频客户端包括传统视频客户端和新兴视频客户端，前者是以提供视频播放、视频发布、视频搜索、视频分享等为一体的视频服务平台，如爱奇艺、优酷、腾讯等；后者也被称为短视频或小视频客户端，它融合了文字、语音、视频，是可以在社交平台上实时分享和无缝对接的一种新型视频形式，更符合如今碎片化、快节奏的生活方式，如抖音 App、快手、美拍、秒拍等。直播客户端已经渗透到我们生活、工作、学习以及娱乐的各个方面，不少自媒体平台也启用了直播频道。

第四节　微电影

一、横空出世的"微"电影

2011 年 4 月设立国内首个微电影节，同年 11 月成功举办中国首届大学生微电影节，此后关于微电影的关注度越来越高，微电影发展势头也越来越迅猛。微电影是为互联网、智能手机等新媒体平台特地创作的，具有完整的故事情节和较好观赏性，适合在移动状态或短时休闲状态下观看，是能够给人以瞬间触动的类电影短片，旨在满足人们碎片化的观赏需求。① 微电影作为一种新的媒介呈现方式，正如麦克卢汉所说的"媒介即信息"，微电影的电影观念、电影类型和电影生态有别于传统电影。进入21世纪，尤其是2010年以来，微电影创作和生产异军突起。现今，每年生产的微电影作品已经突破万部。

作为国家网络广播电视播出机构的CNTV，联合八一电影制片厂共同支持微电影的发展，中国网络电视台将强力打造微电影产业环境，为微电影行业的健康发展树立标准。CNTV发布"中国梦"原创系列微电影，通过鲜活的画面、新颖的表现方式展现生活中的大爱与真情，梦想与信念。并且推出微电影大赛，鼓励大家去发现身边的点滴，记录触动心灵的生活。

2012年9月27日，第21届中国金鸡百花电影节首届微电影大赛在绍兴落下帷幕，当晚揭晓了优秀微电影、优秀大学生微电影、微电影发展特殊贡献奖等九个奖项。这是中国金鸡百花电影节首次设立"微电影竞赛单元"，并设立"中国微电影论坛"，不仅体现了时代特征和产业发展趋势，更标志着微电影这一崭新艺术形态得到了学界专家的认可。此后，各种类型、各种级别的微电影大赛层出不穷。

"微"是指微电影的基本特征即微时长（十几分钟甚至几分钟）、微制作周期（1~7天或数周）、微规模投资（几千万或者几万元每部）等特点。微电影与传统电影的区别在于它是随着数字技术和网络技术发展而产生的，只要有创意，就可以拍；只要有网络、有电脑、有移动设备就可以看，所以，低门槛、成本小、参与性强等就成为微电影无可代替的优势。微电影与视频广告最大的区别在于其内容，之所以把几十分钟，甚至是十几分钟的视频称为微电影，就在于它有完整的策划和系统制作以及故事情节，具有电影所有的时间、主题、人物等要素，利用更加丰富的镜头内涵、更加自如的画面组合、更加凝练的时空关联、富有创意的内容表现，在电影思维方式、叙事结构、表述策略、技术手段、传播媒介和平台等方面加入了互联网的特点。所以，微电影在本质上仍然是电影，其互动性、个性化等特质逐步消解了传统影视创作的神秘性和权威性，成为微时代去中心化的独特影视载体。

二、微电影的类别辨析

目前，各大门户网站和视频网站对微电影的分类较为混乱，视频网站大多将微电影归类到网络电影栏目中，并没单独列出，在内容上也是延续传统电影的分类方式：按内容分类和按时长分类。在腾讯视频"微电影"的专栏中，将微电影类型分为：爱情、动作、惊悚、奇幻、剧情、喜剧、悬疑、其他，同样是延续传统电影的分类风格。

现将我们常见的几种微电影类型进行介绍：

---

① 徐莹. 微电影的起源、发展和分类[M]//李建强，等. 我国微电影的发展与研究. 上海：上海交通大学出版社，2017.

1. 广告微电影

如何使广告直击心灵，让人印象深刻？越来越多的广告摒弃传统的数据罗列和简单的平面广告的形式，而是采用微电影的形式作为表现手法。微电影广告是集故事、美感、诉求于一体，通过主人翁的"事与情"，引发观众的情感共鸣，同时潜移默化地将传播理念和文化植入观影者的心中，目前已成为一种新兴的广告模式。泰国微电影广告非常具有代表性，他们擅长情节起伏和铺垫，随着故事情节的推进一步步揭开悬念，逐渐引出主题，令人"回味无穷"。在泰国，85.25%的泰国广告会使用平民作为故事主角，很少使用明星，故事情节大多根据出现在老百姓身边的真实故事进行改编，不仅拉近了广告与普通百姓的距离，更能够引起大众的共鸣。

自2011年凯迪拉克广告微电影取得成功后，三星、佳能等众多国际品牌先后投入到微电影拍摄的行列中，微电影似乎成为最流行的广告形式，楼宇广告、视频网站上经常会跳出各种广告微电影。广告微电影也可以称为微电影广告，虽然其属性是商业性的，但是在表现广告商品的时候采取了电影的拍摄手法和技巧，通过较强的故事性吸引受众的注意，给受众留下深刻的印象，以达到"润物细无声"的效果。正如益达系列广告：加油站篇、酸甜苦辣篇，分别由当红明星彭于晏、桂纶镁、白百何、郭碧婷等主演，讲述了男女主人公在加油站相识并一见钟情浪迹天涯的浪漫爱情故事，酸甜苦辣也分别代表着爱情的不同阶段，以系列广告的形式阐述产品内涵、突出产品理念——"关爱牙齿，更关心你"，不由得勾起人们对爱情的向往和回忆。

2. 青春微电影

青春是影视作品永不凋零的主题。在传统大电影中关于青春生活题材的电影有许多，如赵薇根据青春文学作家辛夷坞的作品改编的《致我们终将逝去的青春》，讲述了一群青春少年从大学校园的追爱之旅到步入社会的迷雾和抉择的故事；陈可辛导演根据"新东方"三驾马车为原型拍摄了《中国合伙人》，讲述了20世纪80年代三个大学生的创业史；韩寒的《后会无期》讲述了几个在东极岛长大的年轻人决定重新选择自己的前路，他们在横跨大陆的自驾旅途上的传奇经历与际遇让他们有了各自不同的命运归宿的故事。

青春期的成长阵痛总是给每个人留下深刻的印象。2010年，筷子兄弟推出"11度青春系列电影"之《老男孩》，轰动大江南北，点击量过亿，被观众评为祭奠逝去青春时代的最强音，并开启了全新的"微电影"行业。《老男孩》讲述的是主人公王小利和肖大宝追求青春梦想的故事，向我们展现了两个中年人对年少梦想坚持不懈的追求和对青春的缅怀。《老男孩》的热播使筷子兄弟也成为"怀旧、青春、梦想"的代言人，获得了从60后到90后几代人的喜爱与尊重。

3. 公益微电影

公益微电影是为维护公众利益、提高社会道德水平而摄制的微电影，它提醒公众应该对社会富有责任。近年来，公益微电影的创作群体逐步扩大，大量的社会公益团体、在校学生、社会爱心人士开始成为公益微电影创作的主流。[①] 公益微电影涵盖了关爱儿童和老人、关爱家庭、关注大自然、保护环境等，采用微电影的叙事手段，增加可观赏

---

① 王婧瑶. 公益微电影叙事艺术研究 [D]. 济南：山东师范大学，2017.

性，潜移默化地传递积极向上的公益理念等。公益的目的是为了在大众心中产生共鸣，所以情节的编排尤为重要，将公益精神巧妙地融入故事情节中，为受众接受。《中华孝道》是由中央新闻纪录电影制片厂（集团）、中央电视台科教节目制作中心、中央新影微电视台、央视微电影频道等单位联合摄制，中央新影集团重大项目部具体执行的大型公益系列微电影项目。该项目通过微电影这一新型的艺术表现手法和手段，宣传孝道文化，以"学孝""行孝""扬孝"来弘扬中华民族传统美德。

2011年"小悦悦事件"发生后，路人对小悦悦遭碾压后的冷漠，引发公众广泛的讨论，基于此，广州大学城十所高校的学生在网上推出了10部自导自演的公益微电影，呼吁人们"拆掉心中的墙，拒绝冷漠"，得到了众多网友的支持和好评。近几年，对留守儿童和空巢老人的关注度增加，每年都会有几十部甚至上百部相关题材的微电影出现在银幕上，让人感触至深。

4. 恶搞微电影

恶搞微电影可以是纯搞笑的、逗傻的，也可以是引起反思的、讽刺的、戏谑的等能够表达理想和价值观的。2006年年初，网民胡戈制作的《一个馒头引发的血案》（以下简称《馒头》）这部网络短片，因戏仿当时被炒作的大片《无极》而迅速走红内地，甚至超过了《无极》本身引起的轰动。这部20分钟的网络短片，现在也可被称为恶搞微电影，因为它是借助中央电视台的《法制报道》栏目框架，把《无极》里的人物进行改变，并剪辑《无极》里面的画面进行拼接组合，讲述一个凶杀案怎样被侦破的故事。《馒头》以自身的逻辑嘲笑源文本的无逻辑性，影片本身就充满了强烈的自娱自乐和草根情怀，其个性化的影像表达颠覆了传统电影的艺术规律。

5. 大学生微电影

微电影在大学生中颇为流行，深受大学生喜爱，很多大学生拿起手中的数码设备，自编、自导、自演、自剪微电影，有的还成立了大学生微电影社团，有了自己的团队。大学生是一群思维活跃的群体，思维的碰撞使得大学生拍摄出许多充满创意、吸引眼球的作品。"全球华语大学生微电影节""中国国际微电影大赛""大学生微电影节"、"新丝路·长安杯'大学生微电影大赛"，当集专业培训、创意拍摄、展示传播、定制推广为一体的全产业链互联平台逐步搭建起来的时候，大学生微电影的发展更为迅速。

三、微电影的美学特征

1. 主题内容通俗化

在互联网信息碎片化的语态背景下，篇幅冗长的影片形式已经不能满足新媒体受众的需求，而通俗易懂、短小精悍、紧扣主题、创意超群的微电影更能符合目前受众的口味。微电影主要围绕现实生活展开，反映现实生活中人与人之间的亲情、友情、爱情主题，主题鲜明，而不是依靠传奇的故事背景、跌宕起伏的剧情设置、激烈尖锐的矛盾冲突吸引观众，微电影往往充满草根色彩，贴近生活的主题更能赢得观众的好评。例如，《选择爱》是国内首部亲情互动微电影，影片根据真人真事改编，从职场妈妈的视角出发，全面剖析了职场妈妈这一特殊人群的真实现状，是全力去拼事业还是选择陪伴孩子？以写实的剧情和温馨的风格直击每个职场妈妈内心的矛盾与挣扎，影片中妈妈的选择令人动容，母爱的伟大让人感动。

除了表现现实中人与人情感的微电影外，还有从另外一个角度去表现都市物欲和都市底层的微电影，如《真心话大冒险》是五部以城市命名的微电影，包括《北京故事》《上海故事》《重庆故事》《青岛故事》《终结篇》，讲述的是因游戏"真心话大冒险"而引发的一系列发生在都市时尚男女群体中的故事。

2. 叙事风格简洁化，叙事个体化

传统大电影习惯采取有条不紊、娓娓道来的线性叙述方式，叙事结构无论是采用倒叙式还是插叙式，无论剧中故事情节、人物关系多么复杂，最后都会还原到"开端、发展、高潮、结局"的线性模式。而微电影由于其时间限制，以及观众观看环境的碎片化，使得受众没有时间去承接冗长的故事情节和等待漫长的故事结局，观影后更没有剩余时间和剩余的情绪去感受厚重的叙事氛围，这就要求微电影在有限的时间内展现出故事主要内容，如采取"删繁就简"的非线性的叙事方式，简化开头和结尾，将观众最感兴趣的部分无限放大，从而淡化故事情节，其余的部分会通过剪辑、巧妙的转场或者画外音、字幕的方式揭示故事主旨，让观众尽快"进入"故事情节中，明白故事内容。这种非线性电影叙事结构的最大特征在于单一时间向度的打破和解除，时间成为不连贯的片段并前后颠倒。[1]

传统大电影一般是由专业团队制作，选取科班出身的演员进行表演，叙事风格较为主流，主推大人物，大赞主流思想，对于小人物的反映特别少。互联网时代，草根阶层群起，微电影更加尊重观众的审美意识，注重观众对电影审美的要求，微电影更多地反映老百姓的小故事、小情节，更加接地气，呈现方式也更加自由。

历史上第一部广告微电影《一触即发》是微时代的产物，其剧本来自微小说《一触即发》，这是一部典型的商业微电影。这部微电影是凯迪拉克以电影大片的规格精心打造的，电影故事以香港为背景，在一次高科技交易中，主演吴彦祖的交易密码箱遭遇神秘黑衣人组织跟踪追击，为了将新科技安然转送至安全地带，吴彦祖联手女主角 Lisa 施展调虎离山等计策，并在另外一位主角凯迪拉克赛威的帮助下，吴彦祖一连闪过顶楼刺客、飞车追击、火箭炮对三批狙击者，就在化险为夷之时，却斜刺里杀出了一个 180 度的回马枪……短短 90 秒的时间，呈现了一场扑朔迷离的剧情和系列紧张刺激的镜头，让世人领教凯迪拉克"瞩目风范、震撼表现"的强大气场。

这部微电影广告取得较大成功后，凯迪拉克乘胜追击，2011 年拍了第二部凯迪拉克微电影《66 号公路》，叙述方式仍然是删繁就简、直奔主题，讲述了一位当红明星一度从公众人物中消失，邂逅男主角，驾驶着凯迪拉克 SRX 穿越极具文化内涵和标志性的美国 66 号公路，开启"自由之旅"的故事。

3. 故事情节创意化

"中国电影需要感情！纵观当下商业电影，也大多是由'情'入戏，以'情'贯之。其中，叙事环节的建构，叙事技巧和策略的谋划，以及叙事话语和结构无不是以情感逻辑为基准和推动力的。"[2]情节意味着影片文本"呈现在我们面前，使我们看到和听到的每

---

[1] 游飞. 电影叙事结构：线性与逻辑[J]. 北京电影学院学报，2010(2)：2.

[2] 李显杰. 电影叙事学：理论与实例[M]. 北京：中国电影出版社，2000.

一件事"。① 罗伯特·麦奇曾说："一个美好的故事是将结构、场面、人物、类型和创意完美的结合。要让这些因素彼此和谐，作者必须对这些元素深入研究，它们就像管弦乐队中的乐器，首先是独立，结合在一起就是一场音乐会。"无论是传统大电影还是微电影，故事元素和组合都是至关重要的。就微电影来说，大多微电影都是表现生活中的小人物的小情怀，也有一些广告微电影所表现出来的是画面具有震撼性的故事情节，题材不同，故事情节就不同，在十几分钟甚至更少的影片时长中，如何吸引住观众的眼球，对故事情节的创意设计要求非常高。无论是商业电影还是微电影，要想吸引人，故事情节必须有与观众产生共鸣的情感。

创意微电影《末日过后》，以2012年玛雅预言的"世界末日"为背景，讲述了一段发生在"末日"来临时的另类极致爱情故事。影片在故事情节的处理上不走单情节微电影的叙述模式，而是采取出其不意的"戏中戏"布局，故事情节跌宕起伏又环环相扣，并且采用布莱希特的戏剧理论中最出名的一招"离间效果"，让观众在欣赏作品的时候，眼睛和思维是不同步的，给观众一种在戏中又跳戏的感受。

网络使得传播者和受众之间的界限变得日益模糊。网络传播融入了大众传播和人际传播的信息传播特征，形成一种散布型传播结构。在这样一个传播结构中，任何一个网结都能够生产、发布信息，所有网结生产、发布的信息都能够以非线性方式流入网络之中，网络传播兼有人际传播和大众传播的优势，又突破了两者的局限。② 随着互联网+时代的到来，媒介不再是单一的，更多是复合型媒介。2018年元旦当天，习近平总书记发表了6分钟左右的新年贺词并在人民日报客户端进行了直播，同时该直播被微博、微信进行置顶推出，在微博话题中，#2018年信念贺词#获得1.3亿人次阅读，8.7万人进行讨论，并得到大量的转发。由此可见，微博、微信、客户端作为传播媒介，在互联网+时代背景下可以实现优势互补，使得信息传播达到最大化。而天生标注着草根文化印记的微电影，在碎片化信息接收方式的互联网+时代，借助发生在身边的普通事，通过微博、微信、客户端等社会化媒体结合，满足了受众在碎片化时代信息接收的需求。

当然，微时代并不是一个新的乌托邦，微技术在方便信息发布的同时，也制造出大量的信息垃圾、瞬间信息，使谣言传播更加容易。它在扩大信息交流、拒绝信息自上而下灌输的同时，也造成了人际交往部落化、江湖化和小圈子化。③

思考题

1. 试论"微时代"与"地球村"。
2. 面对微信小程序的冲击，客户端该何去何从？
3. 微电影能否长久？为什么？

---

① ［美］戴维·波德威尔，克里斯琴·汤普森. 电影艺术导论［M］. 史正，陈梅，译. 上海：上海文艺出版社，1992.
② 匡文波. 网络传播学概论（第二版）［M］. 北京：高等教育出版社，2004：11.
③ 陶东风. 理解微时代的微文化［J］. 中国图书评论，2014（3）：4-5.

第五章　信息超载与信息不足

计算机的出现和普及，标志着我国真正进入了信息时代。大数据时代预言家维克托·迈尔-舍恩伯格在《大数据时代：生活、工作与思维的大变革》一书中就说道："大数据带来的信息风暴正在变革我们的生活、工作与思维，大数据开启了一次重大的时代转型。"诚如书中观点，信息对整个社会的影响已经越来越大，甚至占据了人们生活中的大部分时间。有效信息的获取对于指导人们的工作、学习、生活大有益处，但是实际生活中，人们往往将大量时间花在识别有效信息上，无关信息超载和有效信息匮乏的情况比比皆是，每天被淹没在信息的海洋中，非但不能指导自己的工作、学习和生活，反而会浪费大量的时间，信息爆炸时代的背后，其实是信息超载和信息不足。

信息超载指的是信息接收者或处理者所接收的信息远远超出其信息处理能力。在网络技术不断发展的背景下，世界的信息和知识都处于大爆炸状态，造成信息量大、信息质量差、信息价值低等问题，信息超载的现象也随之而生。

而与之相反，信息不足则指的是信息接收者或处理者在搜索所需要的信息时，信息质量不高或有效性不足，导致有效信息获取失败，优质信息匮乏，我们称其为信息不足。

不管是信息超载还是信息不足，对于人们的学习生活都存在着负面的影响，需要我们及时去发现这些问题，并为解决这些问题提供攻略。

第一节　不堪重负的信息爆炸

"信息爆炸"一词，最先出现在人们的视野是20世纪80年代。统计表明，在80年代，全球信息量以20个月就增加近一倍的速度迅速增长着。进入90年代之后，信息量更是以几何级别的速度增长着，到90年代末，随着技术的更新发展，第五媒体互联网开始应用于各个领域中，也是因为互联网时代的到来，信息开始真的"爆炸"了。与极速增长的信息数量相比，人们对信息的应对能力并没有极速提升，由之前对信息的期待、欢欣转为对信息扑面而来的不知所措，因为信息已经多到一个人哪怕不吃不喝、每天24小时不间断，依然是阅读不完的。更何况，在这个庞大的信息王国中，还有很多无用的、不真实的信息极大地占据着人们的时间和精力。

不可否认，21世纪是知识的时代，也是信息的时代，每个人都处于浩瀚如烟的信息海洋中，在这样一个信息爆炸的时代，想要快速地找到有效信息，考验着每一个人的能力，也考验着当代大学生的信息识别能力。

一、信息最多的时代

10 年的时间，对于媒体行业而言，是一个巨变的时代，10 年前，虽然互联网已经出现了，但是远不及现在普及，人们接收信息的主要渠道仍是以电视、电台、报纸为主，与现在相比，当时的信息传播渠道存在速度较慢、传播范围较小的缺点，但是当时发布的每个信息，都经过重重审核，极其专业的审核制度确保了媒体发布的信息的真实性。随着新媒体的异军突起，社会迅速驶入了人人都是信息发布者的时代，社会的发声主体变多了，信息的出处变广了，传播的速度变快了，影响的范围变广了，但是人们好像一下子又适应不过来了。

第一，随时随地的信息推送，手机挤满各种资讯。电子移动设备的迅速发展，加快了信息的更新，也成为信息推送的主要渠道，手机 App、微信公众号、各种网页等信息更新的频次基本上保持在每日一条的速度，有的甚至会在早上、中午、晚上三个时间段进行信息的更新，频繁的信息更新使得手机上接收到的信息过多，半个小时不看手机，可能就有无数的信息推送未读提示，如此海量的信息，很容易让人错失关键的信息阅读。

第二，娱乐信息、广告信息占据页面过多，无效信息比重越来越大。大众媒介的主要功能是传送各种资讯，但是随着受众特别是大学生群体越来越习惯于利用手机上网浏览各种轻松愉悦的信息，以消磨碎片化的时间，很多媒体也更倾向于推送碎片化的娱乐信息，以博取更多的点击量和阅读量，从而增加广告商对投放广告的信心和热情，获得更多的广告资源。但是这样的推送，并没有太多实质性的内容，多是标题党以噱头吸引用户点击阅读。

有这样一个说法：微博粉丝超过 100 个，就像一本内刊；超过 1000 个，那你就是布告栏；粉丝破万，那你堪比正规的发行杂志；超过了 10 万，那你就是都市报；超过 100 万，你就是全国性报纸；超过 1000 万，那你就是电视台；要是超过 1 个亿，你就是 CCTV。在传统媒体的黄金时代，发行量能够突破几十万已经是非常了不起了，但如今微博粉丝超过 100 万的博主数不胜数，倘若他们每人每天都发布一条信息，对于受众而言，就是庞大的信息海洋，更别说除了他们之外，还有大量的传播者在发声了。

这是一个新闻最多的时代，无时无刻，新闻都在更新，都在推送，浩如烟海的信息，已经极大地影响了大学生的学习和生活，甚至有部分大学生在巨大的信息网络中，迷失了自我，无法安心下来钻研学业，导致学业荒废，造成不良影响。

二、信息爆炸的主要影响

第一，过度依赖手机，变成彻底的"低头族"，对身体健康影响较大。低头族，是近几年的一个新兴词汇，专门用于形容那些只顾低头看手机的人，指的是无论何时何地都作"低头看屏幕"状，有的看手机，有的掏出平板电脑或笔记本电脑上网、玩游戏、看视频，想通过盯住屏幕的方式，把零碎的时间填满。很多在校大学生，在信息极度膨胀的今天，也变成了一个彻头彻尾的"低头族"，无论是走路、吃饭还是在上课，都会捧着一个手机。研究表明，"低头族"成脊髓损伤高发群体，此外，长时间盯住手机屏幕，还会导致驼背、视力下降等，在走路的时候看手机，甚至还会发生意外。

据《华声在线》2017年5月25日报道，湖北17岁的女生商某外出与同伴聚餐，边走路边玩手机，要过一座桥时，一脚踏空，掉入没有护栏保护的深坑，经抢救无效死亡。没有护栏当然是主要原因之一，但是走路玩手机则直接导致了意外的发生。

这不再是个体遭遇：曾有2名青年因过马路时低头玩手机，结果被车撞飞；在旧金山的一辆轻轨列车上，"低头族"因太专注玩手机，结果连身旁有凶徒枪杀一名大学生也不知。

"低头族"在社会安全中面临越来越多的潜在风险。若是交通司机也成低头一族，出事概率则会骤增。

有调查表明，司机边开车边发短信时，发生车祸的概率是正常驾驶时的23倍，而打电话时发生的概率是2.8倍。

信息爆炸的时代，越来越多的人离不开手机、平板和电脑，每时每刻都在阅读着信息。如以上的几个案例所表现出来的危害一样，信息的膨胀使得人们时时刻刻都惦记着阅读，长时间地依赖手机，不仅会导致自身健康水平的下降，还会发生意外。

根据2013年Android系统应用Locket搜集的15万名用户一天中查看手机的频次数据显示，普通人每天要查看手机——激活屏幕或者解锁的次数高达110次，平均每小时查看9次。下午5点到晚上8点是查看手机的高峰时间，查看的频率会更高，每6秒就会查看一次，这段时间里有75%的用户会非常频繁地使用手机。甚至有用户每天要给手机解锁900次，而这占用的一天时间，实际上是18个小时。

对成长于互联网环境的年轻人而言，手机已变得和生活中的空气和水一样，不可或缺。据中国互联网络发展状况统计报告显示，截至2015年12月底，中国手机网民规模达6.2亿，其中10~19岁和20~29岁人群比例分别达21.4%和29.9%；在不同职业构成中，学生所占的比例最高，为25.2%。随着移动互联网的迅速发展，我们越来越浸润在媒介创造出来的信息环境中，我们的生活和思维方式也在渐渐发生改变。

第二，被信息绑架，患上信息强迫症，生怕错过重要的信息。"信息强迫症"是指在获取信息时，由于对信息的渴求而产生的不安与焦虑感，从而迫使自己不断刷新信息来源，满足自身的信息需求。[①] 大学生正处于身心发展的重要时期，这个时期的大学生心理发育尚未达到成熟阶段，他们的价值观、人生观和世界观比较容易受到周围环境的影响，对信息的渴求也较大，因此很容易被信息强迫症"绑架"。哪怕重要的信息他们已经获取了，但是他们还是会觉得自己"知道得不够多"，生怕自己又错过了什么重要的信息，为了所谓的"跟上时代的步伐"，他们只能不断地刷屏，以满足对碎片化的信息的需求。主要表现在：不断刷新微信、微博、QQ空间等个人社交平台的新动态，以获得朋友的最新资讯，一旦朋友的最新动态是从其他人口中获知，而不是由自己通过社交平台获知就会感到无比焦虑；不断在个人社交平台上更新自己的生活动态，向自己的

---

① 朱蕾. 网络环境下大学生信息饥渴现象分析[J]. 新闻研究导刊. 2017(7)：44-45.

朋友展示自己的生活状态；每天睡觉前必需浏览完当天的资讯推送，否则就会无法安心睡觉，睡觉时手机也一定是保持开机状态；每天早上醒来的第一件事，就是查看手机有没有新的信息推送，如果有，肯定要先浏览了信息才能起床；如果是外出遇到手机没电，就会感到极度缺乏安全感，甚至无所适从。

据统计，2017年微信的用户已经突破了8亿人。对于很多大学生而言，微信不单单是一个联系外部的社交工具，它已经实实在在地影响着他们的日常生活，甚至是他们存在的标志。94%的用户每天打开微信，半数以上的用户每天使用微信超过1小时，不少人每天醒来第一件事就是刷微信，睡前最后一件事也是刷微信。① 中关村在线梳理了当代人们被信息绑架的九大表现，分别是：

（1）电话恐惧症；
（2）手机铃声幻听；
（3）图标必须按颜色分类；
（4）离开手机30分钟，感觉会错过了几个亿的生意；
（5）手机图标上有数字，消灭干净；
（6）电量98%，我去充个电；
（7）聚餐时间，算了不想说话，低头玩手机；
（8）想看时间，拿出手机，解锁，看一眼，放回去。哎现在几点来着？
（9）通知栏的消息全部划走。

据腾讯新闻网报道，周军（化名）是一名从事档案保管工作的普通职员，由于工作性质，周军每天与手机寸步不离，工作时也需要格外小心谨慎，严防因工作疏忽而泄露了资料。工作时间一长，周军逐渐养成这样的习惯：每每有电话打来，他就担心有事情发生，导致一刻都不能离开手机，生怕自己错过了任何信息。一次，他匆忙出差时将手机忘记在家中，在惴惴不安地走了大半路程之后，他还是执意返回家中拿手机。前往医院就诊时周军称，他的这一症状已经严重影响了自己的正常生活，手机带给他无形的强迫压力。

从心理学角度看，"手机强迫症""信息强迫症"其实是属于心理疾病的一种，强迫症（Obsessive compulsive disorder，OCD）即强迫性神经症，是一种神经官能症。患有此病的患者总是被一种强迫思维所困扰，患者在生活中反复出现强迫观念及强迫行为。像案例中的周军，长期处于对信息的焦虑之中，甚至已经影响到正常的日常生活，其实已经属于病态了，必须到医院接受治疗。在我们的现实生活中，更多的人是轻微的焦虑和强迫症，通过自己的心态调整和梳理，是可以得到缓解的，但是如果长时间如此，就必须重视起来，到医院接受正规的治疗。

信息的爆炸，往往会改变人们的生活方式，对于正在校园中接受新知识新思想的大学生而言，谨防信息爆炸带来的"信息强迫症"，不被信息牵着鼻子走，做信息的主人，显得尤为重要。

---

① 信息超载时代，如何走出被微信朋友圈限定的世界［EB/OL］.［2017-03-22］. http://www.thepaper.cn/newsDetail-forward_1640007.

第三，过度的信息数量，导致有效信息筛选难度加大，学习效率降低。当代大学生处于一个信息数据极其庞大的社会中，无边无际的信息让他们总是读不完、看不尽，但是当他们想要真正去搜索一些想要的信息时，却又出现"找不到"的窘状。信息的膨胀，给大学生在学习上带来的第一个难点就是搜索困难，花在查询信息上的时间越来越长。不管是平时的课程学习补充，还是做科研分析时的数据检索，大学生不得不耗费大量的时间和精力去对付如潮水般涌来的信息，也因此，大大降低了学习的效率。

国外曾对信息爆炸给人们学习工作造成的影响做过数据调查，结果发现，在参与调查的8万名化学家在进行科研调查时，用于查阅信息资料的时间占据了科研工作时间的50.9%，实验研究时间占32.1%，计划思考时间占7.7%，撰写研究报告时间占9.3%。而其他一些类似的调查数据也显示，科研人员花费在查阅信息资料上的时间一般都占1/3~1/2。① 由此可见，信息时代为人们查找重要信息提供了更多的可能性，但是也侵占了更多的时间。

一些有科研经验的化学家在寻找信息时尚如此耗费时间，对于涉世未深的大学生而言，浪费在网上寻找信息的时间将更多，且部分大学生的定力不足，在搜索资料时难免会受到其他信息的干扰或诱惑，从而导致不能将注意力聚焦在所需信息上，学习效率也会跟着打折扣。

不可否认，信息时代的到来给人们的生活带来了巨大的变化，地球缩小成了"地球村"，通过网络，很多之前遥不可及的东西，变得可观可感，可亲可近，但是科技的发展往往也是一把双刃剑，在便捷获取资讯的同时，人们也要忍受着信息的轰炸，信息爆炸带来的负面影响远不止文中所指，过度的信息已经让越来越多的人感到不堪重负了。

第二节　有效信息的极度匮乏

一、被淹没的有用信息

信息爆炸的背后，往往是信息的泥沙俱下，鱼龙混杂的信息使人分辨不清。从量的角度上说，信息爆炸使得网上的信息量剧增，让人无力招架；从质的角度上说，信息爆炸使得有效信息的搜索难度变大，信息使用者需要花更多的时间和精力去搜索信息，巨大的信息量实质上并不能满足信息使用者的需求，从而出现一种有效信息匮乏的情况，这里说的信息匮乏指的是一种绝对范围内的信息匮乏。

信息的大量存在，并不意味着我们拥有的信息量越多，相反，在信息化时代，人们反而觉得自己被隔绝了，信息掌握得越来越少，人变得越来越闭塞。

2016年，美国举行总统大选，当时美国几乎所有权威媒体的民调数据都显示，希拉里将获胜，所以在希拉里的支持者看来，无论是权威媒体、社交网络还是身边朋友的选择，都预示着希拉里将获胜。然而，结果出乎他们的意料，希拉里落选了，当希拉里

---

① 马敏.信息过剩带给受众的负面影响探析[J].德州学院学报(哲学社会科学版)，2004(5)：103-105.

的支持者开始反思败选原因时,他们才恍然惊觉,在他们所接触的信息之外,还存在着另外一个世界——特朗普支持者的世界,在这个世界里,所有的数据都指向特朗普将获胜,但在竞选期间,他们对于这个世界却置若罔闻甚至是一无所知。正是因为对对手支持率的真实信息掌握不够,直接导致了竞选的失败。

这个案例说明了一个道理,在信息爆炸的时代,人们可以轻而易举地知道很多信息,但是信息的爆出无穷无尽,人们不知道的信息也会越来越多,甚至出现"信息饥渴"的情况。

所谓"信息饥渴",指的是在庞大的信息海洋中人们虽然可以接触到很多的信息,却难以找到自己真正需要的内容,仍然感到自己手边的信息量不够,在不断地刷新和寻找新信息的同时陷入此种循环之中。① 如果大学生对于他们接收到的信息不能及时消化和运用,就会出现对信息焦虑不安的心理负担。在庞大的数据面前,由于自身能力的不足,不能对数据进行很好的分类、整理,就会比较难找到自己想要的信息,从而导致"信息饥渴"。

二、信息匮乏的苦恼

第一,有效信息难寻踪迹,信息匮乏无所适从。很多大学生在准备毕业论文时,想要搜索一些关于毕业论文的资料进行分析的时候,却发现,搜索出来的信息与想要达到的效果之间存在较大的差距,网络信息资源库中的信息千千万万,搜索关键词得出的结果五花八门,想要在繁杂的数据库中提炼出有用的信息,难度较大,所以经常会出现有搜索引擎却找不到重要信息的窘状。

第二,个人喜好影响信息推送,信息阅读片面化。信息量剧增有时候并不是一件好事,现代大学生的一个重要特征是喜欢在网络上与人进行沟通,故而也被称为"网络上交流的一代",他们是很多社交网站比如微信、微博的忠实粉丝,每天通过不断地刷屏以获取资讯,他们的信息来源也多为这类网站。社交类型的网站在信息的选择和推送上通过大数据分析用户的喜好,比如后台点击记录 A 用户是热衷于八卦新闻的,就会针对这类用户经常推送明星娱乐等八卦新闻;后台点击记录 B 用户是热衷于旅游美食的,就会针对这类用户推送相关的内容……大数据的应用,使得信息的推送更有针对性,但是同时,这个推送方式也是存在一定风险的,那就是让用户获取信息的内容片面化,用户更容易出现信息不足的情况。大学生更倾向于运用微信来获取信息,而在微信上又主要是利用两个渠道,一是微信公众号;二是微信朋友圈转发的文章。据调查数据显示,80%的微信用户会根据朋友圈中分享的文章来选择自己要读的内容,这就意味着,大部分微信用户的阅读面和信息获取量是不足的。

而通过微信公众号来获取信息的部分用户,更多是凭借自己的喜好去关注微信公众号,美国学者凯斯·R. 桑斯坦在其著作《信息乌托邦》中用"信息茧房"来描述这一现象:"在网络信息传播中,因公众自身的信息需求并非全方位的,公众只注意自己选择的东西和使自己愉悦的讯息领域,久而久之,会将自身桎梏于像蚕茧一般的'茧房'

---

① 朱蕾. 网络环境下大学生信息饥渴现象分析[J]. 新闻研究导刊,2017(7):44-45.

中。"网民内部分立为大量的小集团,出现"鸡犬之声相闻、老死不相往来"这样分节化、阶式化的格局。

对于大学生而言,他们就像是一块放进知识海洋中的海绵,理应尽力去吸收海洋中的水分,而不是根据个人的偏好,只选择吸收一些轻松、易懂、符合自己喜好的信息,而排斥一些本应学习但是相对枯燥难懂的信息。

三、信息匮乏的危害

第一,注意力分散、专注力下降,静心学习、潜心研究成为了一种奢望。越是在信息爆炸的时代,大学生越是害怕自己被时代抛弃,害怕自己跟不上时代的发展,害怕自己不能及时获取第一手信息,害怕因信息匮乏被同学嘲笑,说自己"落后"。在这样的心理驱使下,大学生基本上个个"手机不离身",时时刷新动态。这其实是由于信息获取不当和有效信息匮乏而导致的焦虑症,在这样的社会大背景下,大学生难以静心读书、潜心做科研,长此以往,不仅会影响学生个人的成才,也会影响高校的发展和社会的进步。人工智能专家西蒙极有远见地指出:"随着信息的发展,有价值的不是信息,而是注意力。"

在街头上曾流行过一个很火的测试:交费20元,从1写到500,不出错可获得重奖。在这样的噱头吸引之下,大家纷纷加入了测试的行列,其中不乏大学生和研究生,大家都以为这是很简单的事情,但是实际的测试结果却让人大跌眼镜:10名参加测试的人中最终只有2人完成,2人50以内就错了,多数人在100～200出错。此事在网络上引起了热议,网友们更是纷纷摩拳擦掌、亲身体验,结果体验后都大呼:这个游戏,90%的人都做不到!

用阿拉伯数字从1写到500,难吗?不难!一个一年级的小学生都可以做到的事情,为什么那么多的大学生甚至研究生都做不到呢?其实这个游戏考验的不是这个事情的难度有多大,而是人心能不能静下来,潜心去做一件事情。

这其实折射出了一个社会现象:在当今时代,人们接收的信息越来越多,信息占用的时间也越来越多,所以人们对有效信息的渴求反而更加凸显,有效信息匮乏导致人们的焦虑、紧张、不安的心理越来越严重,人们已经越来越难以静下心来做一件事情了。而校园里的大学生,面临着更多新鲜的事物、更多的诱惑,浮躁的情绪并不会比社会上的人少。

第二,网瘾学生数量增长,学生上网时间过长,严重占用学习时间和睡眠时间。信息的爆炸式增长使得人们越来越意识到自己的渺小和无知,为了尽可能了解更多的信息,他们只好不停地上网,不停地刷新自己的认识,很多高校的宿舍甚至出现了彻夜不熄灯的情况,高校中的"网虫"比比皆是,他们夜以继日地"泡"在计算机面前,其实就是信心匮乏的一种表现,并极大地占用了大学生的学习和睡觉时间。

2017年教育部新推出的《普通高等学校健康教育指导纲要》中,也提倡了"健康生活方式",认为睡眠问题不仅是现代人的常见问题,也高发于大学生群体。所以新版指导纲要中对"健康生活方式"提出了详细要求,并提到要认识到"睡眠不足与睡眠障碍的危害,劳逸结合,规律作息,预防网络成瘾"。这是大学生网瘾问题首次被写入指导纲要。

据上海交通大学社会调查中心发布的《2015年中国大学生媒体使用习惯调查报告》显示，超九成中国大学生每日使用互联网时长超过2小时，每日接触互联网超8小时以上的大学生占12.2%，仅有1.1%的大学生每日从不接触互联网。

第三，信息和知识的界限被混淆，以为拥有信息就是拥有知识。我们都知道，数据通过简单的加工就可以成为一条信息，但是信息要升级为知识，就必须包含人类的智慧结晶在其中，在有效信息匮乏的今天，很多大学生通过网络掌握了很多无效甚至错误的信息，不加以辨别，就自认为掌握了这方面的知识，其实他们只是掌握了局部的信息，距离真正地掌握知识仍相去甚远。诚如美国国会图书馆馆长詹姆斯·比林顿所说："我们称之为信息时代，这意味深长。我们谈论的不是知识时代。"

2017年10月，一篇名为《罗振宇的骗局》的文章刷爆了很多人的朋友圈，这篇文章中提到，网络上大多数需要付费的"知识"都是缺乏价值的，很多愿意去付费获得"知识"的人，其实并不是真的爱读书爱思考，只不过他们喜欢被别人认为是个爱读书有知识的人，以罗振宇为代表的一些"文化商人"正是看上了这个商机，所以大量兜售一些"成功学""奋斗学"的信息，而这个信息实际上是将网络上很多信息整合在一起，并不能称为"知识"，而付费购买这些"知识"的人，听一万遍成功学，缺乏自己的思考，也不会成功。

不管是信息爆炸还是信息匮乏，都是这个信息时代中不正常的现象，信息时代的到来，本应是给当代大学生更大的便利去接触世界、了解世界的，但是现在却事与愿违，信息爆炸带来的双刃剑正在考验着这个时代的大学生，如何在信息化时代快速找到有效信息？如何规避信息爆炸时代带来的负面影响？如何有效地利用信息化时代的好处以实现自我能力的提升？值得每一个大学生深思。

第三节 信息的筛选和使用

计算机和互联网络的应用，给人们带来了一个崭新的、动态的和超文本式的信息传播模式，切切实实让信息的产生、传播和加工更加高效、快速和便捷，加快了人类认识世界和改造世界的速度，为人类文明史的发展添上了浓墨重彩的一笔，也使得这个世界的距离更近，改变了许多人的学习、工作和生活模式，可谓功不可没。

信息本来是信息社会最基本、最重要的资源，然而随着信息的快速增长和失效，也给人们带来了巨大的挑战，国内很多有识之士都清醒地指出：以计算机和信息目前如此快的增长速度来看，以后信息泛滥将会成为一个巨大的灾难。而这个"灾难"的源头是人们对信息的使用和筛选能力远远不能匹配信息的增长速度，不是人们在"使用信息"，而是人们被"信息轰炸和绑架"。防范信息爆炸带来的灾难，让信息真正为人类社会进步所用，需从大学生抓起，提高大学生对信息的筛选和使用能力，并通过社会的力量，尽可能去疏导疯狂增长的信息，对信息进行管理和分类，为信息社会的健康快速发展保驾护航。

一、快速有效利用信息的韬略

不管一个人主观上愿意还是不愿意，信息时代就这样无声无息地到来了，现代社会评判一个人是否有能力，其中一个重要的指标是"信息运用能力"，大学生作为未来社会的主力建设者，需要在学校中就学习和养成信息运用的能力和好习惯，以应对瞬息万变的信息时代。

全球第一家大众点评类网站"Creative Good"创始人、美国"体验经济先行者"马克·赫斯特，在《比特素养：信息过载时代的生产力》一书中，提出了解决信息爆炸时代之道：用"比特素养"替代"电脑素养"。马克·赫斯特的"比特素养"与老子的"有无之辩"有着异曲同工之妙。《道德经》第11章这样论述"有无之道"：开窗户造房子，正因为房子中间是空的，才有了容纳的作用。"故有之以为利，无之以为用。""有"和"无"是一对孪生体，相互依存、相互作用、相辅相成。网络海量信息也是这样，只有拿得起放得下，才能使其能量释放最大化，成为你工作生活的好帮手。

第一，改变心态，建立信息理念，做信息的主人，不被信息牵着鼻子走。定力，是佛家的语言，指的是一个人的毅力和信念不被外界的假象所迷惑，不随波逐流，能记住自己的初心。身处信息高速膨胀的时代，大学生很难不被吸引，很难独善其身，这个时候，就特别需要大学生能秉持一颗初心，保持一种定力，在网上冲浪时谨记，信息是无际无边的，是个人在一段时间内不可能完全阅读的，不在信息的漩涡中挣扎不休，止步不前。在搜索信息的时候，需要用一种定力来控制自己什么信息都想浏览一下的好奇心和窥私欲，不被信息牵着鼻子走，而是主动地做信息的主人，时刻围绕着自己的搜索目的去浏览信息。

第二，转变自己的社交方式，不做网络上的"巨人"，生活中的"矮子"。很多大学生扎头网络世界，任凭信息时代摆布，机械式地接收海量的信息，原因是他们这一代人，是网络社交的产物，热衷在网络社交平台上与人交流、展示自己，到了实际生活中的交流时，却经常不懂怎么说话、不懂说些什么内容好。大学生应走出网络社交的舒适圈，勇敢地打开自己的心扉，将自己在网络上看到的信息多与老师、同学做线下的沟通交流。一方面，能将自己获取的信息与实际生活结合起来，比如运用到社会实践、社团活动中去，以辨别信息真伪、加深对信息本身的认知，对信息进行去伪存真的筛选；另一方面，可以使自己保持清醒的大脑，不被网络上成千上万的信息冲昏了头脑，迷失了方向，更要避免被网络上的不良信息所误导，让大学生活真正散发出生机勃勃的气息，而不是一个只会上网、是非不分的"网虫"。

第三，学会一些信息筛选的技巧，提升寻找有效信息的效率。当问到大学生是怎么在搜索引擎上搜索自己想要的信息时，大部分大学生的回答是：直接在搜索引擎上输入关键字来进行搜索。当然，这个是最简单也是最便捷的搜索办法，但是简单和便捷的背后，就是可能你搜索出来的东西"水分"太足，信息量过于庞大，你需要花很多的时间和精力去筛选和识别这些信息是否有用。所以说，学习一些基本的搜索小技巧，有助于大学生在最短的时间内，迅速找到自己想要搜索的内容，从而提高学习的效率。比如说，关键词同义词搜索法、描述搜索法、多个搜索引擎搜索法、英文搜索法等，特别是英文搜索法，对于学术上的成果搜索准确度较高，能大大缩小信息获取范围，减少无用信息的阅读时间。①

第四，提升大学生的信息素养，增强信息分析能力。大学生作为接受高等教育的重要群体，他们的信息素养影响着未来信息社会的发展，所以需要加强他们的信息素质教育。首先，增强他们对信息的识别能力，在浩如烟海的信息中，能分清楚信息的好恶和真伪，坚决维护真实信息的传播，遏制不良信息的传播，不造谣、不传谣，积极维护信息网络环境的健康；其次，要重点培养大学生对信息的分析能力，在现代社会，想要获取信息并不难，难的是对信息进行分析和运用。《吕氏春秋·察今》中的"审堂下之阴而知日月之行，阴阳之变；见瓶水之冰而知天下之寒，鱼鳖之藏；尝一脔肉，而知一镬之味，一鼎之调"说的也是这个道理。信息时代，面对纷繁的信息，更需要大学生拥有强大的信息分析和推断能力。

二、社会参与 净化规范信息传播

信息的筛选和使用离不开信息使用者自身素质的提高，此外，也需要社会通力去营造一个和谐的信息环境，规范和净化信息传播。

第一，强化网络传播管理，规范信息传播。信息爆炸的源头在于网络信息传播速度、数量及质量的爆炸，从源头控制信息的发布，政府应该强化网络传播的管理力度，制定完善的信息传播规章制度，让有效信息得到更好地传播，减少无用信息的传播，甚至抑制一些垃圾信息的传播，从而减少网络上信息数量倍增的速率；此外，还要加强对信息发布者的监管，网络上每个人都有发言权，但是对于专门散布谣言、发表不当言论者，要予以相应的惩罚，甚至取消其在网络发布信息的资格，以净化网络信息环境；最后，还要对网络上的信息进行监管，过滤虚假信息，提高网络信息的真实性，并防止垃圾信息挤满网页，占领主要位置。将网络这个虚拟的第三世界客观化、规范化，实现真正的管理。

第二，升级技术水平，提升关键词与关键信息的匹配程度。技术的升级一直以来都是引领时代进步的重要法宝，信息爆炸和信息不足所引发的各种不适，其实都可以通过技术的升级而改变，运用技术的力量，减少比如垃圾信息、广告信息、八卦信息等不必要信息的推送，可以缓解人们对信息爆炸的无所适从；通过提升关键词和关键信息的匹配程度，减少搜索时无关信息的出现，能大大提升人们的学习及工作效率，人们也不会因为在网络上搜索了半天找不到自己想要的信息而焦虑不安。

第三，制定清晰的网络信息发布要求准线，界定可发布信息与不可发布信息之间的界限。不少学者在面对庞大的信息体系却无从下手寻找资料的时候，都会呼吁要对网络信息发布实行"计划生育"，通过政府和业界甚至全民参加的形式，共同制作符合发布在网络上的信息的标准，如何种信息适合发布，何种信息其实是无用信息，没有必要发布在公众平台，以避免增加网络上信息的数量。通过清晰的准线，衡量网络信息的发布标准，防止信息爆炸，以及信息爆炸背后带来的信息过剩和信息不足。

---

① 刘伟峰. 浅谈信息时代大学生知识的有效获取[J]. 教育观察，2017，6(6)：10-11.

与时代共进者,终究引领时代的发展。大学生作为 21 世纪高素质培养人才,在面对信息爆炸的挑战时,理应主动学习更多信息社会的知识,形成自己的判断、思辨和分析能力,在信息大浪潮中,做勇敢的弄潮儿,而不是在信息大爆炸中不知所措、迷失自我。

思考题

1. 什么叫"信息爆炸"?
2. 信息匮乏的影响有哪些?
3. 大学生可以如何提升运用信息的能力?

第六章 拟态社会与现实社会

第一节 拟态社会概说

一、拟态环境缘起

从原始社会开始,一直到大众传媒出现并发达之前,由于人们的活动范围十分有限,人们在认识世界方面所获得的知识和信息大部分来自于自己的直接经验——实践,即在这个未知的世界,人们只能亲身去看、亲身去学、亲身去做,通过实践来获得对这个世界的直接经验,这样才能正确地认识世界。通过这种方式认识的世界无疑是最直接的、最真实的。但是随着经济的发展、人类社会的进步,人与人的交流日益频繁,人们的生活圈子也在慢慢地扩大,人们所需要获得的外界信息越来越多,传统的获得直接经验的方式越来越难以满足人们对认识世界的需要。因此,大众传媒的出现为人们解决了这一难题。人们借助大众传媒,能获取许多自己不能通过直接经验获得的信息。尤其是在进入 21 世纪后,随着科技的进步,尤其是信息技术的高速发展,人们无不生活在一个信息大爆炸的时代,互联网在人们认识世界的过程中扮演着越来越重要的角色,人们只需要有一台能连接互联网的电脑或者手机,便可以做到足不出户就了解天下大事。此时人们所接收的外界信息,几乎都是借助互联网,然后人们将这些信息与自己的直接经验相结合,想象或构建出一个自己心目中现实世界的图景,即"人类——互联网——现实世界"。但是,通过这种方式构建的"现实世界"是真实的吗?

美国著名学者、新闻记者李普曼于 1922 年在其著作《公众舆论》中提出了"拟态环境"(Pseudo-environment)的概念。李普曼认为,在现代社会,人们的日常行为与三种类型的"现实社会"有着密切的联系。第一种是客观现实,它不以人的意志为转移,是真实存在的现实;第二种是象征性现实,是经过大众传媒加工重构后的现实,即拟态环境;第三种是主观现实,即一直存在于人们头脑内部的"关于外部世界的图像"。①

李普曼说:"现实环境总体上太大、太复杂,变化太快而无法直接去了解。"因此,现代社会人们很少有机会能够完完全全地和客观现实直接接触,大多数时候人们是通过

---

① 梁锋."拟态环境"(Pseudo-environment)[J]. 新闻前哨,2014(5):90.

大众传媒来认识整个外部世界的，尤其是在大众传媒高度发展以后，人们所认识的世界、所接触的社会都是经过大众传媒加工后呈现出来的，虽然它和真实的社会吻合度很高，但是并不是对现实环境完全忠实的反映，有时候甚至会和真实的社会产生矛盾，人们是在大众传媒营造的一种"拟态环境"中生产和生活的。在李普曼看来，这种拟态环境并不是真实的现实环境，而是一种"假环境"，是由大众传媒在人与现实环境之间插入的一种"信息环境"。

二、"拟态环境"与拟态社会

其实，拟态环境与拟态社会是有区别的。根据大众传媒塑造的拟态环境和现实社会相吻合的程度，可以将拟态环境反映的现实社会分为以下三种形态，即完全真实反映现实社会的拟态环境、与现实社会有偏差的拟态环境、与现实社会相悖的拟态环境。

完全真实反映现实社会的拟态环境，可以完完整整地真实反映客观现实世界。它把现实社会中存在的每一种事物、发生的每一件事都不带主观因素地、客观真实地反映出来。但是，由于大众传媒在提供给人们信息时受到其自身传播技术条件、传播倾向性或者外界因素的干扰和限制，这种拟态环境只能是理想状态的拟态环境，在现实社会中是不可能实现的。

与现实社会有偏差的拟态环境，所传播的信息是以现实社会为基础，但是却又不是对现实社会完完全全的真实反映，而是有偏差的、有倾向性的带有目的性的反映，它在给人们提供信息的时候，总是具有一定的主观因素，偏离了现实社会。正如大众传媒在给人们传播信息时，传播者会根据其自身的目的和倾向，对传播的信息进行筛选，让人们接收他想要人们接收的信息，而他不想让人们接收的信息会被其直接过滤掉，永远也不能被人们所接收，传播者通过这种方式，来达到某些特定目的。比如奥运会来临，全国传媒机构都对其进行大量正面的报道，给人们营造了一种环境：感觉奥运就在自己身边，人们也因为传媒机构对奥运会的报道而开始议论奥运会，从而达到人人谈奥运，人人支持奥运的目的。尤其是现今的互联网、大众传媒或者网络权威人士，可以依靠其巨大的影响力，左右网民对事件的认识和看法。这种拟态环境，与现实社会有一定的偏差，主观性质强烈，能够反映传播者的主观意志，具有一定的社会导向作用，但同时也具有很强的宣传教化色彩。

与现实社会相悖的拟态环境，其对现实社会的反映是歪曲的、错误的，如面对一个突发事件，大众传媒在未了解到事件真相和本质的情况下对其进行报道，误导了大众，就营造了一种与现实社会相悖的拟态环境。这种拟态环境受到多方面的影响，如传播技术落后、传播者的特定目的、受众的媒介素养不高等。

在大多数时候，我们所接触到的拟态环境都是属于第二类——与现实社会有偏差的拟态环境，人们对大众传媒营造的拟态环境有一定的认识，但是却不是完完整整的认识，是对信息经过一定舍弃的现实社会。因此，自从大众传媒诞生以来，媒体营造的拟态环境就一直伴随着我们的日常生活，人们生活在一个拟态社会和现实社会相交融的社会。尤其是在现今自媒体时代，信息传播方式多样、传播速度快捷，人们无不被包围在信息的海洋中，传媒营造的拟态环境也更加接近于现实世界，人们认识"真实世界"的速度也更快捷，但是这个"真实世界"其实只是拟态社会，需要我们理性地去看待。

三、发展的"拟态环境"思想

(一)拟态环境的环境化

"拟态环境的环境化"是对"拟态环境"概念的延伸，由日本学者滕竹晓提出。滕竹晓认为，大众传媒在给人们营造拟态环境时，不能够完完全全地反映现实社会，因此这种拟态环境并不是真实的现实社会，但是由于人们在认识世界和改造世界的过程中长期都是通过大众传媒来实现的，因此人们的行为主要是针对传媒营造的拟态环境的，但是实际上却作用在了现实社会，这就使得现实社会越来越具有拟态环境的特点，导致人们很难将二者分辨出来，拟态环境也就越来越具有演化为现实社会的趋势。①

在人类发展进程中，信息技术的革命、信息的高速发展，导致人们在两个世界中徘徊，一个是真实的现实社会，另一个是由大众传媒所营造出来的拟态环境。拟态环境并不是真实的现实环境，但却是以现实环境作为蓝本，并不是凭空捏造的。久而久之，人们在接触现实环境有困难的时候（比如时间、空间的困难），便会通过大众传媒营造的拟态环境来认识世界，慢慢地就会误以为大众传媒带给他们的就是真实的现实社会。拟态环境的环境化，让人们慢慢地被蒙蔽双眼，眼不亮、心不明，慢慢地导致人们习惯于接受拟态环境的环境化，放弃了自身的理性思考，去伪存真、求真求实变得越发困难。因此，作为当代大学生，我们应该时刻保持警惕，加强自身独立思考的能力，辩证地看待拟态环境，对拟态环境里信息的真真假假、虚虚实实保持一颗清醒的头脑，理性看待。

(二)议程设置理论

李普曼在提出拟态环境理论后，引起了很大的反响。美国政治学家伯纳德·科恩在李普曼拟态环境思想的影响下，提出了议程设置理论的雏形。1963年，科恩在其著作《报纸与外交政策》中写道，"媒介在告诉读者怎样想这点上大多不怎么成功，但在告诉读者想什么上却异常有效"。尽管科恩没有明确提出"议程设置"这一概念，但是他的这句话却在之后成为了议程设置理论的一个代表性阐释。科恩认为，大众传媒虽然不能控制人们思考问题的方式，但是却能控制人们思考问题的对象。大众传媒在报道现实事物时，给人们营造了一种现实社会的图景，在报道时会根据自身选取内容的标准、报道技术、倾向性等原因对内容进行筛选，有选择地报道，因此有些事物会被传媒报道出来，但是有些事物由于不符合传播者意图则不能被公众所接收。被报道出来的事物在媒介中反复传播后，无论是人们对其感兴趣或不感兴趣的，都自愿或者被迫地接收这一事物，被媒介的这种舆论环境包围着，从而增加该事物的被关注度。通过这种方式，大众传媒就能够控制人们关注什么、思考什么。因此，科恩关于媒介的论述成为了议程设置理论的基础。

1968年，正值美国总统选举年，美国传播学家麦库姆斯和肖为了了解传媒议程和公共议程的关系，对传媒报道的各种总统竞选新闻和选民对竞选问题的重要性判断做了

---

① 郭庆光. 传播学教程[M]. 北京：中国人民大学出版社，2011：113.

一项调查研究。他们对同一时期各大媒体对总统竞选的报道进行内容分析，对这些媒体的新闻报道主题进行分类，研究每个主题在总统竞选新闻中出现的频率，出现频率最高的主题即为当时的媒介议程。与此同时，麦库姆斯和肖通过抽样调查的方式对选民对当时美国现实社会主要选举议题重要性的认识和判断进行了解，从而确定当前的公共议程。通过对当时的媒介议程和公共议程进行比较后，麦库姆斯和肖发现，媒介议程和公共议程两者之间存在着明显的因果关系——传媒认为重要的、优先报道的议题在经过一段时间的传播后可以转化为社会公众优先谈论的议题。传媒通过控制新闻标题的醒目程度、版面的大小、篇幅的长短以及语言的刺激和活泼程度等来控制其报道议题的重要性程度，这些议题在传播给公众后，慢慢地左右了公众对当前新闻议题的关注重点。

1972年，麦库姆斯和肖在舆论季刊上发表文章《大众传媒的议程设置功能》，系统地介绍了这个新的传播理论，即"议程设置理论"，验证了李普曼的观点，使曾经在李普曼那里出现的问题变得更加清晰，并使其具有了更加明确的适用范围，同时也证实了之前科恩对媒体设置议程的猜想。

第二节 拟态社会的特点

一、拟态社会不等同于现实社会

李普曼提出"拟态环境"后，概括了拟态环境的两个突出的特点：一是拟态环境并不是对现实环境真实、完整、客观地再现，而是大众传媒对现实环境进行重构后的产物，具有一定的主观性；二是拟态环境并没有与现实环境完全割裂开来，而是以现实环境为蓝本，它包含有现实环境中真实的成分，并不是虚假的环境，而是与现实环境相交融的。

在李普曼看来，现代社会中人们对现实社会的认识是经过"人类——拟态环境——现实社会"这样一个过程的。在现代社会，人类和现实社会之间隔着一个拟态环境，它并非对现实社会镜子式的再现，而是大众传媒对现实社会进行有选择的加工、报道后提供给人们的虚拟环境。因此，它既有现实社会的某种特性，在某种程度上和现实社会很契合，但其本质上却并不是完完整整、真实的现实社会，具有似是而非的特点。但是由于大众传媒对现实社会进行加工、报道的过程并不是在公开的地方进行，如报社编辑部、电视台演播厅后台等，人们并不能看到其内容生产的过程，因此人们很难意识到传媒提供的内容并非对现实社会完全客观的反映，从而把传媒提供的这种拟态环境当成客观真实的现实社会来接受。

因此，李普曼认为，传媒为大众营造的拟态环境能够影响人们对现实环境的判断和认识，继而影响人们在现实社会中的行为。人们在现实社会中的行为是对其身处的环境所作出的反应，但是这种环境在大多数时候是媒介营造的拟态环境，并非真实客观的现实环境，鉴于此，人们行为的反应其实是针对拟态环境的，但是行为的后果却是真实环境中，所以，我们在作出相应的行为之前，一定要重视拟态环境的存在，正如李普曼所说:"回过头来看,我们对自己生活于其中的环境的认识是何等的间接。""我们必须特别注意一个共同的要素,即人们和环境之间的插入物——拟态环境。"

同时,在当今社会,在互联网时代,人类认知范围的有限性和人们接收信息的海量性之间的矛盾也显得尤其突出,这更加决定了人们在获取外界信息时必须借助媒介的手段。随着科学技术的进步,人类信息传播的渠道也不再仅仅局限于传统的报纸、广播、电视、杂志等媒体,各种各样的新媒体正在以不同的形式逐渐登上大众传播的舞台,营造"拟态环境"也不再是报纸、广播、电视、杂志等这些传统媒体的特权,新媒体也以其独特的传播特点,影响着大众对现实社会的认识,也在为人们营造拟态社会中发挥了重要的作用。因此,拟态社会在现今的社会发展中也具有了新的特点。

二、拟态环境的环境化更快速

在传统媒体时代,大众传媒的传播模式虽然也为双向传播,受众对于传播内容有一定的反馈和互动机制,但是从总体上来看,传统媒体时代的受众大多只是扮演着被动的接受者的角色,传播的主动性一直掌握在传统媒体手中。无论传统媒体给受众营造的拟态环境是多么的逼真、受众对传统媒体营造的拟态环境是多么的依赖,受众终究只是作为被动的接收者来接受这些信息。

但是,到了互联网时代后,新媒体的强互动性、信息的海量性、传播的分众性和快捷性以及媒介的融合性等,使人们从之前的信息被动接收者摇身一变,成为了信息的主动接收者。人们不但可以通过新媒体主动选择自己想要了解的信息,还可以通过新媒体实时发布其想让人们知道的信息,并通过新媒体与网友进行互动、讨论,各抒己见……通过这些方式,信息迅速地传遍整个网络,人们进行着一场拟态社会与现实社会的交融活动,将拟态环境不断地进行环境化。

从李普曼提出的传统报刊时代所营造的"拟态社会",到日本学者滕竹晓提出的电视时代"拟态环境的环境化",再到如今互联网时代传统媒体和新媒体共同营造的拟态社会,拟态社会正在以加速度的形式进行着"环境化",现实社会越来越带有拟态社会的特点,拟态社会发展成为现实社会的速度也越来越快。比如微博里面的热搜内容,都是实时进行更新的,一条热搜内容此时是人们关注的热点,但或许过了一两个小时后,就会被另一条热搜内容所取代。

三、拟态社会营造者的去权力化

在现代社会中,传统的媒体除了具有一定的经营性质外,同时也具有很重要的公益性质,其在促进社会的发展中扮演着重要的角色,因此传统媒体在报道中,为了维护社会的稳定,会根据统治者的需求对信息进行有选择的报道,在一定程度上代表了权力者的利益。同时,有的媒体由于自身经营的需要,其给受众传播的内容在一定程度上也取决于其背后的利益集团。

此外,大众传媒还具有非常重要的社会功能,先后有不少学者对其功能进行研究,如:拉斯韦尔提出的"三功能说",认为大众传媒具有环境监测、社会协调和社会遗产传承功能；赖特提出的"四功能说"，认为大众传媒具有环境监测、社会规范、教育和娱乐功能；施拉姆在肯定前人研究的基础上又提出了大众传媒的经济功能；拉扎斯菲尔德和莫顿提出了大众传媒具有社会地位赋予功能、社会规范强制功能和"麻醉作用"的负面功能。

可以发现，大众传媒的环境监测功能被不同学者多次提及，这种功能其实最早来源于对原始社会部落传播活动的反思。在当时的社会系统中，提供和传递信息可以帮助人们了解邻近部落是否入侵和附近有无可供狩猎野兽。[1] 即通过传播，可以传达人们所面临的危险和机会。到了古代社会，每遇敌情，人们便通过烽火、狼烟、击鼓等方式来向天子报警。而到了现代社会，进行环境监测的主体则慢慢地变成了大众传播。大众传播以其传播的及时性、广泛性和公开性让人们能够迅速地了解各种事件的信息。相对于大众传播时代到来之前的社会，大众传播对环境进行监测的社会功能更加凸显，如有关自然灾害的预警、外敌入侵的警报等。所以，在大众传播时代，除了特定情况外，传媒在给大众营造拟态环境时，通常都是使拟态社会和现实社会尽可能地重合，减少人们所接触到的拟态社会和现实社会的出入。但是，在"传播者—事实—受众"的传播过程中，大众传媒更像是"信号灯"一样，信号灯指向哪里，人们对环境的认知就跟着集中在哪里。但是大众传媒这盏信号灯的指向又由谁来决定呢？即前面提到的传媒背后的利益集团，同时也和传媒内部的一些工作惯例有关。

但是到了互联网时代，自媒体的蓬勃发展使得越来越多的话语权从传统大众传媒手中转向了自媒体人、网络草根、平民手中，传统的大众传媒集团已经无法像以前一样随意控制"信号灯"的指向。新媒体具有信息的广泛传播和强互动性、信息的海量性、传播的分众性等特点，让传统大众传媒对网络中的信息流的流量和流向越来越难以控制。即除了传统大众传媒以外，每个自媒体人、草根或者平民都有可能成为信息流的源头，继而成为拟态社会的营造者，即拟态社会营造者的去权力化和去中心化。

四、拟态环境的碎片化

在互联网时代，"用户制作内容"的理念正在不断地得到大众的认可，和以往大众传媒集团控制传播内容不同，众多独立的个体通过互联网构建自己的"自媒体"，可以相对自由地进行各类内容的传播。众多个体在网络建立"自媒体"，将信息传播对象分解成数量庞大、内容丰富的微小单位，重构了"拟态环境"。[2]

互联网中各类信息非常冗杂，经常出现信息过载的情况，人们并不能把所有的信息都收入脑中，同时因为互联网中每个个体所处的生活背景、个人兴趣、文化程度不同，人们在通过自媒体进行信息交流与传播时，会根据个人需求和喜好，对互联网的信息进行有选择的接收，也会按照个人标准选择与什么样的网友进行交流，慢慢地人们便形成

---

[1] 吴文虎. 大众传播的社会功能——传播学漫话（三）[J]. 新闻与写作，1987(8)：19-20.
[2] 陈航. 新媒体与"拟态环境"[J]. 南京政治学院学报，2010，26(6)：111-114.

了自己的一个圈子。比如现在的微信群、QQ 群以及各种行业社群和兴趣社群等，人们在这样一个个小圈子里进行信息交流和传播，这种小圈子其实就是一种"拟态环境"，一方面，人们在这面获取自己关注的信息；另一方面，人们把零散的内容汇聚起来，在里面进行观点的碰撞，对某种意见赞同者形成一派，不赞同者又形成一派，慢慢地便创造出一个又一个崭新的信息环境。因此，在网络世界我们可能会遇到这样一种情况，进入一个网络社群后，在里面讨论的或许是养生内容，但是离开这个社群换到另一个社群后，大家讨论的可能就是娱乐八卦内容了，两个社群内容千差万别，画风完全不一样。在这种情况下，人们所处的拟态环境是分散的。

在互联网时代到来之前，人们所处的拟态社会都是经过大众传媒来营造的，因此普通大众所处的拟态环境几乎都是一样的，但是到了互联网时代，拟态环境营造者的去权力化使得越来越多的自媒体、网络个人也具有了营造拟态环境的能力，同时人们也从一个信息的被动接收者转变为信息的主动接收者和制造者，网络传播的内容也一直在细化，信息也越来越碎片化，这时人们所面临的拟态环境并不是只有传统媒体营造的拟态环境，还有网络自媒体、网络社群、网络个人等营造的拟态环境，各种各样的拟态环境充斥在互联网中，人们每进入一种拟态环境就如同进入一个新的世界，拟态环境的碎片化越来越明显。

五、拟态环境影响的泛在化

传统媒体在为大众营造拟态社会时往往受到各种各样的制约，如其信息的选择受到包括政治、经济、利益集团和价值观念等众多因素的制约，同时其传播的影响范围也是有限的，如报纸在营造拟态环境时只能够影响其报纸所发行地区的人们，电视、广播在营造拟态环境时只能够影响到其信号所能到达的地方。

随着信息技术的发展，尤其是互联网的普及，人们的视野和认知范围都得到很大的拓展，足不出户就可以知道自己想知道的事情，也可以在超出自己可感知范围之外的其他各类环境中生存，我们所处的世界已经成为了一个"地球村"。互联网为人们提供了一个信息更多、传播范围更广、传播速度更快的平台，无论身处何地，只要能够联通互联网，人们便能够获得任何有关外界的信息，新媒体也在以不同的方式为人们营造一种"地球村"式的拟态环境。它已不单纯是一种负载信息的形式或工具，也并非只是在某一种或几种传统视屏平台上所进行的信息传递载体的扩张和合并，而是呈现出极其开放和统一的动态的巨系统。① 因此，当今的互联网时代，拟态环境的影响能够覆盖到全球各地，正在往泛在化发展。比如，我国提出的"一带一路"倡议，自提出之后通过互联网的传播，不仅在国内引起了很大的反响，更在国际上迅速成为全球各地共同关注的话题；在屠呦呦获得诺贝尔生理学或医学奖之后，全世界都掀起了一股中国医学的讨论风潮。

---

① 杜俊飞. 弥漫的传播[M]. 北京：中国社会科学出版社，2002.

第三节　拟态社会对现实社会发展的作用

社会的发展与进步是一个由各种因素相互促进、冲击和合并的过程，无论是社会经济、社会政治还是社会文化，都推动了社会的发展，而大众传媒在不断地发展与壮大的过程中，其营造的拟态环境也慢慢地在社会发展进程中发挥了不容忽视的巨大作用。

第一节中已经提到，在大多数时候，我们所接触到的拟态环境属于与现实社会有些许偏差的拟态环境，虽然有偏差，但是其总体上还是能够反映现实社会的方方面面，忠实于真实的现实社会，是一种相对客观的拟态环境，并在促进社会发展方面发挥了很大的积极作用。

一、促进政治、经济、文化的发展

大众传媒为大众营造的拟态社会，涵盖了现实社会中政治、经济、文化等方方面面的内容，其在影响人们对世界的认知的同时，也在一定程度上促进了政治、经济和文化的发展。

在政治方面，政治离不开大众传媒。大众传媒从诞生之日起便与政治有着千丝万缕的联系，在国家政治活动中一直扮演着"传声筒"的角色，有时候也成为国家政治活动开展的一种工具，对国家民主政治的形成和发展具有不可忽视的作用。大众传媒可以作为党和国家的耳目喉舌，为党和国家发声，让人们更好地了解到党和国家目前的一些方针政策和政治思想，为党树立良好的政治形象，以获得群众的充分认可。同时，通过大众传媒的对外宣传功能，国与国之间也可以促进彼此之间的了解，消除各国人民之间的误解，为国家营造一个安全的国际发展环境。因此，大众传媒为人们营造的拟态社会能够很好地让人们知晓党和国家的政治思想和方针政策，同时也能够让国际上的友人更加全面、客观地了解我国，从而促进我国政治的稳定发展。例如，每年的两会期间，无论报纸、广播、电视还是互联网，都会对两会的盛况进行大规模的跟踪报道，同时一些自媒体账号也通过开展"两会知识问答比赛"等活动来与网友互动——大众传媒为人们营造了一个"人人都谈两会"的拟态环境，人们日常的公共议题在这个时候也变成了关于两会的内容，这就是大众传媒营造的拟态社会所带来的影响。

在经济方面，经济的发展离不开大众传媒，大众传媒对经济的发展具有巨大的渗透力。

在国家层面，大众传媒以国家的经济方针和政策为导向，为人们营造关于经济政策的拟态环境，将国家的经济政策很好地传达给各级，有利于让社会中的每个个体都了解到国家的政策，促进国家经济的平稳运行，推动我国市场经济的发展。如我国深化经济体制改革方面涉及的很多问题，其实已经大大超出了当前我国经济活动本身的范围，诸如人们的思想观念问题、利益分配问题、体制问题等都和经济体制改革有很大的关系，大众传媒通过对这些问题进行详细的剖析，让人们了解深化经济体制改革需要解决的一系列问题，为人们答疑解惑，从而为人们营造一个经济改革的拟态环境，推动经济体制改革的进行。我国在发布"十三五"规划后，无论是传统媒体还是新媒体，都对"十三五"规划进行了大范围的实时报道和宣传,人们都被包围在传媒营造的"十三五"规划的拟态环境中,慢慢地人们便了解了我国"十三五"规划的具体内容,从而为人们、为企业的未来经济活动提供必要的参考,促进"十三五"规划的顺利进行。

在企业层面,大众传媒营造的经济拟态环境,为企业未来的经营活动提供必要的参考和指导。企业的经营必须符合市场经济的客观规律,因此其必须依靠大众传媒,快速、广泛、准确地了解市场信息,从而建立起灵活的市场信息反馈中心,了解市场行情、掌握用户需求,为企业未来的发展决策提供科学的依据。例如,近几年发展非常迅速的共享经济,就是在国家"大众创业,万众创新"的号召下发展起来的创新型经济。大众传媒通过对这一号召进行大范围的宣传和鼓励,促进了共享经济的发展和繁荣。以摩拜单车等为代表,他们在了解到国家的相关经济政策后,通过传媒紧密地跟踪市场动态,制定出符合市场规律的经营策略,同时也通过传媒宣传自己的产品,获得了越来越多用户的认可,从而占据了全国共享单车的主要市场,甚至进军海外。

在个人层面,大众传媒营造的拟态环境对人们的消费观念具有很大的影响。中华人民共和国成立初期,我国经济十分落后,处于一穷二白的境地,对此我国传媒大力提倡勤俭节约、艰苦奋斗的生活态度,引导人们注重财富的节约和积累,尽量减少花钱消费。在我国改革开放后,随着经济的飞速发展,人们越来越富有,生活越来越美好,在消费方面人们慢慢地放开了手脚,有时甚至会出现盲目消费、攀比消费等现象,对此大众传媒通过对理性消费的宣传,为人们营造了消费观念上的拟态环境,引导人们理性消费,促进社会经济的健康发展。而在 2008 年国际金融危机后,我国经济受到了一定的影响,市场略显疲软,对此国家主张刺激需求,拉动内需,一系列带动内需的经济政策通过大众传媒宣传开来。比如"家电下乡"政策,经过传媒的宣传后,促进了广大农民的消费,很好地带动了内需,促进了经济的发展。

在文化方面,大众传媒通过营造拟态环境可以促进国家文化的发展和繁荣,增强国人文化自信,提高国家文化软实力。中国作为世界四大文明古国之一,其璀璨的文化对整个东方世界文化的发展影响巨大,但是在当代中国,越来越多的人只顾着发展经济,忽略了对我国优秀传统文化的保护和传承。同时,随着经济全球化的发展,互联网的普及,各种各样的西方文化传入我国,对我国传统文化造成了冲击,过洋节、喝洋酒被越来越多的人捧为时尚,而一些传统节日却逐渐被冷落,我国传统文化正面临前所未有的危机。当代社会,大众传媒传播迅速、影响广泛,已经成为文化传播的一种有力手段,通过大众传媒营造的拟态社会,可以加强人们对传统文化的重视程度,提高人们对我国文化的认同感,继而将我国传统文化继承和发扬光大。比如,2008 年的北京奥运会开幕式,世界瞩目,各国媒体都对开幕式现场进行了大量的直播报道,全世界人民都沉浸在传媒营造的中国奥运会这个拟态环境中,同时开幕式邀请了国学大师季羡林作为开幕式的艺术顾问,《论语》、"太古遗音"、四大发明、汉字、戏曲和中国画等中国灿烂的文化华丽地向世人展示,让人们感受到了中国文化的博大精深。近几年十分火热的《百家讲坛》《中国汉字听写大会》《中国诗词大会》等节目也为人们提供了一场优秀的文化盛宴,增强国人对中国文化的认可度,提高了国人的文化自信,促进了中华文化的发展和繁荣。

二、促进人的全面发展

　　大众传媒所营造的拟态环境在对大众知识的普及和道德的宣传教化方面可以发挥很好的作用，大众传媒的引导，更有利于促进人们自身的全面发展。

　　大众传媒营造的拟态环境在普及教育方面发挥的作用很早就被人们所重视。人们从出生开始便身处于拟态环境的包围中，无论是小时候接触的动画片、少儿节目，还是长大后接触的电影、电视剧，人们都可以从中学习到很多有用的知识和技能。通过大众传媒，人们可以学习新知识和新技能，可以获得自己所在领域内的最新研究成果，可以了解到自己从未去过的国家和地区的风土人情……比如人们可以通过报纸的学习板块、电视的科教频道和学习频道学习有用的知识，通过专业报纸了解该专业领域的最新动态，通过旅游频道了解世界各地的旅游景点和风土人情等。同时在互联网时代，网络学习也成为人们获取知识的另一个有效渠道，比如远程教育、网络课堂的开展，学习类 App 的流行等，网民可以根据自己的需要自主地进行学习，开拓自己的视野。

　　大众传媒营造的拟态环境对人们的道德教化作用也很明显。大众传媒对假、恶、丑的批判，对中华传统美德、真善美的推崇，都能够为人们营造一个良好的拟态环境，促进人们提高自身的道德修养。在2016年感动中国十大人物中，有"年过古稀未伏枥，犹向苍穹寄深情"的功勋科学家孙家栋，有无私无畏的火海救人英雄王锋，有扎根乡村36年的最美教师支月英……他们都是普罗大众中的一员，但他们的光辉事迹却一点也不平凡。他们为我们树立了榜样，他们的感人事迹更是感动着我们，影响着我们的道德规范。通过大众传媒营造的拟态环境，人们在潜移默化中就会被引导至良好的轨道中来，从而促进自身道德素养的提高。

三、社会监督，引导社会发展

　　正如前文所说，大众传媒具有环境监测的社会功能。大众传媒为人们营造的拟态环境，能够让人们知晓很多之前从未了解过的事情，同时也能为人们揭露出很多深藏的社会问题，这些问题被传媒报道出来后，借助大众舆论的力量，通常能够很快地得到解决。比如每年一度的央视3·15晚会，关注食品安全、公共安全、教育和医疗等各个消费领域，揭穿了无数无良企业的陷阱、骗局和黑幕，很多企业都害怕被曝光，对社会各个领域的企业进行了有力的监督和震慑，维护了消费者的权益。同时，3·15晚会每年都有一个特定的主题，为公众营造了一个拟态环境，使人们对该主题尤其重视，提高了人们维护消费权益的意识。通过互联网，人们也可以对社会进行全民监督。人们在发现社会上的一些问题时，通过微博、微信等新媒体平台，可以迅速地让其成为全国人民关注的焦点，从而对该问题营造一个拟态环境，使问题能够很快得到妥善的解决。比如"黑导游"问题、校园暴力问题等经过网友在微博曝光后，迅速引起网友的关注，在众多网友的转发和评论影响下，这些事件也慢慢地成为社会热点问题，引起全国人民的关注，从而促进事件相关者解决这些问题。

　　同时，借助大众传媒营造的拟态环境，不仅可以加大政府在行政、执法等方面的透明度，使政府的工作受到舆论的监督，在阳光下进行，拉近政府与群众之间的距离，让人民群众对政府的工作更加认可，还可以让群众对政府的一些政策有更加充分的了解，从而使群众理解政府的一些行动，支持政府出台的一些政策，避免因为信息不对称而导致的误解。例如，某些地方存在懒政的行为，被媒体曝光后，迅速引起人们的关注，使该政府立马进行改正；政府在出台某项政策的时候，会安排新闻发布会，邀请媒体过来采访，通过媒体回答人民关心的问题，让人民对政府的工作更加了解，明白政府工作的出发点确实是为最广大人民谋福利，即使出现有些人的利益被损害的情况，人们大多数时候也会表示理解。因此大众传媒在做好拟态环境建设后，能更加及时、准确地为人们宣传党和政府的一些政策，让政府的工作更加公开、透明，同时还能监督政府工作，促进社会稳定发展。

第四节　拟态环境的消极作用

大众传媒在构建拟态环境时，如果构建得好，对社会发展将有很大的促进作用，但是如果构建得不好，则会对社会产生很大的负面影响，阻碍社会的发展。尤其在当今的互联网时代，拟态环境的环境化越来越快速，其影响范围也越来越广泛，对于拟态社会，我们更要擦亮眼睛，理性地看待拟态环境，对拟态社会有利的一面要积极地接受，对其不利的一面我们要提高警惕，避免因陷入其中而产生对自己、对社会不利的后果。

一、虚假信息对社会的危害

大众传媒如果用虚假的信息营造拟态环境，将会蒙蔽人们的双眼，阻碍社会的发展。比如在我国的"大跃进"时期，由于受到当时错误的思想指导，像"人有多大胆，地有多大产"之类的虚假宣传报道不计其数，大量假话、大话、空话见诸报端，为社会营造了一个虚假的繁荣景象，对我国的社会经济造成了极大的破坏。在我国"文化大革命"时期，在"四人帮"极"左"路线的错误引导下，鼓吹"事实要为政治服务"，认为只要是政治需要的、有利于国家政治的，那么即使没有事实也可以人为地加上去。这些错误的思想在"文革"时期弥漫开来，慢慢地成为大众传媒发布虚假信息的依据，导致在那个时期，无论是报纸、杂志还是广播，大量虚假的新闻被理所应当地报道出来，大量的虚假典型被传媒拿来宣传，为人们营造了一个虚假的拟态环境，蒙蔽了人民的双眼，导致人们看不清真相，极大地危害了社会的发展。

虽然现在我们已经对发布虚假信息的错误做法进行了总结反思和纠正，但是仍然有部分传媒工作者由于受利益的驱使，完全不顾传媒的社会责任，发布不实内容，误导群众。在互联网非常发达的今天，网络的匿名性、传播的快速性等使得网络谣言一经发布，便能够迅速传遍世界，占据传播的制高点，人们在这样一种拟态环境中，由于自身不能分辨信息的真假，很容易对该信息信以为真，造成人们的恐慌，危害社会的稳定。例如，2011年3月发生的日本地震引起的福岛核电站泄漏事故，出现了严重的核泄漏放射污染。3月16日，网络上便开始流传日本的核泄漏事故将会扩散至我国海域，对我国海域造成严重污染，今后在海域采集生产的食用盐将不安全，会对人们的身体造成伤害，并传言食用碘盐可以有效地抗击核辐射。这一谣言在一些别有用心的网络推手和不明事理的网民的共同推动下，一经发布便迅速地在网络上扩散开来，成为了当时的网络热点，直接影响了网民的行为，导致了集体"抢盐"事件的发生，造成了社会的恐慌。

二、低俗内容传播，影响社会风气

互联网时代新媒体的发展，为大众开辟了更加广阔的发言空间，让人们进入了"人人都有麦克风"的时代。同时，互联网时代信息的匿名性、海量性、传播的广泛性等使得网络信息监管难度大，互联网在营造开放、自由的言论空间的同时也导致许多低俗、媚俗、恶俗的内容得到更多的生存空间，大量歪理邪说充斥着整个互联网，关于娱乐明星的花边报道、猎奇新闻更是屡见不鲜。通过互联网发表言论的个体大多是普通大众，他们并不像专业的记者、编辑那样经过了专门的训练、具备良好的专业素养，因而在发表言论时带有明显的主观色彩，甚至会在里面夹杂着明显的个人情绪，导致实际情况被扭曲，误导其他网民。如果一直处于这样一种拟态环境中，将会影响人们对整个社会的理解和认知，不利于人们树立正确的价值观。例如，网络上一些骂人的脏话被广泛地流传开来、对娱乐明星出轨事件的大肆报道、微博中的网友骂战、人身攻击等，都对网络的风气造成了不良的影响，并影响社会风气。

同时，一些网络上的"大V"如娱乐明星，他们拥有众多的粉丝，其一言一行都会对粉丝的思想和行为产生很大的影响。因此，他们在发表言论的时候也应该注意自己作为公众人物的形象，在网络空间更应该积极树立公共标杆，传播正能量，为社会创造一个良好的风气。

三、色情、暴力信息泛滥

和李普曼提出的"拟态社会"类似，日本社会心理学家和传播学家清水几太郎认为，人们现在所处的社会是一个"拷贝支配"的社会，环境的扩大和间接化使人们与社会中大多数重要的"实物"不可能保持着实际接触，要了解这些"实物"，人们只能依靠大众传媒提供的第二手信息，即"拷贝"。"拷贝"不是"实物"本身，并不能代表"实物"所有的特点，但是人们又缺乏将"拷贝"和"实物"进行对照的手段，因此人们只能把"拷贝"作为"实物"的替代物，同时由于大众传媒每天为人们生产和提供大量的内容，人们每时每刻都被"拷贝"包围着，很难摆脱它的影响。同时，"拷贝支配"也会转化为"心理暴力"，因为在"拷贝"制作的过程中，存在着两条"抽象的原理"——利润原理和宣传原理。

在利润原理方面，清水几太郎认为，"拷贝"的收集、生产和提供是一种营利活动。为了获取更多的利润，使大众传媒更具竞争力，传媒必须尽己所能满足最广泛的受众的需求，以吸引到最广泛的受众。通常大众传媒主要有两种做法：一是为特定的受众生产和提供特定内容的"拷贝"，比如报刊的专栏或专业性的报纸；二是为受众生产和提供契合大众最广泛的普遍兴趣内容的"拷贝"。而最广泛的普遍兴趣主要指的是超越人的阶层、群体、职业、学历等社会属性的兴趣，即与性爱、犯罪、冲突、猎奇等有关的本能兴趣。清水几太郎认为，这种最普遍的兴趣也就是人的"原始兴趣"，这种兴趣存在于人的本能之中，在传媒提供的大量刺激人的原始需求的"拷贝"面前，如果没有生理障碍或特殊的毅力，一般经不住它们的诱惑。① 所以，在当今社会，尤其是互联网时代，色情、暴力信息的泛滥值得我们警惕。

由于网络的监管难度大，很多色情网站、色情论坛潜伏在互联网中，对人们尤其是青少年的身心健康造成了极大的危害。有些网络媒体，尤其是网络营销媒体，由于竞争压力越来越大，为了增加自己内容的浏览量，吸引更多的广告商，经常通过传播黄色内容、桃色新闻、暴力新闻等内容来吸引大众的眼球，从而增加自己内容的浏览量。如很多微博和微信营销账号，为了增加粉丝关注度，博取人们眼球，经常发布一些极具诱惑力的美女视频，并配上一些打色情擦边球的标题，以吸引人们的关注；"捉奸""原配打小三"等视频内容也大量充斥网络；"校园暴力""社会斗殴"等包含暴力内容的视频也受到很多网络营销人员的追捧，被大肆散播在互联网上。

色情、暴力内容的大肆传播，很容易将人们带入到这种拟态环境中，挑战人们的道德底线，动摇人们的道德观念，增加人们对现实社会的不信任感。如果这种情况一直得不到很好的改善，人们很容易将这些色情、暴力内容带入到现实社会中，增加人们的无所谓心理和人与人之间的不信任感，甚至还会让人们不自觉地模仿这种色情、暴力行为，危害社会的发展。尤其是处于成长期的青少年，他们的人生观、价值观正在慢慢形成，心智还不成熟，自身辨别是非的能力较弱，自我控制能力和自我约束能力不足，同时他们正处于模仿能力极强的时期，在面对色情、暴力内容的时候，很容易迷失自我，受到诱惑，形成错误的人生观和价值观，危害以后的成长。

四、拟态环境话语失衡

第一节中曾提到大众传媒为人们营造的拟态环境主要有三种类型，一是完全真实反映现实社会的拟态环境；二是与现实社会有偏差的拟态环境；三是与现实社会相悖的拟态环境。由于技术的有限性和大众传媒本身的因素，第一种类型的拟态环境几乎是不存在的，而在现实社会中，传媒主要为人们营造的就是第二类和第三类拟态环境。因此会出现这样一个现象，对于某一事件的态度，拟态环境为受众提供什么样的观点，那么受众自身也会随之持有什么样的观点，人们很难发现持有不同观点和意见的人们，而且在大多数时候，大众传媒为人们营造的拟态环境中，负面信息和正面信息的占比总是失衡的。即大众传媒通过拟态环境来实现话语霸权，为人们营造意见环境，引导舆论，使大多数人的意见都跟着传媒指定的方向走，而少数人持有的意见却得不到重视，话语平衡被打破。

德国社会学家伊丽莎白·诺尔-诺依曼在多次对"意见气候"和"多数意见"进行实证研究后，提出了"沉默的螺旋"假说，并于1980年在其著作《沉默的螺旋：舆论——我们的社会皮肤》中全面论述了这一假说。她认为，大众传媒在公众形成舆论方面可以产生重要的影响。个人为避免陷入孤立的状态，在表明自己的观点之前首先会对周围的意见环境进行观察，若感到自己的观点与多数人的观点相一致，便倾向于积极大胆地表

---

① 郭庆光. 传播学教程[M]. 北京：中国人民大学出版社，2011：154.

明；若感到自己的观点属于少数派或处于劣势时，便倾向于保持沉默或改变自己原有的意见。这样，少数意见一方的沉默便造成另一方意见的增势，使多数意见得到不断加强，这种强大反过来又会使更多的持不同意见的、属于少数意见的人转向沉默，不发表自己的意见。这种环境认知带来的压力和安全感，会引起人际接触中的"劣势意见的沉默"和"优势意见的大声疾呼"的螺旋式扩展过程，并导致社会生活中占压倒优势的"多数意见"——舆论的诞生。由于种种不同的原因，媒介倾向于只报道事件的一面（或最多两面），而排斥事件的其他方面，这就进一步促使那些持少数派意见者保持沉默，从而使媒介更难揭示和记录反面意见。①

大众传媒可以通过对社会中不同人群分散的意见进行收集整理，再根据传媒自身的需求和倾向对这些意见进行处理，从而形成一种相对合理、一致的观点，继而引导社会舆论。但是，大众传媒组织引导的舆论通常是社会中多数人持有的、具有代表性的主流观点和意见，社会上一些少数人的意见却得不到重视，被传媒所忽略了。同时，由于人们主要是通过大众传媒来认识和了解未知的世界，大众传媒通过对多数人持有的主流意见进行全方位的强势报道来营造一种意见环境，使人们依靠其营造的这种意见环境来思考和解决问题，影响人们对某个事件的判断，从而达到控制和影响舆论走向的目的，而持有不同意见的少数人或者处于劣势一方的意见持有者迫于意见环境所带来的压力，便倾向于保持沉默或改变自己原有的意见，使得多数意见不断加强，少数意见却越来越没有发声的空间，人们很难听到他们的呼声。

例如，2017年7月27日上映的电影《战狼2》，其在上映当天便收获了将近3亿元的票房成绩，同时迅速占领了微博话题榜，许多微博大V在看完电影后都对其给予了高分的评价，大多数网友也对该电影所体现的爱国情怀赞不绝口，各大电影评论类App都对其给予了高分的评价，网络舆论中都是一片叫好的声音，由此形成了对《战狼2》评价的优势意见。但是，也有一些网友在看完《战狼2》后认为并没有预想中的好看，比如忽略了常识、电影剧情中个人英雄主义浓厚等，由于社会大众的观点是一致给予了该电影高分好评，很多持有该意见的网友由于意识到了自己持有的是劣势意见，感受到了网络中优势意见环境带来的压力，于是选择对该电影的评价保持沉默，或者转而赞同网络中的优势意见。也有一些网友选择在微博上大胆发声，指出《战狼2》的一些不足之处，但是由于自己处于劣势意见的一方，其在发表言论后便遭到大量网友的反对，有的网友甚至对其进行道德绑架，指责他们持有这种意见是不爱国的表现，最终不少网友迫于意见环境的压力，不得不删除自己的言论，转而选择沉默，导致了网络环境中话语的失衡。

思考题

1. 何谓拟态社会？其主要特点是什么？
2. 拟态社会对现实发展有何作用？
3. 何谓拟态环境？它有何弊端？

---

① 韦金艳.新闻媒介构建拟态环境之分析[D].广州：暨南大学，2008：30-31.

第七章 地球村的"低头族"

20世纪60年代,麦克卢汉曾经预言,电子媒介的发展将使人类凝结成一个"地球村":地球上的信息传播瞬息千里,重大事件借助电子媒介实现同步化,时间和空间的差异不复存在,整个地球在时空范围内缩小为弹丸之地。从20世纪90年代开始,全球化、信息化、网络化、数字化的飞速发展印证了麦克卢汉关于"地球村"的预言。智能手机是现代电子媒介发展的产物,它的出现极大方便了人们的生活:一部手机可以同时实现打电话、发信息、聊天、听音乐、玩游戏、看视频、消费等多种功能。然而,手机的发展也导致"地球村"里出现了很多"低头族",他们对手机有着强烈的依赖,给身心健康、人身安全带来隐患,也影响了家庭关系和人际交往。本章将介绍麦克卢汉和"地球村"的思想,分析"地球村"里"低头族"的现象及成因,探讨"低头族"的是与非。

第一节 地球村和人的延伸

麦克卢汉关于媒介的观点在全世界引发了轩然大波,其中最受瞩目也最受争议的观点就包括"地球村"和"媒介是人的延伸"。沿着口语、文字、印刷、电子、网络的媒介发展轨迹以及全球化的进程,我们对媒介的理解、对媒介与人的关系的理解与时俱进,我们看到麦克卢汉当年所预言的"地球村"在今天已经变成了现实。现代交通方式以及传播技术的飞速发展,使时空距离骤然缩短,信息传播瞬息千里,政治、经济和文化的全球化节奏不断加快,地球上的重大事件实现了全球同步,整个世界紧缩成一个"地球村"。

一、媒介发展概说

在漫长的人类进化史上,人类先后经历了口头传播、文字传播、印刷传播、电子传播和网络传播几个阶段,人类的媒介体验随着传播媒介的发展经历了翻天覆地的变化。

口头传播是人类传播活动的第一个发展阶段,这一阶段大致从人类摆脱"与狼共舞"的野蛮状态、组成以亲族关系为基础的原始社会开始,一直到文字的出现。在这一阶段,面对面的口语传播是人类获取外部信息以及实现人与人之间交流的唯一方式。古代历史上曾发生了一次非常著名的口头传播事件,公元前490年,波斯帝国大举侵犯希腊城邦,希腊人奋起抗击,以弱抗强,赶走了敌人,取得了辉煌胜利。士兵菲迪皮茨是当时有名的"飞毛腿",他奉命从马拉松战场以最快的速度跑回 40 多公里外的雅典。他向聚集在中央广场的人群激动地喊道:"我们胜利了,雅典得救了!"他一喊完就倒地牺牲了。为了纪念这一事件,1896 年举行的现代第一届奥林匹克运动会设立了"马拉松赛跑"这个项目,把当年菲迪皮茨送信所跑的里程——42.193 公里作为赛跑的距离。

在远古时代的口头传播阶段,还没有"新闻""信息"等术语,但是人们之间的口头交流中往往包含了具有"新闻性"的内容。口头传播是一种人际传播模式,主要形式包括个人交谈、集体议论、各种行政会议以及广泛流传的民谣、说唱和传闻等。口头传播作为当时人类交流的主要手段,具有时效性强、不易受外界信息干扰、能提高信源可信度等优点,对于社会的发展产生了很大的影响,但口头传播也存在一定的局限性,如传播范围有限、信息容易失真、转瞬即逝难以记录和保存等。

文字的发明是人类传播史上的一大创举,是人类文明的重要标志。文字传播与口头传播不同,它引导人类告别"野蛮时代",使听觉符号变成视觉符号,从而使语言得以有形、记录和保存,从时间和空间上实现了对口语传播的真正超越。我国历史上真正把文字作为面向群众的新闻传播是从秦代开始的。公元前 221 年,秦始皇兼并六国,建立了封建集权的大帝国,实行了"书同文"的政策,即以笔画比较简单的小篆作为全国统一的标准文字,朝廷通过诏书形式向地方发布官方新闻,从此结束了六国文字异形混乱的情况,基本消除了用文字传播新闻以及向全中国发布政令的障碍。

文字传播让异时、异地的传播成为可能,大大提高了传播的速度和广度,且信息传递确切可靠,可以记录和保存。但由于当时文字传播介质(龟甲、兽骨、兽皮、树皮、石头、帛书、竹简等)和技术(人工手抄)的限制,文字传播无法成为规模性的传播。因此,文字传播不适合大批量的信息传播与记录,直到印刷术的出现,才解决了这一难题。

印刷术的发明被视为信息传播史上的一座里程碑。11 世纪,我国宋朝毕昇发明了活字印刷术,完成了人类信息传播史上的一次重大革命,人类第一次具有了大批量、高速度复制信息的能力。后来,德国人古腾堡在活字印刷术的基础上发明了印刷机,使印刷术得到了广泛应用。随着印刷传播时代的到来,人类逐步进入工业社会,信息得以大量复制,文化得以广泛传播,打破了知识垄断和传播特权,给整个人类社会的发展带来了巨大的影响,推动社会不断前行,使人类文明发生了翻天覆地的变化,并引导人类传播步入了崭新的大众传播时代。于是报纸、书籍和杂志等作为传播媒介的印刷品迅速普及,人类信息传播的数量、质量、速度和范围得到飞速发展。

在印刷媒介时代,报纸、书籍、杂志等媒介因具有携带方便和容易保存的特点而得到了充分的发展。具有针对性的内容使媒介拥有特定的读者群,并能在某一方面对读者施加特殊影响,从而适应了专业化、分众化的需要。读者拥有充分的主动权,可以自由选择阅读的时间和地点。然而,印刷媒介也有局限性,它具有时效性差、反馈效率低等缺点,且受到文化程度的制约。

电报作为电子传播的源头,开辟了现代社会传播模式的重要特征:传播与运输的分离。电报的"闪电式传播"具有共时性、同步性的特点,对人类互动的时空条件进行了重组。随着电话、传真等的普及应用,电报如今已很少被人使用了。再后来,出现了广播、电视、电影等电子媒介,不仅相对于口语、文字、印刷传播而言更容易大量复制和持久保存,还实现了时空距离和速度上的突破,使信息能在瞬间得以传播,并且传播从视觉符号转变成"视觉与听觉相结合"的复合符号,人类社会的信息和文化能够更真实、丰富、直观、可靠地呈现在受众面前。电子媒介改变了公众的组织和参与方式,加强了受众反馈,使现代大众传播快速发展,也使人类知识经验的积累和文化传承的效率及质量产生了新的飞跃。

网络传播是以计算机通信网络为基础,进行信息传递、交流和利用,从而达到社会文化传播目的的传播形式。它以多媒体、网络化、数字化技术为核心,是现代信息革命的产物。电脑、手机、移动客户端、网络游戏、人工智能,每一种网络传播媒介的出现,都刷新了人类对于传播的认知和期待,网络传播融合了大众传播(单向)和人际传播(双向)的信息传播特征,利用多媒体技术使信息多元化、互动双向化、效果立体化,因此口语、文字、印刷和电子传播在互联网时代都受到了极大的冲击。

尽管如此,最原始的口语传播以及后来的文字传播、印刷传播和电子传播仍然是生活中不可缺少的传播方式之一。然而,媒介的发展,归根结底反映出的是传播技术对于媒介发展以及人类社会的重要影响,我们应该从这个角度来思考媒介发展带给我们的意义。

二、关于麦克卢汉

关于媒介的发展,以及媒介发展与人类社会的关系,我们大多数人是按照口语、文字、印刷、电子、网络媒介的顺序,从媒介历史演进的角度入手,用实证的方式进行客观的梳理和分析,但有一个人却从独特的艺术角度对媒介本身及其传播进行了解释和探索,在当时社会引起了极大的震撼,那个人就是马歇尔·麦克卢汉。

马歇尔·麦克卢汉,20世纪原创媒介理论家、思想家。他一生勤于学问,拿到了5个学位,完成了几次重大的学术转向:工科—文学—哲学—文学批评—社会批评—大众文化研究—媒介研究。麦克卢汉放弃了逻辑推理式的话语,擅长用深受文学影响的艺术表现手法来探索媒介,用他自己的话说就是"我不解释,我探索"。因此,他的文字诡异俏皮,他的著作在很多人看来如天书一般晦涩难懂。麦克卢汉出版了三本著名的有关媒介的专著,分别是《机器新娘》(1951)、《谷登堡星汉》(1962)、《理解媒介——论人的延伸》(1964)。

《机器新娘》研究"工业人"和广告,广泛分析报纸、广播、电影和广告产生的社会冲击和心理影响,它批判广告、香车、美女、性等美国文化的各个方面,挑战物质主义和享乐主义的社会风气,同时也挑战了美国主流传播学粉饰太平、服务体制的经验学派。但这本书出版后没有产生很大的影响,麦克卢汉还是在大学教英美文学。《谷登堡星汉》研究"印刷人",即印刷术的社会心理影响和传播革命,该书一问世就在人文科学领域引起了强烈的震撼。它给著名史学家伊丽莎白·爱森斯坦以启示,助其完成了研究"印刷革命"的巨著《作为变革动因的印刷机》;它还推动麦克卢汉的弟子、著名的中世纪学家和传播学家沃尔特·翁撰写传世之作《口语文化与书面文化》。《理解媒介——论人的延伸》则掀起了世界范围内的"麦克卢汉热",它的问世犹如一场大地震,使这位名不见经传的教书匠突然成为了新思想、新学科的巨人，成了跨学科的奇才，对西方乃至中国产生了巨大的影响，同时他的学说成为了最有争议的学说之一。①

在那个时候，世人对麦克卢汉的评价毁誉参半。在很多人眼里，麦克卢汉成为了风云人物，他的著作成为畅销书，《新闻周刊》《生活》《花花公子》等几十种报刊发表数以百计的文章颂扬他，很多企业、机构和电视台邀请他做演讲，甚至还产生了"麦克卢汉学"。人们认为他思想超前，称他为"先知""圣贤""高级祭司""继牛顿、达尔文、弗洛伊德、爱因斯坦和巴甫洛夫之后最重要的思想家"。经验派和保守派学者却对他进行攻击，说他是"通俗文化的江湖术士""电视机上的教师爷""攻击理性的暴君""走火入魔的形而上巫师""波普思想的高级祭司"，嘲笑他"出尽风头，自我陶醉，赶时髦，追风潮，迎合新潮。可是他错了"，他们宣判他的文字"刻意反逻辑、巡回论证、同义反复、绝对、滥用格言、荒谬绝伦"，讥讽他"玩弄了一场大骗局"。②

1967年，麦克卢汉因脑瘤而接受开颅手术，1976年和1979年，他两度中风，丧失了语言能力。1980年的最后一天，这颗"智慧之星"彻底陨落了。20世纪90年代，以互联网为标志的信息革命和数字时代证明：原来麦克卢汉是对的！他的媒介理论和思想不仅复活了，而且被继承发扬了。麦克卢汉的著作又开始畅销，他在20世纪60年代所写的让人读不懂的"天书"，到了信息化社会却突然通俗易懂了。2011年7月21日是麦克卢汉的百年诞辰，欧美几十个地方纷纷举办高端学术论坛予以纪念，学术界出现了大量研究麦克卢汉的专著、专刊和传记。中国学者也开始发表介绍麦克卢汉的文章、论文、译丛、专著、学术论坛接踵而至，麦克卢汉对中国学术的影响持续发酵。

《理解媒介——论人的延伸》是麦克卢汉的代表性著作，他在书中对媒介的预言一个个迅速地变成现实。在20世纪60年代，只有他敢预言数字化生存、全球一体化、信息高速公路、网络虚拟世界……麦克卢汉用他的智慧给人类生活和学术领域留下了大量遗产。在媒介研究领域，他提出了一些著名的概念和思想，如"地球村""部落化""媒介即讯息""媒介是人的延伸"，对当今社会仍旧产生着深远的影响。

三、神奇的"地球村"

麦克卢汉早在20世纪20年代就创造性地使用了"地球村"这一词语来描述当时的无线电所产生的影响。当然，正是他在1962年的《谷登堡星汉》以及1964年的《理解媒介——论人的延伸》中对"地球村"的使用让这一概念变得流行起来。但是，麦克卢汉从未赋予这个概念以确切的定义，他认为清晰阐释反而不利于概念本身。

无论如何，麦克卢汉所预言的"地球村"在今天的社会已经变成了现实。当我们认真分析麦克卢汉的"地球村"概念时，就会发现，"地球村"的主要含义不是指媒介的发展使地球变"小"了，而是指人们的交往方式以及人的社会、文化形态在媒介技术变革

---

① ［加拿大］马歇尔·麦克卢汉. 理解媒介——论人的延伸［M］. 何道宽，译. 南京：译林出版社，2011：4-7.

② ［加拿大］马歇尔·麦克卢汉. 理解媒介——论人的延伸［M］. 何道宽，译. 南京：译林出版社，2011：4-7.

的影响下发生了重大变化。"地球村"至少包含如下几个要素：时空缩小、深度卷入、即时互动、相互依存。① 电力技术，消灭了人际交往中的时空距离，使人们恢复了面对面的人际关系，导致全球的"村落化"状态。麦克卢汉认为这种"电力"具有一种"内爆"的性质，"内爆"即"压缩"，即电力压缩了时空。技术变革带来的时空缩小让地球上任何两点之间的瞬时连接成为可能，人类被"深度卷入"了一场双向互动的参与过程中。"即时互动"是"地球村"的核心内涵之一，"即时"包含对时空的跨越，"互动"则强调了特定时空关系中所建立的新型人际关系，而这种互动是以"相互依存"的方式出现的。所谓相互依存，就是人们生活在神奇的"你中有我、我中有你"的一体化世界中，这种相互依存关系将整个世界重新构建为一个"地球村"。

"部落化—非部落化—重新部落化"是有关地球村的一个重要概念。在原始的洪荒时代，人类感知世界的方式是整体、直观地把握，不会只专精一门，而是全面多样地发展人的技艺，人与人之间的交往是直接的、面对面的、口语化的。由于劳动分工的出现和拼音文字的发明，人学会了分析，进入了视觉文化统治时代，人与人之间的直接交往被迫中断，变成了非直接的、文字化的交往，人成为被分裂切割的非部落人。机械印刷术和工业化则把人推向了非部落化的极端。电子时代来临后，人再也不能专精一门，人的感知系统不再只偏重视觉，而需要重视听觉，由于信息瞬息可达，人的交往方式也重新回到个人对个人的交往，人不再是分裂切割、残缺不全的人。这就是更高层次上的重新部落化的过程。当然，所谓"重新部落化"并不是指人类重新回到原始部落时代结合成为一个大部落，而是指人类基于新的媒介技术产生的一种新的社会组织形式。这种形式的内核是对印刷术出现之后确立的视觉文化统治的反抗，是恢复听觉文化的过程。

"媒介是人的延伸"是麦克卢汉的又一个非常重要的观点。当我们想到媒介时，一般会马上想到报纸、广播、电视等媒介，以及它们的特征和效果，但麦克卢汉却认为，任何一种新的发明和技术都是一种新的媒介，都是人体和人脑的延伸，都将反过来影响人的生活、思维和历史进程。例如，衣服是肌肤的延伸，住房是体温调节机制的延伸，马镫、自行车和汽车全都是腿脚的延伸。麦克卢汉还将人的延伸一分为二，他认为电子媒介是中枢神经系统的延伸，其余一切媒介（尤其是机械媒介）是人体个别器官的延伸。这是因为机械媒介尤其是印刷品，使人专精一门，偏重视觉，而电子媒介的功能和中枢神经系统类似，能把人整合成一个统一的有机体，从而实现人类社会的密切交往。

简单来说，麦克卢汉有关"地球村"的观点想说明的是，媒介技术的发展与人们的身体、感官和心里之间存在一种平衡关系。地球虽然很大，但是由于媒介技术的发展，信息传递越来越方便，地球越来越趋向于一个整体的大家庭，人们能跨越时空、消除地域限制和文化差异进行交流，从而建立起新的人际交往关系，开创新的和谐与和平。

21世纪的今天，我们仍在广泛讨论的"地球村"是新时代互联网发展的结果，也是信息网络时代的集中体现。随着电脑、手机、平板电脑等智能设备的出现和发展，身处地球村内的人们与外界乃至整个世界的联系更为紧密，人们相互间了解更加深入，互动

---

① 张康之，张桐."地球村"能否抹平世界的中心—边缘结构——评麦克卢汉的"地球村"[J].北京行政学院学报，2015(3)：60-63.

也更加频繁。特别是手机这种多功能移动智能化设备，给当代社会人们的交往方式、信息获取方式带来了颠覆性的影响。人们不再只是通过报纸、电视、广播、家庭电脑来获取信息和进行交往，而是更多地通过手机，手机可以方便快捷地实现接收信息、获取知识、文化传播、休闲娱乐、联系交流、消费支付等多种功能。手机成了人们不可或缺的"生活用品"，也是人们形影不离的"生活伴侣"。

媒介技术的发展，为人类社会构筑了神奇的"地球村"，也让人们的社会交往和文化传播方式产生了翻天覆地的变化。智能手机的出现更是让人们在这个"地球村"内畅所欲言、无所不能。按照麦克卢汉的观点，地球村瞬息可达、即时互动的特点，本该让生活在这个"地球村"里的人们联系变得越来越紧密，可事实真的是这样吗？人们之间的交往看起来似乎更便利了，可为什么总有人发出痛惜的感慨，认为在这个科技发达的时代人们之间的距离变得更远了，关系更陌生了？如今，"地球村"里出现了一种非常显著的现象，引起了人们的重视和警惕，那就是：智能手机使越来越多的人患上了"手机依赖症"，成为"低头族"，并严重影响了人们的身心健康和人际交往。

第二节　地球村里的低头族

回想一下童年时光，那时的我们是怎样生活的？我们喜欢看《安徒生童话》《一千零一夜》《格林童话》里的故事，然后和父母、小伙伴分享；我们不喜欢成天待在家里，总是和朋友们在大街小巷尽情奔跑，或是骑着自行车四处游荡，哪怕膝盖摔伤。我们在家门口一起做游戏、跳房子、跳橡皮筋、丢手绢、玩弹珠。我们相约去公园，躺在一大块绿草坪上，一起晒太阳、讲笑话、放风筝、跳舞。虽然如今世界变成了"地球村"，人们之间的交往越来越方便，但这样的时光似乎长大以后就再也没有出现过了，不是因为我们成天忙于工作和学习，而是因为我们的生活被科技和智能化设备填满了。如今，我们开始变得不爱说话、不合群，不再满足于和他人共处，甚至害怕眼神交流。我们对手机产生了依赖，成为手机的俘虏，似乎离开了手机就与世隔绝般的孤独。整个"地球村"里都是拿着手机的"低头族"。

一、手机依赖症

随着手机的功能日益丰富，普及率大大提高，它在人们日常生活中扮演的角色也越来越重要。2017年1月，中国互联网络信息中心（CNNIC）发布了第39次《中国互联网络发展状况统计报告》。报告显示，台式电脑、笔记本电脑的使用率均出现下降，手机不断挤占其他个人上网设备的使用时间，使用手机上网的网民规模保持快速增长。截至2016年12月，中国手机网民规模达6.95亿，较2015年底增加7550万人，增长率连续三年超过10%。网民中使用台式电脑上网的比例为60.1%，使用笔记本电脑上网的比例为36.8%，使用电视上网的比例为25%，使用平板电脑上网的比例为31.5%，而使用手机上网人群占比为95.1%，较2015年提升了5个百分点。[①] 这说明，随着互联网

---

① 中国互联网络信息中心. 中国互联网络发展状况统计报告[R]. 2017.

的发展,手机已经成为我们日常生活中的必需品,越来越多的人使用手机上网。

手机的功能从最初简单的通信逐渐向智能化发展,网络时代的手机集合了交流、阅读、游戏、拍照、上网、消费等功能,已经成为人们在"地球村"中重要的通讯、交往、娱乐和生活工具。这样的手机俨然是"人的延伸",手机可以帮助人们在地球村里最大限度地实现信息生产与接收的同步,以及人与人之间的即时互动,人们如果缺少了手机,就像缺少双手一样,感到茫然、无力。手机便于携带的特性以及日益丰富的功能,使越来越多的人产生了手机依赖症。

对于手机依赖症目前没有严格的定义。英国Yo-uGov机构在2008年研究手机用户焦虑症状时,首创"无手机焦虑症"之说,指手机联系不畅通时的恐惧心理。"手机依赖症"也可以说是"手机成瘾",是一种心理疾病,表现为频繁使用手机且习以为常,当没有手机、手机没电或丢失等情况出现时,会出现心里不适应的状况,甚至造成学习、工作上的失误,影响正常生活。随着互联网的发展以及生活节奏的加快,这种心理不适应状况逐渐增多。首都师范大学心理咨询中心提供的一项调查显示:77%的人每天开机12小时以上,33.55%的人24小时开机,65%的人表示"如果手机不在身边会有些焦虑"。湖南省脑科医院酒瘾网瘾中心科主任周旭辉认为,喜欢用智能手机和手机成瘾是两个概念,喜欢并不能说明成瘾。通常判断一个人有没有手机成瘾主要看三个方面:一是以手机为生活、工作的重心;二是用手机上网的时间日渐递增;三是没有手机的时候出现焦虑情绪,甚至六神无主。如果同时出现了这三个特点并且有1年以上,那么可以基本判断已经手机上瘾,患上了"手机依赖综合症"。①

根据专家的分析和"手机依赖综合症"患者的通常表现,有媒体归纳了几条判断是否"手机成瘾"的指标:

(1)你是否经常下意识地找手机,不时拿出手机看看?

(2)你是否经常觉得自己可能有漏接的信息或电话,于是经常翻看手机?

(3)你会不会产生"我的手机铃声响了"的幻觉,把别人的手机铃声当成自己的手机在响?

(4)你是否经常害怕手机没电自动关机?

(5)你是否经常担心自己的流量不够用?

(6)你是否总是把手机放在身上,如果没带就会感到心烦意乱,无法做其他事情?

(7)当手机连不上网、收不到信号时,你会不会产生焦虑和无力感,脾气也变得暴躁起来?

如果上述问题有一半以上你的回答是肯定的,那么你很可能已经患上了"手机依赖综合症"。

手机在日常生活中扮演的角色越来越重要,不少人感叹自己已经被手机"绑架",出现了"不见手机,如隔三秋"的状况。例如,广西某高校学生刘某说,"上课时偶尔会忘了带书,但有一样东西是一定要带的,那就是手机"。有一次上课他忘了带手机,坐

---

① 帅才."来,低下的头该抬起来了"——聚焦现代人手机依赖综合症[EB/OL].[2017-12-19]. http://news.xinhuanet.com/politics/2016-11/07/c_1119863940.htm.

在教室感觉浑身别扭，听不进去课，老是担心有人给自己打电话发信息，或者错过了朋友圈的重要消息，最后只能逃课回寝室拿手机。刘某还说，现在很多人在参加同学聚会、家庭聚会的时候，经常一边吃饭一边玩手机，似乎听不到周围其他人说话，聚会变了味道，原本热闹温暖的氛围，因为手机而变得冰冷起来。"手机依赖综合征"正在改变人的行为方式以及人与人之间的相处模式，给人们的身心健康和人际交往埋下了隐患。与"手机依赖综合征"相伴的是造就了一批"低头族"。

二、什么是"低头族"？

"低头族"英文单词为Phubbing，由phone（手机）与snub（冷落）组合而成，形容那些只顾低头看手机而冷落身边亲友的人。我国学者刘德寰也提出过"手机人"一词，可以在一定程度上形容"低头族"。"世界上最遥远的距离不是生与死，而是我望着你，你却在低头玩手机。"这个网络上流传很广的段子，正是现在很多人的真实写照。在智能手机广泛普及并快速发展的今天，"低头族"日益壮大，成为当今社会不容忽视的庞大群体，公交车、地铁、商场、餐馆，甚至课堂、会议上，随处可见"低头族"，他们拿着手机，低着头，上网、聊天、听音乐、玩游戏、看视频，每个人都沉浸在自己的手机小世界中。

"低头族"通常都是这样的状态：低着头，双眼紧盯手机，手指不停地在屏幕上滑动。乘公交车和地铁的时候，先找到一张空椅子落座，或者倚靠着一根栏杆、扶手，然后拿出手机，低头浏览网页、聊天、看小说、看视频。跟家人和朋友一起聚餐的时候，一边吃饭一边玩手机，聊天的时候缺少眼神交流，对别人的问话心不在焉，显得冷漠而没有礼貌。回到家里也是如此，夫妻之间缺少交流，缺少倾听，各自忙着玩手机，带孩子的时候也不忘玩手机，甚至还懒得带孩子，只想坐在舒服的沙发上玩手机。早晨睁开眼第一件事是摸摸手机在哪里，躲在被子里玩一会儿手机，迟迟不愿起床；晚上睡觉之前最后一件事也是玩手机，要把所有信息全都过滤一遍才肯把手机放下，有时甚至还抱着手机睡着了……"低头族"的时间被手机填满，永远都处在"忙碌"的状态，他们可能没时间陪父母聊天，可能没有时间亲近孩子，可能没有时间和朋友联络感情，可能没时间参加户外活动，然而却有大把的时间捧着手机浏览、沉思、傻笑。

中央美术学院学生谢承霖制作了一部时长3分钟的动画短片《低头人生》，引发社会强烈共鸣，获得中央美术学院2014年度短片一等奖、美国电影艺术与科学学会主办的2017年第44届学生奥斯卡动画（国际组）金奖，并入围2018年第90届奥斯卡最佳动画短片单元初选名单。短片描述了一群低头族因为玩手机而引发的一系列可悲故事：繁华而奇怪的都市内，每个人都低着头，拿着手机。一名白领拎着提包，只顾低头玩手中的手机。他和一位穿着连衣裙边玩手机边走路的女性擦身而过，不小心把对方的裙子扯了下来，自己也撞到了电线杆上。那名女性全然没有注意到自己只穿着内衣，继续玩着手机走进了咖啡厅，一屁股坐死了椅子上的猫咪，也令她后面玩手机的人受了伤。一位老人背着孙子走路，因为低头玩手机而不小心摔死了孙子，又被一手拿着电钻一手玩着手机的工人戳死。医生看病时玩手机，错误地给病人扎针，导致病人死亡。消防员在现场玩手机而没能救下跳楼的人，其中一名消防员也不幸被跳楼者砸中而死亡。妙龄女郎见死不救，反而拿出手机与尸体和车祸现场合影。研究人员做化学实验时玩手机引发爆炸，导致自己和他人中毒死亡。整个都市如此的安静，没有人大声喧哗，却绝不安宁，只因人们痴迷于掌中方寸虚拟世界。短片全程无台词，手法颇有些夸张，但讽刺意味极强。它的获奖海报中写着"低头人生是一种选择……我们摒弃川流不息的大千世界，却选择了低头于方寸之间"。

著名的音乐和网络视频红人 Rhett 和 Link 于 2014 年制作了一部搞笑的音乐短片《放下手机》，以说唱的形式将都市中的"低头族"进行了夸张性的白描，揭示了人们对于智能手机的依赖程度。三个少女站在家门口的大树下各自玩着手机，没有任何语言上的交流。一位妈妈一边推着婴儿车散步，一边玩手机，却没有发现自己的婴儿不见了。灌溉草坪的妇女玩着手机，却把水喷洒到了一个正在取信的男人身上，而男人因为玩手机而浑然不知自己的衣服和信件已经被水淋湿。一个男人在餐厅点了冰淇淋苹果派，在他用手机拍照并处理图片时，冰淇淋融化了。街头艺人的表演吸引了很多人围观，但观众们却没有好好享受表演，而是选择用手机来拍摄这个画面。一对情侣在意大利餐厅享受烛光晚餐，却各自忙着用手机刷社交网站，而不是选择去更多地了解对方。一个年轻人被迫忍受"家庭游戏之夜"，他只顾打字聊天，却错过了妈妈骑旋转木马的表演。一群成年人正在给一个婴儿庆祝一周岁生日，而婴儿的爸爸却在一旁拿着手机发朋友圈。婴儿车里咿咿学语的幼童以及小区路边可爱的大狗，他们的耳边都被贴上了智能电话。短片最后，所有人都意识到了自己是"低头族"，大家一起呼吁"放下你的手机，一切都会没事的，没有什么好怕的。放下你的手机，它并不爱你，它有一天会消失，它上面会爬满大肠杆菌"。这部音乐短片用针砭时弊的说唱风格，将"低头族"对手机盲目依赖的常态一一列出，引发了人们对"低头族"的思考。

"低头族"现象越来越普遍，也引起了全世界的关注，人们制作了很多类似《低头人生》和《放下手机》的短片，来呼吁低头族放下手机。日本江户时代公司制作的幽默短片《边走边看手机的参政地区》显示，66%的人在走路看手机时撞到别人，3.6%的人在走路看手机时从地铁站台掉下，18%的人在走路看手机时摔跤，99%的人承认走路看手机是危险的，73%的人有过走路看手机的经历。美国讽刺短片《低头帽》讲述妻子抱怨丈夫总盯着手机，夫妻聊天时没有眼神交流，丈夫为了二者兼顾，买了一顶短讯专用帽（texting hat），帽上印刷着自己微笑的大头照，戴着帽子低头玩手机时，帽子上的大头照正好可以对着妻子微笑，这款治标不治本的产品用幽默的方式唤起了很多人对"低头族"的重视。美国感人微电影《Look Up》，讲述一位青年的自白，他朋友众多却倍感孤独，每天都跟朋友说话，但没有一个人真正了解他。因为他们不是看着对方的眼睛说话，而是盯着屏幕上的名字聊天。他批判这个用科技和手机奴役人类，且充满私欲、自吹自擂的虚拟世界，让人们缺少沟通和倾听、渴望奉承和夸奖、陷入寂寞和社交孤立，成为使用"智能"手机的"愚蠢"人。他呼吁人们不要总是低着头，把时间浪费在手机上，而要与人交谈，与人共存，排除干扰，摆脱寂寞，活出真实，这样才能获得真正的幸福。

三、"低头族"是这样形成的

随着智能手机的发展，"地球村"里的"低头族"越来越多，他们的心理和行为方式发生了极大的转变，逐渐演变成社会焦点问题。手机是互联网发展的产物，虚拟性也是手机的本质属性，手机为人们营造的美好的虚拟世界，使"低头族"沉迷其中，不能自拔。"低头族"对手机的依赖既是实用性依赖又是精神依赖，两者互相交织、难以区分，即使他们不需要用手机处理任何事情，也已经习惯于在任意时间拿出手机打开任意界面，在反复的重复中，渐渐无法摆脱对手机的依赖。"低头族"的形成原因很复杂，总的来说，可以从"社会"和"个人"两个方面来分析。从"社会"方面来看，技术发展是推动"低头族"形成的主要原因，满足社交需求、填补碎片时间、缓解压力与孤独、增加安全感，以及信息依赖与焦虑、从众攀比心理等则是"低头族"形成的主要个人原因。

1. 技术推动

随着移动通信业务、无线上网技术的快速发展，地球"缩小"为一个"村落"，"地球村"里信息瞬息可达，互动更加频繁、即时，颠覆性地改变了人们之间的交往方式。科技的发展使手机的功能日益丰富，通话、阅读、拍摄、聊天、上网、音乐、游戏、消费等功能都能在一部手机上得以实现，满足了人们的多样化需求。由于越来越多的功能和手机捆绑在一起，离开手机之后，人们自然就会觉得不方便。移动运营商成本大幅下降，无线网络覆盖范围也迅速扩大，智能手机的使用突破了信号和流量的限制，人们使用手机更加方便、快捷。智能手机的快速发展成为人们离不开手机的重要社会原因。

2. 满足社交需求

美国社会心理学家马斯洛1943年在《人类激励理论》一书中指出，人类需求像阶梯一样从低到高分为五个层次，分别是：生理需求、安全需求、社交需求、尊重需求和自我实现需求。社交是人的基本需求之一，可以使人的情感和归属感得到满足。这种需要是人际交往的动力，也是人际交往的基础，正是这种需要使得人们不断地与外界联系，与他人交往。手机拥有的多元化功能，不仅大大缩短了人际交往的距离，还为即时通讯提供了极大的便利。人们出于自身社会交际的需要，频繁地借助手机的这些即时通讯功能与他人进行交往。通过QQ、微博、微信等软件，人们不仅可以与周围熟悉的人进行交往，也可与网络上的陌生人进行交往，极大地扩展了生活交际圈，满足了人们与他人交往的需求。

3. 填补碎片时间

我们每天的生活被工作和学习划分出来很多碎片时间，这些时间不是很长，零零碎碎的，通常是发生在等车、等人、乘车、排队、用餐等情况下。度过碎片时间的方法有很多种，在智能手机还没有普及的时候，大家会选择原地休息，欣赏一下周围的美景；或者闭目养神，缓解一天的疲劳；或者拿出随身携带的报纸、杂志、书籍来阅读，在文字中寻找片刻的宁静。而现在绝大部分的人会使用手机来打发碎片时间。在等待、坐车、用餐的时候拿出手机浏览几条信息、玩几局游戏、发几张照片、听几首歌曲、买几件小东西。如今，公交、地铁、餐厅甚至整个城市的公共空间都实现了无线网络全覆盖，更是为人们在碎片时间使用手机提供了便利。人们的碎片时间已经被多功能的智能手机所填满。

4. 减压、排孤、增加安全感

随着生活节奏的加快，现代人的生活压力越来越大，需要借助其他途径来缓解压力。手机便于携带的特点以及丰富的娱乐、交往功能，极大地满足了人们的娱乐和社交需求，能够让人们感到放松和愉悦。当寂寞与烦闷涌上心头时，人们可以拿起手机了解外界动向，找几个朋友来聊天，从而排解孤独、寂寞的心情。手机不仅可以缓解压力，也能带来安全感。人们与手机渐渐"密不可分"，手机成了"安全感"的代名词，随身带手机会增加内心的安全感。曾有人调侃，人们对于手机的紧张程度或许已经超过了银行存折或保险箱，手机一旦在视线范围里消失，就会激发人心中的焦虑与不安，然后马上四处寻找。

5. 信息依赖与焦虑

在信息爆炸的时代，人们渴望拥有更多的消息，学习更多的知识，从而了解世界、与人交往。人们对信息的追求永不止步，而手机正好成为他们获取信息的重要渠道。目前，通过手机获取信息的人数已经超过了通过其他电子设备获取信息的人数，人们对信息的依赖逐渐转变成对手机的依赖。在海量信息面前，人们容易产生不确定感和不安全感，为了防止错过可能有价值的信息，于是逼迫自己盯着手机，不断关注外界的信息动态或者搜集更多的碎片信息，让自己始终处于信息饱和或超载的状态，最终在现代社会的高压力下产生信息焦虑。事实上，个人通过手机所获得的海量信息的实际价值远远没有自己想象的那么多。

6. 从众攀比心理

在公共场合，个人的行为会受到他人行为的影响。如果在某一个特定的场合，当你环顾四周，发现大家都在低头玩手机，没有人愿意交谈，那么你可能会感到无比尴尬和寂寞，也会情不自禁地拿出手机，融入这个短暂聚集起来的"低头"小群体，以免让自己与众不同而显得很奇怪。在这里，从众心理起到了一定的作用。手机依赖行为从一种个人行为转化为一种社会行为，被赋予了更多的集体特征。使用手机的人们，不再是沉默寡言的被动"看客"，而是具有强烈表达欲望的参与人，他们拥有自己的朋友圈、粉丝群、兴趣网，动动手指就可以为自己感兴趣的人和事"点赞"，以表示自己的关注和支持。同时，手机是自我展示的场所，人们也渴望能将自己的精彩生活通过手机展现在别人面前，不仅能够认识和参与这个世界，还能够实现"分享式"的满足，达到"炫耀"的目的。

然而手机作为科技发展的产物，作为"人的延伸"的媒介，为我们营造的充满"社交、友谊、善良、包容、快乐"的美好世界只是一种虚拟的暗示，当你离开这个充满幻想的设备，你会忽然发现，这是一个我们本该主宰科技却被科技奴役的世界，这样的世界充满了疑惑和私欲，摒弃了真实和情感。我们和他人面对面的时候，宁愿选择输入冰冷的文字作为交流方式也不愿使用生动的语言，生活即使充满矛盾和困惑也要拼命让它在别人眼里看起来很美好。当交谈变成"文字"，当聊天变为"阅读"，当生活变成"炫耀"，我们很可能已经在低头之间与生活中最真实最美好的幸福和机遇擦肩而过。

在上海交通大学纪念麦克卢汉诞辰100周年学术研讨会上，单世联教授指出，技术在现代社会的意义，不只是为文化生产及传播提供了一种新的更为有效的手段，而且参与改造着当代社会结构以及人的生活方式。新的信息、娱乐和政治的虚拟世界正在重组人们的时空感，抹去现实与影像之间的区别，个人越来越受制于一种史无前例的、涌入私人空间的声色之潮。如果不能有效区分真实与虚拟、客观现实和媒介现象之间的差异，那么，我们的生活和文化将会面临新的挑战。① 如今，"低头族"这一现象正让我们的生活和文化发生着重大改变，为人类生存和社会发展带来了挑战。我们有必要深刻探讨"低头族"现象的是与非，为人类生活和文化传播找到正确的指引方向。

第三节 "低头族"的是与非

关于科技和手机的发展，我们经常讨论的问题是：科技的进步到底是方便生活还是控制生活？手机的智能化到底是拉近人与人之间的距离，还是给人们带来疏离感？其实，任何新发明、新科技都各有优缺点，不能一概而论。例如，手机的出现确实大大方便了我们的生活，但是也带来了很多的困扰，更为重要的是，使用手机的人要成为手机的主人，要能控制手机，而不是被手机所奴役，要想方设法把手机的缺点尽可能缩小，把优点发挥到极致。同样，"低头族"的是与非也不能一概而论，我们需要做的是认清"低头"的必要与危害，利用手机达到方便生活的目的，同时避免因"手机依赖"而在人的身心健康、人身安全、家庭关系、人际交往等方面产生不良影响。

一、使用手机的矛盾心理

手机刚刚被发明出来的时候，它的主要功能就是打电话。不知从什么时候开始，手机的电话功能开始被短信、QQ、微信等社交功能削弱，现在又被视频、游戏、购物等娱乐功能进一步削弱了。手机的社交功能不再仅限于日常交流，就连我们的学习和工作也和手机有了千丝万缕的联系。

湖南某公司的一位普通上班族王女士陷入了关于使用手机的矛盾中，她对于"到底用不用手机""该怎么样用手机"非常苦恼。王女士说，平时空闲的时候拿出手机看看新闻，不仅可以了解社会动态，还可以打发零碎时间，手机的聊天功能也可以给人带来很多快乐。自从有了手机聊天工具，很多常年不联系或者早已失去联系的朋友都冒出来了，大家纷纷"建群""加群""你拉我、我拉你"，找到了失散多年的"组织"。王女士也加了好几个同学群、校友群，多年不见的小学、初中、高中同学们在群里开心地聊天，重拾美好的回忆，增进彼此的感情。王女士认为用手机进行沟通很有效，一些不好意思当面说的话，可以通过发消息说出来，避免一些不必要的麻烦。王女士的女儿一天天长大，她感觉到女儿有了许多自己的"小心思"，很多时候不愿意向父母吐露，当面和女儿沟通时，女儿总是扭扭捏捏、吞吞吐吐不愿回答。但是王女士发现，如果在手机上用聊天软件和女儿聊天，女儿有时会告诉她一些想法。王女士和老公的相处也是如此，"以前我和老公发生矛盾，要么当面吵架，要么打电话争论，吵完架以后，双方都很难在第一时间去跟对方道歉或解释，长时间冷战也很伤感情。后来有了聊天软件，我们吵完架冷静一会儿后，会选择给对方发消息，或者发一些可爱的表情，来向对方表示歉

---

① 周驰.麦克卢汉与全球传播——上海交通大学纪念麦克卢汉诞辰100周年学术研讨会综述[J].新闻记者，2011(11)：43-45.

意，然后慢慢地沟通，最后澄清误会"。

　　生活节奏加快使得每个人都处于忙碌之中，为了尽可能避免对方接听电话不方便的情况，王女士每次因为工作或者其他事情需要给领导、客户打电话时，她说的第一句话都是"您现在方便接电话吗"或者"不好意思打扰您了"。她认为，因为不确定电话那头的人此刻正忙些什么，也许在开会、吃饭或者睡觉，所以打电话可能会打扰到对方，而通过短信或者其他聊天软件给对方发送消息留言，让对方选择比较方便的时候再给予回复，这样会显得比较有礼貌。久而久之，她养成了习惯，生活中和普通朋友联系时，除了有急事会打电话以外，其他时候基本上是用短信或者聊天工具进行联系。

　　但是，使用手机也会遇到一些烦恼。比如说，如果朋友没有及时回复她的消息，她又会觉得对方不礼貌，所以她总是尽可能第一时间回复别人的消息，以免让别人觉得自己不礼貌。"我觉得很多人都跟我一样，因为怕不礼貌而选择用手机发送消息，又因为怕不礼貌而选择时常查看消息并及时回复消息，于是就养成了不停地低头看手机的习惯。"王女士的女儿读小学二年级，女儿的班主任让学生家长都加入了一个QQ群，老师通常会把额外的作业、学生近期表现情况、工作计划和总结，以及一些有关通知发布到QQ群里，如果不经常看QQ群里的消息，很可能会错失一些重要信息。王女士和公司的领导、同事加入了公司的QQ群和微信群，平时大家都在群里讨论、开会或者视频，上级领导在群里布置工作任务，职员就在群里汇报完成情况。白天上班的时候，大家可以用电脑登录QQ和微信进行工作交流，一般情况下不会遗漏重要信息。可一旦工作延伸到下班以后，比如领导突然布置紧急任务、要求员工回公司加班、临时更改第二天早上的会议时间及地点、客户突然有事情要咨询等，这时候如果不看手机，就会耽误工作。"有一次正好碰到我女儿过生日，晚上我们全家给她庆祝，回到家已经很累了，直接关手机睡觉，第二天上班我被主任批评了一顿，说昨晚临时有个工作找我做，在微信上找我，我一直没有回复，再后来给我打电话，我却关机了。""从那次以后，我晚上睡觉再也没有关过手机，也不敢让手机没电，隔一段时间就会去看看手机有没有什么重要消息，以免影响工作。"

　　王女士陷入深深的矛盾中，觉得自己已然是"低头族"的一员。她认为使用手机确实能方便自己的生活，帮助自己和他人更好地沟通，但同时也感到做"低头族"的疲惫。她一方面觉得手机功能丰富，使用方便；另一方面又不希望自己的时间被手机切割得非常零碎。网上的信息太多，很难区分哪些是垃圾信息，哪些是对自己有用的信息，垃圾信息可能在不知不觉中占用了自己很长时间。朋友、同事都是通过手机和自己联系，所以她经常要看手机，以免错过重要信息影响朋友之间的感情，甚至耽误工作，给领导留下不好的印象。为了减轻自己成为"低头族"而受到的影响，她开始给自己制定一个使用手机的计划。她告诉周围的朋友和同事，如果有急事找她，请给她打电话，她规定自己每天只能在几个固定的时间范围内看手机。刚开始，她还是不知不觉经常拿起手机看，当她意识到以后，就会在心理给自己暗示，立马放下手机。经过一段时间的自我督促，她虽然没有完全克服"低头族"的毛病，但也已经改变了很多。"使用手机会给生活带来愉快还是烦恼，关键看使用手机的人怎么认识它、怎么控制它。一直以来，我非常想在使用手机的过程中找到一种平衡状态，既享受手机的便利，又不会陷得太深。如果能够提高意识、下定决心、科学规划，我们就能从'低头族'中解放出来。"

二、身心健康和人身安全的隐患

据《武汉晚报》报道，20岁的小任家住武汉，和许多年轻人一样是不折不扣的"低头族"。小任平时不爱运动，大部分时间都在低头看手机，不是看新闻、聊天就是玩游戏，即便是吃饭，手机也不离手。他平均每天看手机长达十几个小时。几个月前，小任发现自己的肩颈部出现疼痛，并反复持续发作，还时常出现头晕症状。半个月前，他又感到双手手指如过电般发麻，腿脚无力。有一天，在家休息的小任突然栽倒在地，家人赶紧将他送到医院就诊。医生诊断小任患的是脊髓型颈椎病。经过进一步检查，小任的颈椎竟然退化得像60岁的老人，再继续发展下去的后果将是瘫痪，而罪魁祸首正是长期低头看手机。小任随后在康复科接受针灸、理疗等治疗。医生介绍，颈椎病在过去是老年病，但近几年来随着电脑、手机的普及，年轻的"低头族"患者甚至能占到60%以上。

人的下巴到颈部这段距离是"低头族"的"重灾区"。一项调查显示，65%的人因常低头而有双下巴。我们在低头时，脖子承受的压力是平常的三倍，长期低头会使脂肪溢出下颚，久而久之出现双下巴，而且容易产生皱纹。正常情况下，颈部的皮肤问题要到35岁以后才会出现，然而"低头族"的错误姿势，可能将这一时间提早至30岁，甚至更早。长时间盯着手机屏幕以及在汽车等移动物体上看手机，对眼睛非常不好，容易引起眼部干涩和疲劳，从而影响视力。另外，由于手机体积小、接触面光滑，为防止手机滑落，人通常会用一个最合适的姿势倚靠在板凳、沙发上，导致长时间低头看手机而忘记了活动，又或者侧卧在床上，僵硬于一个姿势，身体得不到及时舒展，这自然会造成肩颈肌肉紧张、劳损，轻则让人肩膀脖子酸痛，重则诱发其他疾病。

长期做"低头族"不仅有损身心健康，还会给人身安全带来重大隐患。2013年，在美国旧金山的轻轨列车上，"低头族"们因太专注玩手机，连身旁有凶徒挥舞手枪也不知道。凶徒因无人阻止更加肆无忌惮，当场枪杀一名准备下车的男性大学生。2014年，21岁的台湾东海大学学生郑某在台北捷运车厢内，持刀无预警随机刺伤、砍杀乘客，造成4人死亡、22人受伤，这些人中有很多人当时正在看手机，而没有意识到危险正在发生。美国德克萨斯一名大学生一边开车一边发短信，后来他的车坠落到了峡谷中。他将车开下悬崖前发的最后一条短信是："我不能再发短信了，不然我可能会死于车祸。"这名21岁的大学生侥幸生还，住院六个月，除了脸和脖子受伤之外，还摔断了颅骨，医生三次从死神手中救下了他。湖北十堰17岁的女生商某外出与同伴聚餐，商某边走路边玩手机，在一座桥上一脚踏空，掉入没有护栏保护的深坑，经抢救无效死亡……

"低头族"引发的人身安全问题成为了"地球村"里的普遍问题。2017年，美国有关交通行业的组织GHSA发布了2016年行人意外死亡率的报告，据称死亡率创下了20年来的最高纪录。报告称，在2016年上半年，美国因为意外事故死亡的行人人数为2660人，明显高于2015年同期的2486人，预计2016年全年，美国的行人死亡人数将突破6000人。据分析，行人死亡人数大幅增加，使用智能手机是一个主要原因，其中包括行人因自己使用手机，遭遇了交通事故，或是司机在开车时使用手机引发事故导致其他行人死亡。面对道路行人死亡人数大量增加，美国全国运输安全理事会举行了相关的讨论会，目前正在试图寻找解决方案。澳大利亚"地面红绿灯"的试点计划于2016年12月正式启动，试行期6个月，主要分布在悉尼多条人流量较多的人行道上。新州道路厅长Duncan Gay表示，地面红绿灯的试点计划预计花费25万澳元，实施计划的原因是现在很多人在走路的时候习惯看手机，不去观察周围的状况。地面红绿灯是一个保护路上行人的好方法。2017年6月，台湾地区台北市交通文教基金会主办"行人过街看手机是否该取缔"座谈会，邀请交通主管部门、专家学者、消费者基金会代表，就如何解决这个问题进行研讨，并对提升行人用路安全提出建议，准备从法律层面上规范"低头族"的行为。日本的很多城市在地铁站内设置了即时监控站，一旦发现走路玩手机的市民就会立即在广播中播报相关消息，例如"穿粉衣服的女士，边走路边用手机很危险"等，通常市民听到这种消息就会把手机收起来。我国许多城市也正在推广一些提示、保护"低头族"的"妙招"。例如，武汉市铺设"变色"斑马线专门提醒"低头族"看灯过马路。铺在斑马线上的地面灯光，会随着行人过街信号灯的变化而变化，当信号灯显示为红色时，地面灯光也呈红色，信号灯变成绿色时，地面灯光也随即变绿，而且还能调成黄色闪光。

三、有待改善的家庭关系和人际交往

2014年7月，国内首份《国民家庭亲子关系报告》显示，17.8%的父母在与孩子共处时经常看手机，51.8%的父母偶尔看手机。也就是说，有近70%的家长会在陪孩子的时候玩手机。年轻的家长把手机当作"廉价保姆"，通常会丢给孩子一个手机玩，自己则去忙其他的事情。有的孩子渐渐沉迷手机，甚至顾不上吃饭，有的孩子在公共场合会向家长索要手机，如果家长不给，就会大声哭闹。而有的家长则可能一边照顾孩子，一边玩手机，忽视了对孩子的关心和爱护。

"手机究竟是个什么妖怪？妈妈走路时看它、吃饭时看它、睡觉还要看它，爸爸去厕所也要带着它……"漫画《被手机抓走的爸爸妈妈》以一名幼儿的视角来控诉"低头族"爸妈，吃饭、走路、睡觉甚至连上厕所都目不转睛地"刷屏"，花在手机上的时间远多于陪孩子的时间，影响了孩子的成长。俄罗斯一部催泪广告短片，讲述了一个小女孩渴望妈妈放下手机、关爱自己的小故事。妈妈从早上起床开始，和女儿一起熨衣服、吃早餐、乘电梯、坐公交都在看手机，女儿总是抬着头渴望和妈妈交流，却始终没有迎来妈妈的目光。到了晚上的圣诞聚会，女儿站在台上正要朗诵一首诗歌，可又看到妈妈拿着手机给她录直播视频，她突然改变主意，换了一首诗：妈妈在家吗？不，她不在家。妈妈到网络上去了，妈妈只和网上的人说话。这世界怎么会变成这样呢？喝咖啡也盯着屏幕，这世界究竟怎么了？妈妈，我有一个答案，我就是这个世界上发生的事情啊！随后，女儿走下舞台，拥抱妈妈，对妈妈说：妈妈，我太爱你了，请你不要忘记我好吗？

这两部作品都从孩子的视角，描述了"低头族"爸妈的形象，呼吁年轻家长放下手机，多陪伴孩子，好好珍惜孩子短暂的童年时光，让他们的成长不留遗憾，充满幸福和快乐。其实，孩子的内心都很敏感，很多孩子都表示，自己会因为父母沉迷于手机而感

到被忽视。不仅是年幼的孩子，家里一些老人也对成为"低头族"的年轻子女、孙子颇为不满，很多老人感慨"现在的年轻人回到家就上网、玩手机，想和他们说句话都很难"。2014年春节，一封母亲写给儿子的信引发网络热议。这位母亲在信中写道："儿子，你从外地赶回家过年，你爸想和你说说话，可你有事儿没事儿就盯着手机看，和爸爸说话心不在焉，所以爸爸生气了。你可能没有注意到，这几年过节，你很少像小时候一样，跟爸爸妈妈认认真真聊天了。不管是吃饭，还是什么时候，你总是不停地翻手机，接电话。我们知道你忙，但只想你能陪我们说说话……"年轻"低头族"惹怒老人的事情时有发生，有的老人因为儿孙在家庭聚餐时沉迷手机而愤怒地摔盘离席，还有的老人立下家规，禁止儿孙在吃饭的时候玩手机。与家人相处时沉迷手机会影响家庭关系，尤其对于老年人来说，他们由于年龄和心理的原因，渴望得到子女的陪伴和关怀。年轻人因为生活和工作的压力，陪伴老人的时间本就被大大压缩，如果连见面的时候都不能放下手机、抬起头，陪老人多说说话，更会增加老人的孤独感和失落感。

全国妇联和《婚姻与家庭》杂志社于2015年发布的《中国家庭幸福指数与移动电子产品关系调查报告》显示，移动电子产品与家庭幸福指数息息相关，移动电子产品已成为夫妻、情侣们的"电子情敌"，过度使用移动电子产品已威胁到使用者的夫妻关系、亲子关系及个人健康。调查显示，陪伴配偶时较多使用移动电子产品的被调查者，婚姻幸福感显著低于陪伴配偶时不用或偶尔使用移动电子产品的被调查者。晚上玩移动电子产品的频率越高，婚姻满意度就越低。参与调查的31344人中，73.3%的人手机24小时开机。43.0%的人表示，会在家庭聚会中各自玩智能手机或平板电脑。很多人都表示，在与配偶相处时，难以放下手中的移动电子产品。因此，全国妇联向全社会提出倡议："每天关机一小时，有限制地使用移动电子产品，使家人之间回归面对面的沟通。"[①]

过度沉迷手机不仅影响亲子、夫妻关系等家庭关系，还会严重影响和朋友、同事间的人际交往。同学、同事聚会是增进友谊的好机会，大家本应该在聚会上谈笑风生、开怀畅饮，但是现在，手机竟然比好久不见的朋友、同事或者同学更有吸引力，很多"低头族"互相之间没有几句话可以说，他们在聚餐的时候总是盯着手机浏览信息，拿手机自拍、拍美食，再分享到社交平台。社交平台上的他们非常活跃，和聚会中的他们判若两人，每个人都在手机的虚拟世界中变成了演说家、摄影家、美食家，但在现实生活中他们只是沉默的"低头族"，他们的"冷漠"和"无礼"让他们与身边的人渐行渐远，破坏了生活原有的温暖和美感。聚餐时沉迷手机、忽视与朋友的交流已成为社会普遍问题，一些组织机构和企业正想方设法引起"低头族"对此问题的重视，希望他们能把"低头"的时间用来好好关心一下身边的人。广州市一家餐厅曾发起"用餐不用手机挑战赛"，挑战成功者能获得蛋糕和现金券，此举吸引了不少网友慕名而至。美国洛杉矶某餐馆规定，如果消费者进门时把手机交给服务员保管，结账时可享9.5折优惠。

手机的出现让人与人之间的互动变成了人与机器的互动，它也确实印证了麦克卢汉关于媒介技术与人类社会关系的理解：新的技术能使人类社会跨越时空、消除地域限制

---

① 刘声. 移动电子产品已成夫妻间"电子情敌"[N]. 中国青年报，2015-04-30(3).

和文化差异，实现人人参与，从而建立起新的人际交往关系。但手机出现的意义本是让世界凝结成更紧密的"地球村"：人类更加便捷地生活、信息更加迅速地传播、文明更加广泛地传承、人与人之间的关系更加亲密。然而，由于我们没有把握好使用手机的"度"，我们成为了"地球村"里的"低头族"，整日沉迷于手机里的虚拟世界，忽视了自身健康和生命安全，淡漠了与亲人、朋友的沟通。"手机依赖"正一点一滴地瓦解人与人之间的亲近与信任，甚至威胁着我们的健康和生命。手机本身并没有对错，关键在于我们如何使用，才能使家人、朋友之间的关系更亲密而不是更疏远。如果让手机束缚我们的手脚，压缩我们的心灵空间，在将生活碎片化的同时，还会造成精神的空壳化、人际关系的浅表化，使我们的生活成为手机的附属品。

生命如此美好、如此短暂，我们应该坚决地发出"拒做低头族"的呐喊，放下手机，抬起头，用眼睛观察周围的世界，重新发现自己的真实需求，用最真挚的微笑和情感温暖我们身边的人。挣脱数字化的枷锁、摆脱对手机的依赖，我们的生活并不会因此而失去乐趣，幸福感也不会随之下降。相反，你会发现，"地球村"依然神奇，生活依旧精彩。

思考题

1. 麦克卢汉关于人的延伸理论主要有哪些观点？
2. "低头族"的主要特点是什么？
3. 谈谈你对"低头族"的看法。

第八章　网络创业与学养

这是一个"互联网+"的崭新时代，互联网的广泛应用给整个世界注入了新的活力，人民的创造力和创新力正在为我们伟大的祖国书写着一个又一个的辉煌。在这个崭新时代，大众创业、万众创新已经成为一种潮流。作为天之骄子的大学生更是这股潮流中的主力军，他们有着无限的创造和创新力。中国互联网+大学生创新创业大赛从2015年至2018年已经举行了四届，国家对于大学生互联网创业给予了大力的支持与肯定。

今天，新一代大学生如何把握时机来书写自己崭新的明天？那就是必须充分利用互联网这个平台来展现自己的才学与智慧。海阔任鱼跃，天高任鸟飞，为国家、为自己书写一个美好的未来。

互联网创新创业目前已经逐渐被提升为国家战略，在社会经济各个方面进行着相关的探索，各种互联网创业项目和企业也不断涌现，社会对互联网创业的相关人才的需求也是日益旺盛。面对大学生就业压力依然巨大的不利形势，国家层面也在出台各种政策鼓励大学生进行创新创业，目前出现了很多大学生利用互联网进行创新创业的事例，有的甚至取得了不小的成功。前不久国务院下发了《关于深化高等学校创新创业教育改革的实施意见》，旨在建立健全我国高校创新创业的教育体系，增强大学生创新创业的精神和能力，促进大学生创新创业走向成功。①

马云，就是一个互联网创业成功的典范。他1988年毕业于杭州师范学院外语系，经过多年奋斗，1995年创办中国第一家互联网商业信息发布网站"中国黄页"，1998年出任中国国际电子商务中心国富通信息技术发展有限公司总经理，1999年创办阿里巴巴，由此创造了一个网上创业的奇迹。2015年阿里巴巴零售平台交易额突破3万亿元，2017年"双十一"购物节当天，天猫、淘宝总成交额达1682亿元。

第一节　网络创新乃大势所趋

人要生存就必须奋斗，人要在社会上立足，要实现自我的价值，就必须竭尽全力去拼搏，天道酬勤是一个颠扑不破的真理。作为一代大学生，要实现人生的自我价值，要

---

① 崔伟. 一个"互联网+万众创新"的新时代[EB/OL]. [2015-04-15]. http://www.qstheory.cn/wp/2015-04/15/c-1114982559.htm.

在社会上成就自我，就一定要为实现人生目标而忘我工作。今天的忘我工作，一方面是努力读书学习；另一方面就是要响应国家号召，进行创新创业。

我们知道，"互联网+"的时代就是利用互联网来进行创新创业活动的时代，利用互联网创造出新的经济形态、新的生产模式，这种模式是前所未有的一种战略模式，我们要团结一心、共同奋斗，利用互联网信息革命的创新理念和手段，去创造一个互联网+时代的崭新世界。

一、互联网是起飞的跑道

随着互联网信息技术的不断发展，今天的新一代大学生已经成为网络时代的主力军，网络社会的发展对他们的思维方式、行为模式、心理发展、价值观念和政治倾向，甚至自我谋生能力等方面产生了深远的影响。其中网络经济发展势头良好，并且有着投入资金少、占用资源量不大的优势，成为大学生创业的良好契机，正是由于这样的原因，使得网络创业成为大学生自我创业的新途径和机会。

在网络大数据时代，充满活力的大学生们对新事物的好奇心，对未来事物独特的判断力，成为他们自主创业的良好基础，他们中的很多人正在厉兵秣马，尝试通过互联网在各个领域开始自主创业。

网上创业是今天的大学生实现自我价值的最好机会之一，互联网将成为他们起飞的跑道。

二、网上创业的优势

网上创业具有其独特的优势，使原来一些传统的创业模式只能望其项背。第一，创业投入成本低。网上创业基本免除了实体店面所需的大量费用，虚拟的店面替代了传统的"店面"，可以非常灵活地选择办公场所，甚至可以在寝室或实验室办公，免去了租赁店铺的费用。网上创业不需要囤积大量的商品，占用大笔流动资金，可依靠"零库存"管理，缩短资金运转的周期，从而加速货款周转。第二，营销方式新颖。互联网作为营销工具，如网站、搜索引擎、电子邮件、即时通信工具、网络广告等，它们为企业的市场营销提供了新的舞台，也为创业者开展营销活动提供了极大的便利，并大大地降低了费用。具体来说，网上创业者可以利用个人网页，在各大知名门户网站等网络空间进行商品的介绍与宣传，充分利用文字、图形、视频等多媒体形式，让客户获得更为温馨的购物体验，还可以方便地通过网络收集市场信息、发布企业信息、开展售后服务活动、发布广告。第三，工作时间灵活。在校大学生创业过程中还要完成学业任务，所以主要利用课余时间，包括晚上及休息日等。互联网突破了时间、空间的限制，所以利用互联网进行创业也突破了传统经营的时间限制，不再局限于固定的工作时间，使得创业学生能够灵活安排工作时间、处理公司业务。

三、创业高手在民间

互联网的高速发展是历史发展的必然，是社会进步的潮流所向。我国进入互联网时代的时间不长，但发展速度惊人，截至 2020 年 3 月，中国网民规模为 9.04 亿，世界互联网十强企业中，中国占据了四席，一个世界网络强国已经逐渐展现出其雏形。十多年来，互联网产业就是中国经济的传奇，互联网经济占 GDP 的比重也超过很多发达国家。在这样一个时代，创业创新已不再是少数精英的"专利"，而是千百万民众所共同的事业，"历史是人民创造的，高手在民间"已经为社会所认同。在这样一个时代，创新创业者是一个个普通的个体，是一个个普通的大学生，而所有的个体又通过互联网联系在了一起，从而爆发出巨大的能量。

人民创造历史，民众的智慧是无穷的，青年大学生们是具有高智慧、高能量的群体，互联网可以为他们智慧的展现提供最广的空间，为他们才能的施展搭建最优的平台。在传统思维中，如果想创业，就必须依靠固定的生产要素，比如资金、场地、人员等，这些缺一不可，并且构成了极高的创业门槛，使得那些拥有雄厚资金实力和技术经验的精英阶层更容易成功，而怀揣创业梦想的草根一族却只能望而却步。而今，在互联网的大背景下，任何人，一个工人、农民，或者一个学生，只要拥有好的创意，就能够插上腾飞的翅膀，打破固有的藩篱，实现全新的突破。相比之下，传统的生产要素已然不再那么重要，只要能够获得市场认可，就可以得到所需的资源，从而开拓出一片属于自己的天地。可以肯定地说，在"互联网+"的推动下，像马云那样的网络创业高手会如雨后春笋般地出现，他们会不断地创造一个又一个人间奇迹，一个万众创新、大众创业的美好未来正在向世人展开。

第二节　互联网+创业大有可为

一、回农村创业　天高地阔

以前不少人从农村跑到外地去打工，他们觉得在农村没出息、没盼头，希望在外面闯出一片天地。然而，现在却有人回到农村创业并取得巨大成功，这说明在哪里创业并不重要，重要的是是否看到了商机，是否可以淋漓尽致地发挥自己的长处。一对刚刚毕业不久的大学生夫妻杨定勇和王芬，他们毅然回到安徽广德农村老家养起了土鸡。这两位由农村走出去的大学生回到了自己家乡，开启了互联网卖鸡蛋的创业成功之路。

从最初的 300 只鸡渐渐发展到如今的近万只鸡，"养土鸡的妞"渐渐在安徽广德乃至更远的地方出了名。他们的土鸡和土鸡蛋也卖到了北京、上海、杭州等地。此前王芬曾从事过人力资源方面的工作，而杨定勇则是做软件开发，两人的年薪加起来差不多 30 万元。他们本可在杭州过得不错，但是创业的想法不经意间萌发了。王芬发现每次从老家带回来的土特产，周围的朋友都很喜欢，觉得既健康又安全。杨定勇在电商工作，对互联网这方面了解得比较多，对于农业的发展前景十分看好。于是两人决定回老家创业。

"我们每天都很忙，没有时间陪女儿。回老家创业，就可以有更多的时间陪伴女儿，为她创造一个良好的成长环境。在外工作，与父母聚少离多，回家创业的话也可以多陪陪他们了。"王芬的初衷是这样的，然而家人却不理解他们的这种行为。王芬告诉记者："父母经常会说，早知道你们这样，还不如不让你们读书。"但是王芬坚定自己的信念，开始了养土鸡的事业。没有家人的帮忙，他们夫妻二人就任劳任怨地干着。养鸡看似一件简单的事，真正做起来才知道其中的艰辛。

"因为我们没有经验，只能一点点学起。买专业的有关养鸡的书籍，在网上查找别人的经验介绍，或者直接去其他的养鸡场考察学习。"王芬说道，"幸运的是，最开始养了300只鸡，除了被车轧死一只外，其他全部存活。"这是一个很好的开端，同时也更加坚定了他们创业的信心。

杨定勇细心、谨慎、可靠，是养鸡场的掌舵人。他主要负责品质把关、网站平台的搭建和养鸡技术的研究等工作。王芬则发挥自己的所学及专长，负责对外沟通以及产品的销售。随着他们的事业渐渐有起色，再加上心疼自己的儿女，父母也开始帮他们分担一些工作。比如，种植给鸡吃的青菜、南瓜，给小鸡喂食，一些比较简单的鸡舍的修缮工作等。

俗话说"万事开头难"，养殖土鸡对于王芬和杨定勇来说着实不易。鸡在不同的阶段需要不一样的成长环境，并且要注意防疫、保温等。"在防疫方面，我们会按时给小鸡打疫苗，同时做好科学防范工作，定期消毒，保证鸡舍的环境卫生。本身土鸡的抵抗力就比较强，所以未曾因为鸡瘟、病毒感染而受到什么影响。"这一点，王芬觉得做得比较好。

然而有一次因为保温的事差点发生火灾。2014年春天，天气还很冷，所以小鸡要做好保暖措施。于是决定用地暖，结果不知道是因为保温板质量差还是线路的问题，鸡舍起火了，小鸡们在里面大叫着，幸好发现得及时才没有造成大的灾难。鉴于这次事故，后来王芬夫妇在鸡舍安全方面是慎之又慎，尽量地考虑周全。他们还特意去周边其他养鸡场请教，那些人觉得这对年轻人很有魄力，都很乐意传授经验。

遇到的困难很多，其中有一件事让王芬印象十分深刻。"2014年4月，也是春天。那时候小鸡需要更多的活动空间。当时，这些鸡关在村里比较小的鸡舍里。小鸡们躁动不安，便啄自己身上的毛。这样下去小鸡就会生病。于是我们决定转群。因为白天抓不到鸡，便趁着晚上将这些鸡转移到离村子很远的山上鸡舍。我们不睡觉花了三个晚上，终于把小鸡全部转移。那天下着雨，又没有其他人帮忙，也缺少必要的工具，就我们两夫妻在崎岖的山路上，用纸箱装着小鸡不断地运送着，中间还要经过一个非常陡的山坡，那几个晚上真是辛苦。"说起这件事，王芬依然觉得惊险万分。

现在养殖不是难题了，然而新的问题又来了，那便是销售。王芬表示："虽然困难重重，但是我们不怕，正所谓兵来将挡，水来土掩，各个击破。"

为了养殖土鸡，他们前期投入了全部的积蓄近40万元。王芬一再表示，虽然农业的前景不错，但是没有智慧、勇气和财力也是不行的。如今，靠着他们的努力，家庭养殖场已有近万只鸡，收益基本能够维持。毕竟属于创业的初期，未来的发展空间还是很大的。

"因为规模比较小，有时候很难满足一些大的订单需求。但是扩充规模，人力成本又会加大，且很难招到人。所以现在主要是我们和家人在做这些事。"王芬表示，"希望通过土鸡这个口碑产品慢慢发展一些其他的农产品。自己的电商平台已经搭建好，通过这个平台展示产品并售卖，逐渐将工作的重心由单纯的生产产品向提供服务转移，希望能找到可靠的渠道商，保证产品的质量，让消费者受惠。"

王芬很看重产品的质量，坚持卖出去的每一枚蛋、每一只鸡，都是自己小孩愿意吃的。某些养鸡场会把产蛋高峰期的蛋放在冷冻库保存，等到产蛋低峰期拿出来卖。但是王芬坚决不做这样的事，她觉得要对得起消费者。同时，她也很反感为了迎合消费心理在鸡饲料中添加色素。

她很感激政府在他们创业期间给予的支持。他们成功申请到了"巾帼创业贷款"，这对于资金不足的他们来说是一个很大的帮助。

创业之路漫漫，还需艰难跋涉。"虽然现在每天都很累，但那只是在身体上，在心里我们觉得很有奔头。当然也会有压力，当初我们是村里仅有的两个大学生，不做出成绩来，有负家人的期望。"正是在压力和动力的双重激励下，王芬和杨定勇才取得了今天的成绩，他们成为回农村创业取得成功的典范。①

二、读书创业　相辅相成

很多人认为大学生创业会耽误学业。但有很多事例表明，大学生读书与创业是可以相辅相成、互相促进的。2009年1月，19岁的张玥璠离开熟悉的武汉，只身前往新加坡求学。"踏上这块异国土地，看着道路旁高大的椰子树，热带的微风吹过，我就在心底告诉自己：新生活开始了，我一定要在这里混出个样来！"就读旅游管理专业的她，从事的兼职工作中，有很多机会接触到新加坡当地企业家。凭着初生牛犊不怕虎的勇敢闯劲，她竟然成了企业家圈子的小红人。随着对商业运营模式的熟悉以及慢慢积累起来的人脉资源，还在上大学的她大胆地成立了国际投资联盟和文化公司，为企业家提供投融资和品牌策划服务。大学四年赚到150万元人民币，张玥璠凭借自己的实力和果敢挖到人生第一桶金。

2013年，回国不久的张玥璠发现，很多白领、求职者、学生党们都有制作PPT的需求。"能不能做一款办公产品，简单、快捷又方便，让职场小白能在短时间内轻松应付各类复杂的PPT呢？"张玥璠突然有了这个想法。当晚，她就打电话邀请老朋友刘敏、乜晶等聚会。围着一锅地道的麻辣小龙虾，几个热血青年人当即拍板：一起做这件事！张玥璠笑称，她的初创团队是"被一锅虾子搞定"。

与此同时，张玥璠陆陆续续收到许多大企业的高薪聘请，但她都拒绝了，走上了一条艰难的自主创业之路。"最累的时候，就在办公室打地铺。"张玥璠笑谈刚开始创业的那段日子，"家里人开始不支持我，觉得一个女孩子应该选择稳定舒适的工作，但是看着我那么坚持，后来也就默许了"。作为一家2014年才成立的年轻的互联网公司——"一键生成"，有着自由而包容的企业氛围，公司除部分资深技术人员外，其余骨干多为90后，他们用自己的热情和信心，为"一键生成"注入了新鲜的活力。

有付出就会有回报。张玥璠坦言自己是个幸运儿。2015年，"一键生成"成型，2016年年初登上苹果App应用市场。"不需要你懂设计、排版，选择自己喜欢的模板填

---

① "养土鸡的妞"从城市回乡村的创业故事[EB/OL]．[2015-11-16]．http://ah.anhuinews.com/system/2015/11/16/007085853.shtml．

写文字内容，5分钟就可以轻松地制作一篇高水平的PPT演示文稿。"第一次带着自己的项目路演，武汉天使翼创业服务有限公司董事长刘路当场给予她极大的肯定，不到10分钟的时间，就拍板定投"一键生成"。

"一键生成"是"输入文字，自动生成设计"的营销服务平台，是中国领先的共享设计平台，拥有大量的PPT、名片、海报、单页等各类模板。用户只需要选择喜欢的模板，输入自己的信息，就可自动生成设计。设计完成后可以保存至手机并分享朋友圈，也可以下单印刷，送货上门。

从2015年成立至今，"一键生成"这个项目也在一点点成长，从最初只提供PPT模板，到现今，各种宣传品类应有尽有，你想要的宣传品类在"一键生成"都能找到。因为"一键生成"不仅仅只是做模板，还可以做专业定制设计。①

三、靠专业创业　惠人惠己

有人说，创业之路，九死一生。没有工作经验的积累，没有资金的扶持，大学生创业谈何容易！在中南大学旁边的五星小区，"90后"农村小伙宋正文，从大三时开始创业，至今已经坚持五年，在帮助500多名高中学子达成大学梦的同时，也打造出自己的一片事业天地，成为大学生创业的典范。

宋正文出生于长沙浏阳市普迹镇一个农村家庭，从小就喜欢画画，因家里经济条件不好，高三去长沙参加艺考培训，还是姥姥支持了5000元学费。2009年高考，他以美术湖南省联考251分的成绩考入湖南工业大学。大一下学期，宋正文得知自己曾在长沙参加艺考培训的学校招聘老师，他从株洲前往长沙应聘任教。

"为了学习工作两不误，周一到周五，我就赶往长沙上夜班，周末则从早上6点持续到晚上10点授课，每月能拿2500元的工资，解决了自己的学费、生活费，并小有结余。"不怕吃苦、勤奋的宋正文，凭优秀的教学能力，很快获得了学校以及家长的认可，从助教、代课老师到主课老师，只花了一年时间。

要说开始萌生创业念头，还是在大三那年，他创办了自己的艺术工作室，从招生、授课到管理学生生活起居，宋正文一人带了20多名学员，只有1人因一分之差没上二本线，其余20多人全部被二本及以上的院校录取，其中不乏考入中央美院、四川美院、广州美院等名校的。也是在这年，他积累了人生的第一桶金。

大四毕业，跟多数同龄人一样，宋正文也犹豫彷徨，是直接找一份稳定的工作就业，还是创业？在株洲市第十八中学代课半个月后，宋正文发现，自己更适合创业。

2013年，宋正文从株洲回到长沙，继续创业。在一间简陋的画室里，他一边创作，一边给42名学生上课。

为了扩大知名度，宋正文连续四年前往湖南各市州区县学校进行免费授课。"北到常德，南到永州，西到怀化，经常一天驱车1000多公里路程，一年走遍30余所学校。"宋正文说，随着画室的成绩一年比一年好，每年7、8月，都会有一批远道慕名而来的

---

① 爱吃武汉小龙虾的创业美女——张玙璠[EB/OL]．[2017-11-21]．http://www.sohu.com/a/205904146_100069631．

学员。

2016年3月，宋正文以房子、车子做抵押贷款，投入200多万元创办今桥艺术学校，办学场地扩大到5000多平方米，面向社会招聘了资深美术教师13名。今桥艺术学校专注美术和书法培训，宋正文担任校长。短短一年时间，吸引了省内外230多名学生报名学习。

艺术培训学校竞争激烈，据粗略统计，长沙市至少有40多所艺术培训学校。说起核心竞争力，宋正文信心满满："好的教学，家长口口相传才是美术机构最需要的。我们定位于小而精，坚持小班制教学模式，每年都会限制招生，平价收费，确保每一个学生在这里都能有进步，都能考上理想的美术院校。"

宋正文自豪地表示，学校2017年过线率超过80%，部分班级达到100%。10多位老师多年来带的学生累计32人过线清华美院，56人过线中央美院，155人过线中国美院，220人过线鲁迅美院……①

第三节　网上创业不打无把握之战

一、网上创业不是一蹴而就

诚然，网络创业不是一蹴而就，有成功的也有失败的。从当前大学生网上创业的情况来分析，确实还存在不少问题，这些问题直接导致创业的失败。其主要原因无外乎以下几点。

第一，仓促上阵，准备不足。对于网络创业，不少大学生只是头脑一热，就立即召集人员，筹集款项，仓促上马，但由于前期工作做得不充分，没有进行深入的市场调查，最后导致失败。一项关于我国大学生创业情况的调查表明，当前大学生创业成功率只有20%~30%，网络创业的成功率更是远低于此。

第二，选择的创业行业和领域过于窄狭。大学生网上创业比较集中在服装、化妆品、美容产品或者充值服务等领域。他们在进行这些领域创业的时候，往往没有对消费市场、产品价格、营销方式进行思考，更多的是凭借自己的兴趣爱好去开展，缺乏对整个市场的了解分析。

第三，创业风险意识太淡薄。不少大学生将网络创业理解得过于简单，难以从企业的经济利润角度去思考创业方案，由于大学生社会经验不足，专业知识比较缺乏，在确定网络创业项目的时候，往往难以从现实的可行性和经济的角度去分析，他们只看到马云们成功的案例，却不知道创业中的艰辛和泪水。

第四，在创业团队建设方面缺乏合作意识。大学生刚刚涉猎经营管理领域，完全不懂如何使自己的团队携手并进，共同前行。他们缺乏相应的团队管理制度，分工不明确，一有情况大家就手忙脚乱，处理各种紧急事务更是力不从心，最后导致大家相互埋

---

① 90后农村大学生五年坚守艺考培训创业路[EB/OL].[2017-07-10]. http://hn.qq.com/a/20170710/039043.htm.

怨，工作离心离德，结果创业以失败告终。

第五，网络创业知识技能不足。网络创业同样需要相应的知识和技能，无论是网上开店，还是建立门户网站、软件应用开发，都需要熟知相应的营销策略、交易平台、运营模式等。很多的大学生创业者缺乏自我学习能力，在遇到不了解的问题时，总是缺乏探索的精神，由此使得创业受到负面影响。

第六，创业资金不足。光明网曾发表《资金短缺 经验缺乏 政策约束大学生创业之困怎么解》一文，针对当前大学生创业面临的各种困难提出了自己的看法。2016年12月中国人民大学发布了《2016中国大学生创业报告》，这份报告覆盖了全国31个省市区1767所高校的43万多名在校或刚毕业的大学生，对中国大学生创业现状、成绩和面临的挑战进行了全面深入的研究。报告认为，资金短缺源于大学生外部融资约束。对创业者的调查显示，六成创业者主要使用自有资金，仅有不到四成的创业者利用了外部资金，其中有24.7%的创业者利用了贷款。这显示出我国现阶段大学生创业融资体系发展较为滞后，创业者面临较多融资约束，大学生创业需要一个良好的融资环境。

二、知己知彼　百战不殆

我们应该明白，网上创业实际上也是一场战役，既然是战役就必须知己知彼，不仅要对自我有一个非常客观的考量，知道自己到底能做什么，不能做什么，这是知己。与此同时，还必须知彼，对于所做的事业要熟悉，了解它的特性。

第一，异质性的特点。网络创业不同于传统的创业，参与创业的行为主体具有不同的资源、能力，这是构成创新网络的基础。各行为主体在经济活动过程中，由于所处的环境、目标等差异，形成了各具特色的特点。

第二，协同性的特点。参与创新网络的行为主体共同参与新产品的形成、开发、生产和销售过程，共同参与创新的开发与扩散，通过交互作用使知识在网络中流动，从而使网络形成的整体创新能力大于个体创新能力之和。

第三，开放互动性的特点。网络是一个开放、发展的互动体系，网络联系的边界受经济活动范围的限制，网络随着时间的推移会经常性地发生变化并不断发生信息交流，使得各种难以预料的事情会随时随地发生，这也给网络创业带来许多不确定性。

第四，利益共享性。要做大蛋糕就必须合作，合作就必须利益共享。创业的成果按照各个行为主体的贡献在网络内部成员中进行分配，根据各行为主体在创业中占有的比重进行利益分配和利益共享。

三、创新创业教育必不可少

大学生要创新创业，那么此类教育必不可少。实际上早在1989年我国就已经正式提出了"创业教育"这一概念，但是长期以来，创新创业教育主要靠政府层面的推动，大多停留在表面，没有被有效地深入到实践中去，因此之前的大学生创新创业教育的效果并不好，相关的教育系统化、专业化并不是很强，导致我国的大学生创新创业教育并没有发挥出其应有的现实作用。

目前，大学生创新创业教育主要存在以下几个方面的问题：第一，现阶段我国的大学生创新创业教育很大程度上是为了指导大学生进行创业，通过创业来缓解大学生的就业压力，其表现出较强的功利性和短期性，并没有作为一项长期的教育工作和教育体系来抓。第二，现阶段我国的大学生创新创业教育模式比较单一，依然是沿用了传统教育"大而全"的教育模式，忽视了学生的个体差异，对学生很难产生有针对性的作用。第三，现阶段我国的大学生创新创业教育的师资力量存在严重不足，很多高校的创新创业教师缺乏相应的实践经验，照本宣科、纸上谈兵的现象屡见不鲜，对"双师型"教师队伍的培养力度不够。第四，现阶段我国大学生创新创业教育的软硬件条件较差。在很多高校中，创新创业教育往往被边缘化了，对相关的投入也变得有限，虽然有条件的高校都建成了"科技园""创业园"，但是这些场地对大学生创新创业教育的贡献却并不突出，很多只是名义上的。

要解决好这些问题，必须从多方面入手。首先，要深入领会大学生创新创业教育的内涵，树立正确的创新创业教育观。要想获得良好的教育效果，就必须树立科学正确的教育观念。在"互联网+"及"大众创业、万众创新"的时代背景下，高校管理者要充分认识到大学生创新创业教育的重要性，深刻领会大学生创新创业教育的思想内涵，加强对大学生创新创业教育的重视程度，客观评价和充分认识大学生创新创业教育对大学生发展的积极作用，加强高校大学生创新教育的顶层设计。

其次，要加强大学生创新创业教师队伍的建设，打造良好的大学生创新创业教育环境。高校要进一步加大对大学生创新创业教育的资源投入，采用教师引进和内部培养等多种方式，加强对大学生创新创业教师队伍的建设，合理选择和编排大学生创新创业课程内容，创新大学生创新创业教育模式，增强大学生创新创业教育的实践性，通过各种各样的大学生创新创业活动、比赛、讲座等方式，提高大学生创新创业的精神和能力，并且积极普及和加强对大学生"互联网+"的概念教育，让大学生在当前"互联网+"的环境熏陶下开展更加有效的创新创业。

最后，要加快大学生创新创业教育的平台建设，为大学生创新创业教育提供有效的手段。一方面，高校要建成信息化的大学生创新创业教育平台，让大学生能够通过信息平台对创新创业的相关课程、讲座等学习资源进行便捷的使用，并且方便地获取社会实践中的创新创业案例，与同学、教师开展有效的沟通交流，加强大学生对创新创业相关软实力的培养；另一方面，高校要积极建设实训基地，让大学生能够真正地参与到创新创业的实践中去，从而有效地培养大学生的实践动手能力，为大学生创造发挥自身潜能的机会和空间，实现大学生对创新创业从理论到实践的升华，从而有效地提升大学生创新创业教育的实践性。

第四节 创业需要深厚的学养

一、创业必须以知识为基础

万丈高楼平地起，知识基础是第一要素，没有知识一切都无从谈起。马云的成功应该归结为他具有良好的外语基础，它使马云能较早看到外面的世界。1984年，马云不顾家人的极力反对第三次参加高考，这次数学考了89分，但总分离本科线还差5分。由于英语专业招生指标未满，部分英语优异的考生获得升本机会，马云被杭州师范学院破格录取升入外语本科专业。进入大学后，马云变成了品学兼优的好学生，凭借出色的英语成绩稳坐外语系前五名。之后马云当选学生会主席，后来还担任了两届杭州市学联主席。[1]

1988年，马云从杭州师范学院外语系英语专业毕业，获文学学士学位，被分配到杭州电子工业学院（现杭州电子科技大学），任英文及国际贸易讲师。之后马云成为杭州市优秀青年教师，发起成立西湖边上第一个英语角，开始在杭州翻译界有了一定的名气。深厚的专业知识成就了马云，他于1995年创办中国第一家互联网商业信息发布网站"中国黄页"，1998年出任中国国际电子商务中心国富通信息技术发展有限公司总经理。2016年10月18日，胡润研究院发布《2016胡润IT富豪榜》，马云及其家族以1950亿元人民币的资产第三次成为"IT首富"。

我们可以看到马云当年苦读的外语，为他之后了解外面的世界提供了最实用的语言工具，知识成为他成功登顶的桥梁。

二、学养是成功者的坚实后盾

任何一个取得成功的创业者，深厚的学养都是关键要素之一。因为深厚的学养对于大学生创业来说，具有以下三个特点：

第一，深厚的学养有利于大学生全面认识自己，提升创业品质。大学生的创业品质是大学生个人综合素质的集中表现，也代表其创办企业的发展方向。大学生们创业之前需要深入了解自己的能力、性格、兴趣等。只有对自己有较为客观、全面、可靠的认识，才能够深入分析、思考自己创业努力的方向，并制定相应的创业规划方向。通过学习各种外部知识以及各类案例，同学们可以更加深层次地进行自我评价和外部评估，并采取相应的措施来完善自己，更能在对自我进行解剖分析的时候认真思考自己身上是否存在某些符合创业特质的优势与特长。

第二，深厚的学养有利于大学生全面评估自己的在校表现，完善职业生涯规划。在当前校园环境的制约下，诸如法律、市场营销、财务、创业政策、融资、创业团队、行业资讯等方面的内部创业知识不能满足学生的需求，因为学生在获取创业知识时，多基于感性的理解，而对于真正重要的创业知识，则难以体会和获得。所以，外部知识的获取是学习实践的重要环节。在校表现和大学生职业规划与大学生创业关系较为密切，学生获取更多的外部知识，目光就会放得远，眼界也会开阔很多，针对自己的在校表现能更好地进行评估，也能更好地完善自身的规划和提早完成职业目标。这样，大部分创业大学生在校期间就能目标明确，提早开始筹划，并汲取多方面的知识，以更好地完成自己的创业项目。

第三，深厚的学养有利于大学生及时获取实践经验，全面提升自身创新能力。大学

---

[1] 从数学考19分到电商教父 马云如何逆袭[EB/OL][2015-05-29]. http.//edu.sina.com.cn/bschool/2015-05-29/0911470544.shtml.

生的实践能力是大学生运用自身所掌握的知识解决实际问题、进行实际操作的能力。这种实践能力的提升和经验的获取是学生在校期间所不能及时获得的,只有充分的获取外部知识才能全面提升自我,提升自身创新能力。如大学生在校期间应该多利用空余时间主动参与社会实践活动,例如校园代理工作或企业实习工作等。对于学习和实践,在时间和精力上一定要调配好,处理好两者之间的关系,不要出现完全不参与实践活动以及过于热衷参与社会实践活动、进行勤工俭学这种极端情况,这实际上是得不偿失的。[1]

三、有学养才能拥有财富

王夫之对于读书曾有这样的解释:"为生民立命,为天地立心,为往圣继绝学,为万世开太平。""书中自有黄金屋,书中自有颜如玉",早已成为普通老百姓励志的口头禅。知识作为知识经济时代的一种主要的生产要素,在经济发展中的作用越来越大。比尔·盖茨的微软公司没有高大的厂房和堆积如山的原料、产品库房,只有软盘和软件知识以及程序、信息。自1975年该公司创建以来,比尔·盖茨多年稳坐世界首富的交椅,可见知识是创造财富的一种重要资源。马云1995年开始在互联网上创业,2018年以379亿美元的身价成为中国及亚洲首富。

在今天的互联网+时代,知识对经济增长的贡献率已经提高到90%以上,以知识作为主要产业资源的企业已成为知识时代的主导企业。美国未来学家托夫勒曾断言:谁拥有信息、知识,控制了网络,谁就拥有了整个世界。

在知识经济时代,知识和信息将是一个国家生存和发展的关键,哪个国家掌握了高质量的知识要素,哪个国家就拥有了经济发展的主动权和国际竞争的优先权。从世界范围来看,靠知识强大已成为现实。在以知识为财富的社会体系中,发达国家利用雄厚的知识资本实力垄断或部分垄断世界绝大部分高新技术产品的生产和销售,或通过关键技术的控制达到左右世界的目的,形成指挥全球经济运行的所谓"头脑"国家。相反,一些发展中国家,因为知识资本积累的能力与水平较低,有的仍处于农业经济或工业经济占主导地位的发展阶段,在全球分工格局中处于不利地位,成为发达"头脑"国家指挥和控制的"躯干"地区,这些"头脑"国家利用自己知识资本的优势对"躯干"地区进行控制,形成知识资本的"超级大国",垄断全球经济事务,但这已不是传统意义上的军事与政治的"超级大国"。衡量大国的标准已经不是领土和面积、人口数量、军事力量和政治影响力,而是在高新技术领域的知识资本控制力。领土不大,人口数量少,传统军事力量不强的国家仍然可以通过知识资本的积累和控制力量成为"头脑"国家甚至知识资本的"超级大国",而一个貌似强大的传统意义上的大国,也可以顷刻之间成为"躯干"国家,或新的知识经济殖民地附属国。

在知识经济时代,知识要素从其他生产要素中独立出来,越来越成为经济发展的决定性力量,其他要素要依附于知识要素,受知识要素的支配。谁拥有和控制了知识要素,谁就拥有了进行资源配置的主动权和选择权。谁拥有的知识多,掌握的技能高,谁

---

[1] 蒋文贤. 试论外部知识获取对大学生创业核心竞争力提升的积极作用[J]. 中国培训,2017(14).

就拥有创富致胜的更多机遇,就能主宰自己的命运,在市场竞争中取胜。

据资料显示:在农业经济时代,人们只要7~14岁接受教育,就足以应付以后40年工作生涯之所需。在工业经济时代,人们的求学时间延伸到5~22岁。而在信息技术高度发达的知识经济时代,每个社会成员都必须终身接受教育和不断学习。经济活动越来越依赖于知识,掌握最新知识的劳动者是社会和经济发展的最大动力,而没有知识的劳动者将无法参与未来的竞争,无法改变自己的命运,甚至成为社会和经济发展的巨大负担。同样,学习成为企业经营的动力源,学习型企业应运而生。这种学习型企业的主要特征是:拥有终身学习的理念和机制,建有多元回馈和开放学习系统,拥有学习共享与互助的学习氛围,具有实现共同愿望的不断增长的学习力,工作学习化和学习工作化。知识经济时代将改写人才观、企业观、市场观,使具有市场观念的科学家与企业家组合,知识资本运营家成为时代的新宠。有知识走遍天下,无知识寸步难行。知识经济的兴起,财富观的变革,为人类在新的千年、新的世纪发展中注入了新的生机与活力。知识化的劳动者运用新知识、新技术支撑着社会经济的发展,创造出社会财富的最大部分,社会财富、社会控制力、社会结构将向知识资本拥有者及运营者倾斜。①

思考题

1. 互联网创业有哪些优势?
2. 如何在互联网创业中打有把握之仗?
3. 为什么说互联网创业需要深厚的学养?

---

① 杨学鸾. 知识经济与新的财富观[J]. 保山师专学报,1999(3):1-3.

第九章 自媒体时代的得与失

第一节 自媒体时代的特征

一、自媒体的产生

自媒体是近年来十分盛行的一个媒体概念,其产生得益于网络技术的发展、民众对信息获取和表达欲望的不断增强。

正如麦克卢汉在《媒介技术论》中所阐述的,媒介技术是影响传播的根源,媒介技术及其发展是社会变迁和文化发展的重要动力。媒介技术的发展使得电脑、手机等传播工具不断普及,为普通民众提供了接收和表达信息的载体。

同时,民众对信息获取的需求随着时代的发展不断攀升,在现今这个信息爆炸的时代,不能第一时间获取信息就意味着落后于时代的步伐,因此微博、微信等可以迅速、及时地提供丰富信息的自媒体平台便应运而生。

此外,人生来具有自我表达的内在需求,有使自己声音被其他人听到和理解的欲望,人无时无刻不在寻求社会认同,而这种寻求需要用表达去实现。

因此,随着时代的发展和技术的进步及民众对信息获取和表达欲望的不断增强,我们迎来了"媒介3.0时代",即"自媒体时代"。

自媒体时代最显著的特征是移动应用与智能设备正以爆炸性的速度迅速普及,带来的是社会的深刻变革,改变了传统社会生活,改变着人们的价值观及认识世界、思考问题的方式和方法,引发了新的发展趋势。那么,关于自媒体的定义就是相对于"传统媒体""主流媒体"而言的,因此要界定自媒体的定义,就先要对传统媒体和主流媒体进行定义。

传统媒体是相对于近几年兴起的网络媒体而言的,即通过某种机械装置定期向社会公众发布信息或提供教育娱乐平台的媒体,主要包括报刊、通信、广播、电视及自媒体以外的网络等传统意义上的媒体。一般而言,传统媒体主要有时间和空间的局限性。

二、何谓主流媒体

主流媒体伴随着传统媒体相伴而生,在我国,关于主流媒体大凡有以下几种定义。

（1）从政治的角度："主流媒体是相对于非主流媒体而言的，影响力大、起主导作用、能够代表或左右舆论的省级以上媒体，称为主流媒体，主要是指中央、各省市区党委机关报和中央、各省市区广播电台、电视台，以及其他一些大报大台。"①

（2）从经济的角度："主流媒体就是关注社会发展的主流问题，成为社会主流人群所倚重的资讯来源和思想来源的高级媒体。"传媒经济就是影响力经济。传媒影响力来源于它所吸聚的受众的社会影响力。按照传媒吸聚受众方式的不同，可以分为大众化传媒和主流传媒。主流传媒就是"以吸聚最具社会影响力的受众（主要指那些具有较高的决策话语权、知识话语权和消费话语权的社会成员）作为自己市场诉求的传媒"，也就是以质取胜的传媒。

（3）从经营的角度：复旦大学新闻学院周胜林教授认为，媒体必须具备三个条件，才能成为主流媒体，即有较大的发行量、收视率，有较多的广告营业额，具有很大的影响力和权威性。浙江大学传媒与国际文化学院的邵志择副教授认为，主流媒体就是依靠主流资本，面对主流受众，运用主流的表现方式体现主流观念和主流生活方式，在社会中享有较高声誉的媒体。②

（4）从综合角度："主流媒体就是承担重要的宣传任务和功能，覆盖面广，品牌性强，影响力大的强势媒体。"

在我国，主流媒体有中共中央委员会机关报《人民日报》、团委机关报《中国青年报》、各省级党委机关报以及以党报命名的全国各地有影响力的报业集团下的市场化的报纸，如《南方周末》、《南方都市报》（广州）、《新民晚报》（上海）、《楚天都市报》（武汉）、《北京晚报》（北京）等；中央人民广播电台、各省级人民广播电台；各大门户网站，如新浪、网易、搜狐、腾讯等。

三、自媒体的基本定义

既然自媒体是相对于"传统媒体""主流媒体"而言，那么自媒体又可以称为非传统媒体、非主流媒体。自媒体又称公民媒体或个人媒体，是指私人化、平民化、普泛化、自主化的传播者，以现代化、电子化的手段，向不特定的大多数或者特定的单个人传递规范性及非规范性信息的新媒体。对自媒体的定义，源于美国专栏作家丹·吉默尔。2001年9月28日，吉默尔在博客中提出"新闻媒介3.0"。他认为，新闻媒介1.0是传统媒体或"旧媒体"，新闻媒介2.0为新媒体，新闻媒介3.0是以博客为代表的"自媒体"，媒介的发展路径为：旧媒体—新媒体—自媒体。

2003年7月，美国新闻学会媒体中心发布谢因·波曼和克里斯·威理斯的研究报告《自媒体：受众如何塑造新闻和信息的未来》。报告对自媒体的分析更多基于参与式新闻角度，并未给出明确的定义。但是在前言中，该中心联合主任戴尔·佩斯金指出：我们把自媒体视作一种新的认识途径，它可以帮助我们更好地理解那些将全球知识连接在一起的数字科技是如何推动普通民众参与挖掘他们所认为的事实，贡献他们自己的

---

① 周胜林.论主流媒体[J].新闻界，2001(6).
② 邵志择.关于党报成为主流媒介的探讨[J].新闻记者，2002(3).

新闻。

自媒体通过微信、微博、QQ、博客、论坛等平台交流分享观点,2003年,有学者发布了"We Media"(自媒体)相关报告,报告中就自媒体的概念进行了详细的解释。普通大众借助发达的网络电子技术,逐渐将自己同整个世界联系了起来,普通大众利用网络同他人分享自己的生活和喜怒哀乐等。山东大学的张彬认为,较之传统媒体,利用自媒体进行传播活动的主体出现了变化,而且其传播方式既有多对一、一对多,也存在一对一。

那么,通俗地讲,自媒体是借助现代传播手段,如微博、微信、QQ、博客等实现编读一体的大众传播工具,自媒体以普通公众为立足点,自媒体的出现使得人人都可以成为麦克风,人人都可以是新闻源。伴随着自媒体而来的是公民新闻的出现,例如,当你将突发事故现场的见闻发到微博上的时候,你正在扮演一个公民记者的角色,而你所发布的微博就是公民新闻。

研究自媒体时代的特点应结合自媒体和传播模式两者的特点来看。传播的经典模式是"拉斯韦尔的5W"模式,拉斯韦尔明确提出了传播过程及其五个基本构成要素,即:谁(who)、说什么(what)、通过什么渠道(in which channel)、对谁(to whom)说、取得什么效果(with what effect),即"5W模式"。

从传播模式来分析自媒体传播时代的特点,即自媒体时代谁在传播?传播什么?用了哪些途径和方法?对谁传播?取得了什么样的效果?由于自媒体时代人人都有麦克风,其传播主体可以概括为一切享有传播工具和传播受众的大众,传播自己的声音、想法和观点,其产生的传播效果由传播时间、地点、方式等多种因素决定。

四、自媒体是百姓的媒体

自媒体也称为公民媒体、个人媒体或百姓媒体,因此自媒体可以用平民化一词来概括。"平民化"一词是相对于传统传播时代的"精英"传播主体而言。在互联网崛起之前,我国的传播格局由政治权利主体决定,政治权利主体掌握着生产资料的使用权,决定着生产与分配,其中就包括传播权利的生产与分配,控制了传统媒体的传播场域并决定着传播流程,传播方式是"自上而下"的,"精英"阶级是传播主体,普通民众是受众。[1]

"精英"传播主体是指那些在传统媒体中占有一席之地,并经过长期专业培训,如新闻采访、写作和摄影、摄像等专业训练,在报道新闻事件时,会利用自身专业视角、成熟的经验和思辨水平进行报道传播。这里的"平民化"是指没有经过专业技能培训的传播主体。

自媒体不同于传统媒体,其经营主体并非传统意义上具有国家新闻资质的单位,而是以公民身份自主建立的新闻生产、传播、推广载体。[2] 简单地说,即传播主体发生了变化,是属于民间的媒体,也被称作草根媒体。自媒体的传播人员在进行传播活动之前,并没有接受过正规的、体系化的新闻训练,他们常常使用比较通俗易懂的语言或从

---

[1] 张涛甫. 传播格局转型与新传播[J]. 新闻与传播,2017(11).
[2] 林娜. 中国党政干部论坛(京),2016:63-66.

自身视角发布新闻。

因此，我们说自媒体最根本的特性就是平民化。随着微博、微信等传播平台的兴起，每个人都可以利用网络传播自己的所思所想，人人都可以成为麦克风，人人都可以成为新闻源，而某些为大众感兴趣的文章能够迅速地被传播。自媒体很大程度上并不具备媒体意义上的"生产力"，它属于媒介价值的"搬运工"——自媒体提升了网络资源在不同阶层、范围和圈子的"深入性"，例如微信"朋友圈"，动辄成千上万的转发量，形成了"点到面"的传播模式。①

2016年春节期间，一条"女友陪男友回农村过年，看到第一顿饭立马后悔分手回上海"的帖子，成为年度最火的新闻之一。此帖一出，网友纷纷留言回复和讨论，从姑娘的情商到门当户对是否重要再到婚姻观迅速引起了热议，官方媒体反而是事件发酵之后才发表自己的观点。这样的事例在现实生活中并不少见，由此可见，自媒体时代带来了"平民化传播"。

第二节 自媒体传播过程的特性

一、是传播者更是受众

自媒体具有交互及强互动性特质。自媒体主要利用网络工具进行新闻传播，而网络工具的特点对自媒体传播时代特征产生了直接的影响。自媒体与传统媒体的新闻报道和采访形式很不一样，自媒体的传播和报道大多是"随手拍"的形式，看到感兴趣的人和事记录或者拍摄下来，上传到个人网上平台，通过人传人的形式传播起来。例如，A今天在街上看到一件有趣的事，拍摄下来，上传到自己的朋友圈或者微博，B看到了觉得很有意思，也转发到朋友圈，C看到了也转发到了自己的朋友圈……A是B的信息传播者，B是A的信息接收者，但同时B又是C的信息传播者，在另一传播场域C也可能变成信息的传播者……

由此可见，我们很难对自媒体传播中的网民作出谁是信息传播者、谁是信息接收者的界定，信息接收者在网络的信息海洋中很可能也是信息的发布者，而信息发布者极有可能也扮演着信息接收者的角色。每个网民都会成为信息中介，既扮演着信息传播者，同时又是信息接收者。

此外，网络环境中，信息的传播速度非常迅速，传播范围也更加广泛，许多新闻内容通过转发或者链接等手段，能够迅速传播至世界的各个角落，呈现出纵横交错的网状。因此，我们把这种自媒体传播的特殊性定义为"传播过程的交互性"或"传授交互性"。

交互与互动是有区别的。互动是汉语词汇，指彼此联系、相互作用的过程。日常生活中的互动是指社会上个人与个人之间，群体与群体之间等通过语言或其他手段传播信息的过程。

---

① 林娜. 中国党政干部论坛(京)，2016：63-66.

研究自媒体传播的互动性，先要了解自媒体传播的特征。自媒体的传播也可以称为拟态环境的建构，之所以称为拟态环境，是因为这种环境并不是现实环境的真实反映，而是利用传播媒介对象征性事件或信息进行选择和加工之后，重新加入结构化的基础，最终到达受众的再现环境。

自媒体传播的强互动性，是指更多"传统媒体"时代意义上的受众不仅可以利用自媒体对象征性事件或信息进行选择和加工，也可以利用自媒体更好地加入拟态环境的形成过程中，实现信息的互动。我们经常能看到某位明星的微博动辄被转发过万，点赞过十万。一条评论也许就能引发无数条回复，每个人都能够毫无顾忌地说出自己的想法，这无疑证实了这是个言论自由的时代，其交互性的强大是任何传统媒体都无法达到的。

二、传播形式与内容的多元化

截至 2014 年第一季度，中国网民总数达到 6.7 亿，而手机网民规模达 5.8 亿，移动互联网网民规模增长率连年突破 15% 以上，PC 端网民规模增幅相对放缓。截至 2013 年年底即时通讯用户达到 5.32 亿，网民使用率达到 86.2%，在网络应用中位居第一。[1]

同时，门户网站、新闻网站、游戏娱乐、视频音乐、电商网购、即时通信，所有的互联网形态都有了移动终端的表现形式，现在的手机不仅是通信工具，更是人际关系、人际传播、人与社会环境的综合。

在早期阶段，很多人仅把自媒体当作个人展示的平台，喜欢在自媒体平台上传播自己感兴趣的内容或信息以吸引粉丝，传播形式与内容都比较单一，而自媒体发展到现阶段出现了传播形式和内容的多元化趋势。早期的自媒体以专业生产内容为主，而现阶段流行的微博、微信则致力于搭建自媒体平台，这些媒介平台不直接生产内容，仅起到"搭台"管理的作用，而主角是用户。

这就导致了网络信息的发布者比较复杂，任何人都可以通过移动设备用他们喜欢的形式发送自己喜欢的文字、图片等，传播形式和内容趋于多元化。比如 2017 年年底，炒得最热的点就是"过了今天所有的 90 后都成年了"，朋友圈有 90 后的成年宣言，也有回忆青春的，且回忆青春的方式也各有不同，有人晒自己的 18 岁，有人晒和朋友的 18 岁，有人晒和父母的 18 岁……而且晒的渠道也不尽相同，有人通过朋友圈晒，有人通过 QQ 空间晒，有人使用微博晒，有人同时使用两种或三种渠道晒……

再比如"罗辑思维"每早都要推送一条罗振宇本人制作的语音内容。同时，在新浪微博，"罗辑思维"还有两个账号，一个是罗振宇本人的账号，另一个是"罗辑思维"官方微博账号，两个账号的粉丝有部分重合，所以为了更好的传播效果和营销效果，两者推送的内容不尽相同，罗振宇本人的账号更为个性化，而"罗辑思维"官方账号则更官方化，主要推送原创内容并与粉丝互动，很少转载。

这都是自媒体传播时代移动终端的使用，传播形式和内容有了多元化的可能，自媒体时代体现的并不是媒体的创造价值，而是媒体的传播价值。

---

[1] 段淳林.《整合品牌传播》——从 IMC 到 IBC 理论建构（第二版）[J]. 品牌研究，2016(3)：97.

三、自媒体传播的跨时空性

跨时空性又可以称为自媒体传播的"泛在性",泛在,又指无缝、普适、无处不在等含义,自媒体传播的泛在性是指任何人可以在任何地方、任何时刻发送或获取信息。而这一切都得益于技术的进步。麦克卢汉曾在《理解媒介——论人的延伸》一书中提到了地球村这个概念:"地球村"是指发达的传媒使得人们的交往方式以及人的社会和文化形态发生了重大变化。地球村的出现打破了传统的时空观念,使人们与外界乃至整个世界的联系更为紧密,人类相互间变得更加了解了,或者说相互了解的机会大大增加了。

有学者认为,蝴蝶效应也从一个方面反映了自媒体传播的跨时空性。"一只南美洲亚马逊河流域热带雨林中的蝴蝶,偶尔扇动几下翅膀,可以在两周以后引起美国得克萨斯州的一场龙卷风。"互联网解构了时间、空间的概念,传播技术的发展突破了现实空间对理性的限制,在现实生活中不起眼的小事,经过网络的传播就会"一石激起千层浪",扩大了蝴蝶效应在现实生活中的影响范围和实际效果。

综上所述,自媒体传播的跨时空性即自媒体传播的"零延时性"和"大范围性"。

零延时性又称即时性,以前一条新闻的传出要通过记者、新闻、电视台等重重关卡才能为人们所知晓,而如果要通过报纸发布则需要更久的时间。然而,自媒体的出现打破了时间、地域的限制,用户也能成为新闻的采集者和传播者。2011年曾有人对Facebook进行过统计,60秒的时间内,在Facebook上有695000条状态更新,79634篇文章和510040条评论被发布,信息的传播速度已远远超过以往任何时代的任何传播工具。

我们打个比方,在互联网时代的大背景下,如果某地发生了大火,有网友恰巧路过拍下了这一幕并上传到网上,一定能在短时间带来过十万的转发量与点击量。

例如,2005年中石油吉林石化发生恶性爆炸事件,新华网发出的第一条图片新闻就是居民用手机拍摄的;2005年伦敦发生震惊世界的爆炸袭击案,手机拍摄的现场照片被迅速发布到网上,比传统媒体播发的新闻照片早了两个小时,使得全国人民迅速知道了此事,热议不断。

无独有偶,2105年天津发生火灾爆炸事件,此消息也是首发在微博平台,引发了全国人民的关注,人民日报、央视新闻、人民网、澎湃新闻等主流媒体和其新媒体账号先于传统媒体发声,成为此事故信息的主要传播渠道。其主要原因就是自媒体传播的跨时空性,可以迅速、及时、大范围地传播灾情信息,满足公众的知情权,消解社会的不安定因素和民众的恐慌心理。

四、自媒体传播有舆论作用

我国传统媒体是党和政府的喉舌,是连接政府和群众的桥梁,具有强烈的政治意识形态。而微博、微信等自媒体平台的出现,实现了公众的媒介接近权,赋予了公共话语权,同时公众表达渠道的诞生潜移默化地影响了公众对公共事务的参与感和表达权,公众可以更加便捷地对公共事务发表自己的观点和意见,在网络空间中实现舆论引导。

2003年"非典"爆发，一开始为了防止民众恐慌，媒体封锁消息，但是这种封锁让民众更恐慌，各种猜测、谣言四起，民心动荡，媒体开始大面积辟谣，随着信息的透明化和媒体的适时引导，传言才渐渐散去，人心趋于平稳。在这一过程中，人们借助媒体对非典从不了解到了解，从恐慌惧怕变成科学对待。

同时，随着自媒体逐渐成长起来。许多传统媒体不采访、不报道的新闻事件，可以通过网络自媒体向网民传播信息，2017年年初，微博上一封请求网友们签名的文章，把大家的视线集中到"江歌案"，一时网上舆论鼎沸，大家集体呼唤公平正义、要求严惩凶手……一起"江歌案"反复掀起舆论波澜。网友呼唤：斯人已逝、悲母泣泪、拷问人性善恶、愿逝者安息、愿正义永不消亡。2017年12月20日，"江哥案"宣判，陈世峰获刑20年，这其中网友起到了重要的推动作用。

在传统媒体时代，民众不能直接获取信息，而是依托一定的传播主体来获取信息，在信息传播中难免会出现"失真"的情况。而随着智能手机、直播等传播渠道的普及，民众可以"面对面"地获取信息，民众对新闻内容的信任程度大大提高。同时，网民对自媒体产生了极大的信任，在某些情况下自媒体会影响网民群体，代表民众发声，这就是自媒体的舆论引导性。

第三节　自媒体传播的负面影响

一、自媒体易滋生群体极化现象

正如沉默的螺旋理论所说，人们在表达自己想法和观点的时候，如果看到自己赞同的观点，并且这一观点受到广泛欢迎，就会积极参与进来，这类观点越发容易得到扩散；如果发觉某一观点无人或很少有人理会（有时还会有群起而攻之的遭遇），即使自己赞同它，也会保持沉默。意见一方的沉默造成另一方意见的增势，如此循环往复，便形成一方的声音越来越强大，另一方越来越沉默的螺旋发展过程。

群体情绪的放大会进一步演化为"群体极化"，自媒体时代容易滋生群体极化，群体极化的定义极其简单，团体成员一开始便有某些倾向，在商议后，人们朝偏向的方向继续移动，最后形成极端的观点。比如中国一直存在住房难、上学难和就医难的问题，医患关系更是人们心里的敏感点，一触即发，经常网上爆出一个医患关系的事件，民众会一边倒地倾向患者，持续声讨医生，声讨医德的缺失。比如2010年，天涯论坛上一则"因没准备好红包，深圳凤凰医院的助产士竟然把我的肛门缝上了，还狡辩是免费做痔疮手术！"的帖子引起了广泛关注，网民出现群体极化现象，纷纷声讨医院和助产士。

自媒体的群体极化也有正面的积极影响，比如，2017年建军节，人民日报策划了《快看呐！这是我的军装》H5，将1927—2017年这90年间的军装全部呈现出来，让用户上传照片，利用人脸识别技术，生成属于用户的不同年代的军装照片。上线2天浏览量破2亿，连续刷屏3天热度只增不减，网友和名人明星都纷纷制作自己的军装照。这是群体极化的成功案例。

综上所述，自媒体滋生了群体容易极化的场域，群体极化的结果可能是恶性传播也可能是良性传播，但无论是哪种结果都在一定程度上加大了对传播的管理难度。

二、自媒体成为谣言的滋生地

自媒体平台拥有庞大的用户群体，加上舆论领袖与粉丝群体的推波助澜，经过加工炒作的信息可以在短时间内让某一突发事件形成星火燎原之势。自媒体舆情的演化有其特殊性，一般可分为五个时期：第一，初始形成期。通过传统媒体新闻报道或者微博用户的爆料，发布信息，并被网络用户关注和转发。第二，关注期。一些具有视觉或道德冲击力的敏感性事件在网络上传播，受到广泛关注，网友不断评论、转发，甚至出现"舆论领袖"。第三，裂变爆发期。新的信息浪潮在网络各个平台的轮番报道下形成，信息裂变效应产生强大的舆论合力。第四，高涨期。舆情的热点议题不断地被炒作和加工，引发舆论的大爆炸，关注的问题不仅限于热点议题，而是从虚拟社区转向现实社会。第五，消解平复期。有时舆论压力膨胀到需要主流媒体和政府部门介入，问题得到一定的解决，民众情绪得到一定程度的缓解，高涨的舆情也会快速地进入消解状态。

自媒体的出现可以说是在原本的现实环境下创造出了另外一个虚拟世界，这个世界中人与人的距离既被拉得很近，又可能隔得很远。从地球另一端发出的信息几秒钟就可以被接收，跨国跨洋交流不再是问题，但是虚拟世界的"人"的身份也是虚拟的。没有了现实的依托，且没有市场规范，所以网络暴力事件频发。尤其是在突发事件爆发前的潜在期，信息的流动经常会处于失衡状态，自媒体也容易成为谣言等负面信息的滋生地。

2017年11月23日，网上有人发布"丧尽天良！！！园长和她老公勾结部队群体猥亵"的不实内容。这条微博在短时间内迅速传播，并有数万留言、转发，一些自媒体、大V、公众人物迅速跟进，一时间群魔乱舞，各显丑态。11月24日，老虎团政委冯俊峰第一时间辟谣，幼儿园园长并非现役军人家属，其丈夫早已转业，幼儿园用地也不是部队的，部队官兵及亲属没有任何人员参与该幼儿园的经营等工作，更没有发现官兵涉及传言中的所谓"猥亵"行为。警方将编造涉军谣言的刘某抓获，刘某对自己的违法事实供认不讳，并因虚构事实扰乱公众秩序被公安机关依法行政拘留。但是这次谣言对当事人造成的伤害不言而喻。

三、自媒体中鱼龙混杂的信息

自媒体的出现为广大公民提供了展示和表达自己的平台，公民开始将自媒体平台作为展示自己和实现自身价值的途径，这也导致一些盲目追求自身价值与集体利益冲突的事件时有发生。

2004年芙蓉姐姐在水木清华BBS上发布视频时，网红这一现象便初见苗头，无论是褒是贬，芙蓉姐姐的影响力无可厚非，当时每天平均有5000多人在等她的新照片和文章。《2016年中国电商红人数据大报告》指出，2016年红人产业产值预计将接近580亿元人民币。著名网红"papi酱"获得1200万的融资，个人品牌估值达数亿元。网红因其草根性的特殊性质，任何人都有可能因其发布的视频而走红，一些网红为了追求成名无所不用其极，其中一些负面因素容易对社会产生不良影响。如2016年年初仅斗鱼直播平台的网络直播就出现了两起涉黄事件,此外,熊猫 TV 也在 3 月初被网友爆出了不雅视屏的截图。有些网红挑战监管底线,发布含有色情、暴力等元素的视频,甚至将"网红"变成了"网黄"。

这些是盲目追求自身利益导致损害集体利益的典型案例,其行为扰乱了社会稳定,破坏了构建和谐社会的大好局面。如果任由"黄、非"横行,社会秩序和经济秩序就会遭到严重破坏,社会道德、社会公德、社会安定,特别是未成年人的健康成长也将会受到重大冲击。

四、自媒体的纠错机制不够完善

自媒体纠错机制不够完善主要体现在两个方面:一是信息发布后,若发布者发现错误纠错困难;二是相关部门对错误和虚假信息的监管力度不够,很多时候是恶劣影响已经出现,当事人澄清及相关部门核实后,相关部门才出来监管和治理,效果不够理想。

2018 年 2 月 8 日,凌晨 1 点多,微信公众平台告知了一项贴心功能,那就是"公众号文章可以修改错别字了"。运营者发现错误能够及时修改,读者也可以增强阅读体验。

众所周知,在这项功能上线前,已经发布的微博、微信是不能再编辑的,只能通过删除后重新发布来修改错别字。虽然微信公众号给出的官方解释是,严格如纸媒,希望每一条推送都是经过深思熟虑的。但是,因为推送内容有误而删除的推送时有发生,此次新功能上线确实带来了很多便利,但是每篇文章只允许被修改一次,修改范围仅限正文内 5 个字,一定程度上限制了纠错范围,不能实现完善的自媒体纠错。

第四节　自媒体需要把关人

一、把关人理论的诞生

1947 年,卢因在《群体生活的渠道》一书中系统论述了把关人这个问题,他认为在群体传播过程中存在着一些把关人,只有符合群体规范或把关人价值标准的信息内容才能进入传播的渠道。1950 年,传播学者怀特将社会学中的这个概念引入新闻传播领域,发现在大众传播的新闻报道中,传媒组织成为实际的"把关人",由他们对新闻信息进行取舍,决定哪些内容最后与受众见面。从此,新闻选择的"把关人"理论由人们的不自觉行为变为大众传媒组织的有意操作,在更大范围和程度上或明或暗地影响新闻实践。

通俗地说,"把关人"指的是:在大众传播的过程中,负责搜集、过滤、处理、传播信息的传播者,他们的行为就是"把关"。

传统媒体时代一般认为,所谓的把关人就是报刊、广播或电视里的记者、编辑等,他们都是经过专业训练的社会精英,熟知传播的规律和技巧,业务基础扎实。同时,由于传统媒体占据社会资源、人力资源及公共平台,是政府的喉舌,传统媒体的把关人也具有构建社会主流价值观的作用和能力。

正如麦克卢汉所言"媒介即技术",技术水平的发展决定了媒介生态环境,"自媒体"时代的到来，是技术发展的必然结果，也带来了媒介生态环境的巨大改变，从台式电脑、笔记本电脑、平板到智能手机，从 QQ、微博到微信，民众实现了随时随地发声的愿望，而且其声音还会迅速被传播出去。从自媒体发展 10 余年的经历来看，吉默尔当年的洞见，"自己动手做新闻"的时代已经到来。

和技术水平高速发展同步的是人民生活水平的提高，根据马斯洛需求层次理论，人的需求分为五个层次，即生理需求、安全需求、归属与爱的需求、尊重需求和自我实现的需求，它们依次由较低层次到较高层次排列。温饱实现后，民众的精神需求和自我实现的需求不断增加，伴随着民众需求兴起的是类型繁多的自媒体，而且一经问世便迅速风靡，比如 2003 年成立于上海的大众点评网，作为本地生活信息及交易平台，大众点评不仅为用户提供商户信息、消费点评及消费优惠等信息服务，同时也提供团购、餐厅预订、外卖及电子会员卡等 O2O 交易服务。2016 年 1 月，美团-大众点评旗下 App "大众点评"荣登"2015 腾讯应用宝星 App 榜"，喜获"年度十大最受欢迎 App"。"直播"平台的出现则实现了民众满足自我展示和自我实现的需求。

二、"草根媒体"的把关人

自媒体因自主性、零门槛、实时动态交互的传播特点，在极短时间内冲破了由传统机构精心维持的长久垄断地位，将发布权交还到每个用户手中。广大的受众群体改变了以往被动接收、无权选择的消极处境，成为自媒体时代的主人翁。有学者兴奋地宣称：自媒体带来了"全民创作"的时代！

虽然自媒体被称为"草根媒体"，但大量具备专业知识的媒体人涌入却是无可辩驳的事实。根据背后运营主体，自媒体可分为草根型与精英型两种类型。

理论上，自媒体时代的到来为草根民众带来了难得的发展机遇，然而，由于多种因素的限制，目前多数领域仍是媒介行业精英在"把关"。众所周知，精英与草根之间仍然横亘着巨大的数字鸿沟，明星的微博关注量可以达到上千万，行业精英的关注量从几十万到上百万不等，而草根民众的微博关注量上万的都鲜有出现，突发事件发生时，草根民众的消息传播途径是"人传人"，而精英的消息传播途径是"点到面"。

但是，不能否认草根民众在突发事件中的"把关"作用，他们在一定程度上决定了传播的形式和内容以及传播角度，而这种把关也会影响到消息的接收者。以"乔任梁死亡事件为例"，上海警方公布某 28 岁男性非他杀性死亡，乔任梁经纪人确认其死讯之后，一些网友开始造谣死因，除了毫无根据地疯传虚假死亡真相，更有自媒体人以各种夸张和耸人听闻的标题描述其"SM 传闻"，一时间关于其"SM 死亡"的消息甚嚣尘上，对死者及其家人造成了极大的"二次伤害"。

但是文艺传播领域，经营较为成功的多为精英型，主体通常是某行业资深人士或技术派，具有特定领域的知识背景与工作经验，坚持独立表达，写作分析能力较强，能创作出具有特色、受大众喜爱的原创作品，并持续更新，以保持稳定、可观的订阅量。此外，这些人具有媒体运营能力与经验，熟谙媒体运作规律，有敏锐的选题眼光和对受众兴趣点的精准把握，这在"信息过剩"的当下尤为重要。如，由曾供职于《Vista 看天下》的资深娱记萝贝贝创建的微信公众号"严肃八卦"，由北京师范大学文学院师生创建、标榜趣味的"章黄国学",一俗一雅,皆是自媒体成功的范例。

还有一个成功的公众号案例是"灵魂有香气的女子",《灵魂有香气的女子》是由中文系毕业、曾担任《安徽商报》财经新闻记者和安徽商报广告中心副主任的作家李筱懿出版的女性修心的随笔集。该书讲述了张幼仪、林徽因、唐瑛、江冬秀、宋美龄等26个女神的故事。这本书揭开了一些不为人知的往事,推翻了一些既有的先入为主的观念。这本书不仅是众多优秀女子的人生,更是所有女人的生活启示录,引起了女性们的共鸣。2014年李筱懿与搭档陶妍妍共同创立女性主义公众号"灵魂有香气的女子"。李筱懿在这个公号上以"成长比成功更重要"的理念,打造都市女性生活社群,广受好评与欢迎。"灵魂有香气的女子"公众号的定位是"中国中产阶级第一女性成长平台",用户88%为女性。李筱懿专业的学科背景和媒体从业经历是其公众号成功的重要原因之一,2015年10月,其公众号获吴晓波"狮享家"新媒体基金首轮融资,估值3000万,融资300万,2016年2月,沟通第二轮融资,估值高达1.5亿元。

自媒体时代,自媒体赋予了草根阶级信息发布和接收的双重权力,在突发事件的信息传播中草根民众是"把关人",他们决定了传播的形式和内容以及传播角度。但是在高质量文章或文艺作品的传播中,草根民众却鲜有成为"意见领袖"的案例,一是由于传播质量的欠缺导致大多数草根在面对需要深度剖析的案件时,只能被动或消极接收。二是由于草根民众渠道拓展不开,难以实现宽领域延伸,并且缺乏合作意识,各自为政,孤军备战。作品无法在更广阔的范围被接收,一经发布便迅速淹没在劣质品的大潮中。从文艺接受的角度看,没有被接受、被消费的作品只是孤零零的"文本",无法成为真正的"作品",空有价值的可能性,而无法被读者填补、实现。因此,"只读不写"与"有传无受"是草根自媒体营养不良、畸形生长的根本原因。媒介行业的精英在大多数领域仍是自媒体的"把关人"。

三、合理使用知情权

自媒体时代的到来,使得知情权成为受众关心的重要问题。何谓知情权?知情权是指知悉、获取信息的自由与权利,包括从官方或非官方知悉、获取相关信息。狭义的知情权仅指知悉、获取官方信息的自由与权利。随着知情权外延的不断扩展,知情权既有公法权利的属性,也有民事权利的属性,特别是对个人信息的知情权,是公民作为民事主体所必须享有的人格权的一部分。

美国记者肯特库伯首先明确提出知情权这一概念。他极力主张知情权,直到"二战"结束后,1996年美国联邦最高法院通过了《信息自由法》并确认了"知情权"。知情权是民主政治和法治社会发展过程中的一种必然要求和结果,在过去是公法领域的概念。在当今社会,随着知情权演变发展为一项独立的权力,其涉及范围不断扩展,已经涉及公法领域和私法领域。很显然,公民有权力了解社会公共事件、国家重要政策决定和国家处理公共事件的方法与结果。"知情权是公民行使其他一切民主权力的前提,没有知情权,其他公民权利,如言论自由、选举权、参政议政权、监督政府的权力都是一句空话。"

一般来讲,受众对知情权最迫切在意的是,一些与受众切身利益相关的突发事件爆发时，受众要求获知信息，这些信息直接关系到社会的运行效率，甚至涉及民众的财产和生命安全。但是，有关研究表明，与受众利益密切相关的80%的重大信息掌握在政府手中。

以往的媒体，对于突发事件处理的观点是"淡化"，担心"坏消息"传播开以后会引起民众的恐慌，引发社会动荡，处理起来更加困难。这种做法短时间内确实可以压住一些不良影响，但是长远来看，会引发更多问题。2003年"非典"就是最好的例子。正如社会心理学的有关研究表明，面对突发事件，在"权威"声音缺席的情况下，得不到可靠信息指导的公众往往只会重视直观看到的现象，更倾向于相信多数人的意见和行为信息，从而丧失基本的理性判断。再加上人际传播失真性高的特点，信息会越来越背离事实本身。① 为了正确引导舆论和人们的认识，媒体开始大面积辟谣，随着信息的透明和媒体的适时引导，传言才渐渐散去，人心趋于平稳，在这一过程中，人们借助媒体从不了解"非典"到耳熟能详，从恐慌惧怕变成科学对待。

"非典"之后，民众对知情权的需求更加迫切和明确，信息公开成为维护受众知情权的首要条件，受众知情权也是保证媒体公信力的核心力量。政府部门也更加注重信息公开，虽然近年来通过建立新闻发言人制度、打造"网上政府"等方法，群众缺少知情权的不利局面正在改善，但信息透明度与受众知情权的要求还有一定的距离。

从新闻媒体中了解信息，是受众享有和行使知情权的重要途径。自媒体出现后对传统的新闻传播模式产生了很大的影响，自媒体对新闻的敏感度、超高的传播效率、几何级数增长的传播速度及范围，使其成为新闻传播的高效载体。汶川地震整个事件过程中，自媒体公共舆论对灾区的报道成为外界群众获得灾区信息的主要渠道。此外，过去消费者对商品的知情权完全依赖于厂家的说明和销售介绍，即使再诚信的厂家也会夸大自己的产品质量和功能。但是在网络论坛和一些权威网站上，人们可以获得对商品客观的评价，确保了消费者对商品的知情权。

2105年天津发生火灾爆炸事件，此消息首发在自媒体微博平台，引发了全国人民的关注，人民日报、央视新闻、人民网、澎湃新闻等主流媒体和其所办新媒体账号先于传统媒体发声，成为此事故信息的主要汇集窗口。特别是事故发生之后，事故现场因仍有二次爆炸的危险被封闭戒严，在灾情信息需求之下，人民网、央视、财新等多家媒体甚至运用了无人机航拍爆炸现场，传递回了极为震撼而直观的视频、图像资料，极大满足了公众的知情权。据不完全统计，截至8月14日15时，天津爆炸事故网页新闻量达到4.4万条，微信6万篇，新浪平台"#天津塘沽大爆炸#""#天津港爆炸事故#"两个微话题阅读量高达25亿人次，讨论量接近460万条，引起舆论的广泛热议。②

自媒体作为交流和传送信息的工具，在强调知情权的同时，网上信息也容易侵犯到个人隐私，如网上的视频短片、图片报道有些是靠偷拍得来的，涉及个人隐私和名誉权。因公共知情权而侵犯个人隐私的事例相当多，最典型的是以公共知情权为名对娱乐

---

① 马嘉. 关注受众知情权 媒介更具公信力[J]. 剧作家，2009(2)：165-166.
② 卢永春，谢倩雯. 舆情传播分析：天津爆炸事故主流媒体报道分析[EB/OL]. [2015-08-14]. http://yuqing.people.com.cn/n/2015/0814/c354318-27465252.html.

明星隐私的侵犯。娱乐明星作为公众人物，其隐私权应该受到一定的限制，但是这种限制应以社会公共利益和公众合理兴趣为限，现在部分记者/媒体不顾底线，揭露娱乐明星隐私，实则构成对其隐私权的侵犯。

因此有必要对自媒体搜集个人数据、传播个人隐私的行为进行规范和限制，避免片面强调知情权而侵犯隐私权，但同时也要避免为了保护隐私权而侵犯受众的知情权。这两者如何协调好，值得加以深入的探讨。

协调好知情权与隐私权的关系，需要对信息发布源进行控制。自媒体的诞生使得任何人都可以通过移动设备用他们喜欢的形式发送自己喜欢的文字、图片等，这就导致了传播形式和内容的多元化，以及传播质量的参差不齐。在这种情况下，规范信息源就要明确广大受众享有信息发布的权利，同时要为其传播内容负责。

自媒体时代网民的信息发布权，也可以称为网民的自由表达权。表达自由所涉及的各项权利和自由有一个产生、发展和演变的过程。在不同的历史时期，人们对所享有的表达权利的理解是不同的。在以互联网为主要传播媒体的时代，网络表达权作为表达权利不断扩大的阵营中的一员，既具有表达权利的基本要义，又具有新时代的特征。网络表达权是一项新时代的人权，是网络人权。网络人权是网络信息化时代的核心概念之一，而人权概念在网络技术发展所带来的巨变中需要进行重新建构。近年来发生的一些有关网络表达权、隐私权、知情权和参政权以及信息网络传播权的案例或者讨论正是一个很好的说明。网络人权概念的提出，有利于建立健全比较完整的网络人权保障体系。基于对公民的基本人权的认识，我们可以把网络人权概括为：公民在使用和利用互联网的过程中所享有的一系列公民基本人权或公民基本权利，既包括政府对公民在使用、利用网络过程中依法进行规制、管理，也包括为公民基本权利不受侵犯所提供的相应的制度性保障和救济。

网络表达权，简单地说，就是处于网络环境下的自由表达的权利。网络表达是相对于传统媒体的表达方式而言的，由于互联网较之传统媒介的独特性，因此将网络表达权单独列为一个主题进行研究。网络表达自由权是在互联网技术与网络文化之下，基于公民表达自由权而产生的衍生权利，是互联网发明至今对于现实社会公民权利的技术保障表现，网络的特性决定了网络表达有别于传统表达介质的环境与氛围。它实际上是一种因使用和利用计算机互联网络所产生的基于表达自由的一系列基本人权或公民的基本权利，其本质仍属于传统人权和宪法保障的公民基本权利的讨论范畴。基于以上对表达权和表达自由的认识，我们可以把网络表达权概括为：在法律规定或认可的情况下，公民利用网络作为传播媒介，自由表达或公开传递思想、意见、主张、观点、情感和信息、内容等，而不受他人干涉、约束或惩罚的公民基本的表达权利。

网民虽然具有网络表达权，但是公民的知情权与网民的表达权都应是推动民主法治、社会进步进程的助推器。如何正确的发布信息、合理的使用表达权，历届国家领导人都有明确的指示：江泽民指出，宣传思想战线应坚持贯彻党的路线方针政策，努力以科学的理论武装人，以正确的舆论引导人，以高尚的精神塑造人，以优秀的作品鼓舞人，为改革开放和现代化建设提供了有力的思想舆论保证。胡锦涛指出，新闻宣传工作应坚持正确舆论导向，提高舆论引导能力。

习近平总书记提出了新闻宣传工作的"48字方针",即:高举旗帜、引领导向、围绕中心、服务大局、团结人民、鼓舞士气、成风化人、凝心聚力、澄清谬误、明辨是非、联结中外、沟通世界。

总之,自媒体在进行信息发布时,应牢记职责和使命,必须把政治方向摆在第一位,牢牢坚持党性原则,牢牢坚持马克思主义新闻观,牢牢坚持正确舆论导向,牢牢坚持正面宣传为主,弘扬社会主义核心价值观、弘扬正能量、努力建构积极向上的舆论场。

四、自媒体传播要注意形象

麦克卢汉认为,媒介最重要的方面在于传播的技术。自媒体赋予了公民权利,从BBS到博客、微博,社会大众的话语"表达权"和信息"分享权"得到极大满足。网络直播则是对公民话语权的再次升级,是对资源配置的进一步"去中心化"。人们可以运用现有的表达方式以最快的速度向世界"喊话",人人拥有大众传播的能力、机遇和途径。话语权是一个社会重要的资源配置对象,在很大程度上影响着社会关系的特征。福柯认为,权利是通过话语发生作用的。哈贝马斯认为,人是沟通的存在物。沟通权利与形式的改变,必然带来人际关系的变化。吉登斯认为,信息技术改变的不仅是人们相互沟通的方式,还有整个社会是如何组织的问题。网络直播无疑是对社会沟通及组织结构产生重要影响的媒介技术,因此,深度掌握这一新媒介的传播规律与权力运行特征,对于社会的良性互动与和谐发展意义重大。

"直播"是电视早期的主要播出方式,1927年9月,声画同步的电视直播节目诞生。1958年5月1日,北京电视台(中央电视台前身)成立,6月15日,我国第一部电视剧《一口菜饼子》以直播的形式播出;6月19日,成功直播一场篮球比赛。1959年,美国安倍公司开发出了四磁头录像机,录播节目才开始逐渐取代直播节目。但是电视直播从未停滞,约翰·埃利斯认为:"在频道——其实是媒介——倍增的时代,电视正在越来越多地依赖对'现场直播'展现特殊事件(特别是体育赛事)的强调和通过'真实电视'这样的娱乐体裁对独占现场的新节目形式的生产。"风靡欧洲的真人秀节目《老大哥》就是典型案例。

在中国,电视直播逐渐成为重大事件、活动仪式播出的标配和传统,如香港回归、奥运会、春晚等。但最近几年,一种新的直播技术——依托于互联网传输的"网络直播"成为媒介与社会的双重热点,大批主播上线,受众广泛参与,产业规模速增,2016年更是被称为"直播元年"。中国互联网中心数据显示,截至2016年年底,我国网络直播用户规模达到3.44亿,占网民总体的47.1%,其中最为抢眼的"秀场直播"使用率达19.8%。"网络直播"尤其是"手机移动直播",一举改变了人们对视频直播的"专属化"认识,打破了生产主体与生产设备的行业封闭性,普通公民拥有了直播权,实现了人类信息传播的最理想状态:"直播"从"高端仪式"变为"日常行为",因此"直播"必须被重新理解。①

---

① 贾毅. 网络视频直播的公民赋权与冲突[J]. 现代传播(中国传媒大学学报),2017(10):20-24.

自媒体赋予了公民视频媒介拥有权——个人电台、话语表达权——以主播或受众身份传播信息，创造了宽松自由的多元化话语表达场域，在此场域下，主播与受众、主播与主播、受众与受众之间"多点互动""集体展演"。主播通过有声语言、肢体语言、服饰语言、空间语言等多种手段传递信息，进行表演，这就让人联想到了戈夫曼的"拟剧理论"。

戈夫曼把戏剧比拟引入社会学，开创了社会学理论中的戏剧分析范例，因而他的理论一般被称为"拟剧论"。他把社会中的人看做是舞台上表演的演员，利用各种道具——符号（语言、文字、非语言肢体或者表情等）预先设计或者展示自己的形象——来进行表演，并努力获取好的效果。戈夫曼使用了许多戏剧的术语，如剧本、舞台、演员、观众、表演、前台、后台和面具等。他运用剧场语言来描述自我在日常生活中的表演，这种通过虚拟戏剧方式来研究社会互动的理论就叫做"拟剧理论"。正如莎士比亚《皆大欢喜》中所描述的那样："整个世界是一个舞台，所有男女不过是这舞台上的演员，他们各有自己的活动场所，一个人在其一生中要扮演很多角色。"

因此，戈夫曼的拟剧互动理论实质是"印象管理"。"印象管理"即如何在他人心中塑造一个自己所希望的印象的过程，或者说当人们观察到他们时，他们应如何表现自己。

戈夫曼认为，人们经常在前台表演中努力展现自己理想化的形象，以获得受众好的印象。大家熟知的就是"明星人设"，人设，就是人物设定。这个词最早发源于动漫圈，指的是设计师对角色外表、服装、表情等细节的绘制。随着时间的推移，人设逐渐被推广开来，蔓延至娱乐圈的时候达到了最高发酵值。

娱乐圈的人设，就是对明星的包装。应该看到，演艺圈的本质，就是商品与消费，明星是商品，粉丝则是消费者。演艺圈有无数专业的经纪团队、宣传团队，他们的工作就是结合明星的外貌、性格、才艺，甚至家庭背景、成长经历等，为明星进行完美的包装，这个包装的结果就是人设。

比如可以将一个虚伪、浅薄、缺乏文化素养的人，包装成一个优雅礼让、充满禁欲气息的男神。此时，让粉丝着迷的并不是明星本人，而是以明星的外在条件为基础、由演艺公司打造出来的人设。很多明星其实就是"按照一个既定的人设打造出来的，他遵循的是一个一劳永逸的逻辑，一好百好，一旦人设设定，就要永远演下去"。比如"深情好男人——薛之谦""人美心善玛丽苏——林心如""有文化的老干部——靳东""爱粉丝有礼貌的长青歌手——周杰伦""努力敬业的好演员——赵丽颖"等，随着自媒体的兴起，尤其是明星微博的流行，明星及其幕后团队利用微博等自媒体平台不断强化其"明星人设"，比如靳东从《伪装者》《外科医生》《欢乐颂》到《我的前半生》，其塑造的角色都是稳健、睿智的中年男子，"老干部"之称由此而来，靳东也反复强调自己在生活中也是这样的人，为了强化其老干部形象，微博发文一律使用繁体字，内容大多是学习、思考人生和一些鸡汤。这就是通过前台表演进行"印象管理"。

但是，随着自媒体的发展，尤其是明星，其言行都会经过360度无死角的放大，自媒体的放大镜固然可以将人设的好放大无数倍，可不经意间露出的蛛丝马迹也同样会被放大无数倍，若某一天东窗事发，一切经营瞬间灰飞烟灭，出现所谓的"人设崩塌"。

比如通过贩卖"段子手""深情""努力"人设的薛之谦，在高调复婚之后可谓达到他事业的巅峰期，他一定不会料到，会在这个时候露出马脚。靳东先是被网友揪出"诺贝尔数学奖"的错误，用凡·高没说过的话发微博，被嘲没文化；后来又被金星质疑演技，总是老一套。周杰伦因为看到安保人员丢歌迷的灯牌而发飙"给我滚出去"，惹来不小的争议。

有人说，这个时代的粉丝爱上的不是明星，而是明星的人设，一旦明星的人设崩塌，他们很快脱粉，甚至"粉转黑"，因为太了解明星的点点滴滴了，所以黑起来是刀刀致命。可谓成也人设，败也人设。

演艺明星是当代社会最优越的群体之一，顶级娱乐明星的收入和社会影响力都可谓登峰造极，许多儿童、青少年把明星视为自己的偶像，从衣着到言行都极力地模仿他们。西方发达社会对娱乐明星的管理已经较为成熟，他们能做什么，不能做什么，做错事会受到什么样的惩罚，都有明确的规定。相较而言，中国的明星管理市场规则较弱，"自由多""特权多"，社会缺乏有效的管理机制，他们的成长更多靠"自觉"，这某种程度上也为明星行为的失范提供了温床，这种失范会对青少年产生极大的不良影响。

自媒体发展带来了"直播"热潮，直播技术赋予了所有个体均等的媒介开设权利，实现了信息传播欲望的按需分配，但传播规模与实际传播力却不可能人人均等或按需分配，直播频道的实际"粉丝量"与"收视率"相差悬殊。名人可以直接将现实社会的人气移植到直播频道，从而具有较高的收视，比如傅园慧在映客直播首秀，半小时受众达800多万。素人主播中人气高涨的也有几千万的粉丝量，但更多的素人直播是自娱自乐，少有人问津。由于自媒体"直播"打赏支付的设置，赢得受众的关注和喜爱也意味着赢得了金钱，据不完全统计，拥有几十万以上粉丝的主播，月收入可达百万。

于是为了抢夺受众和金主，加之中国娱乐市场尚不成熟，在相对自由的直播空间里，主播们尝试各种规则与不规则的传播行为和符号制造，推出各种"独特产品"，甚至不惜违背道德伦理、触碰法律界限，直播中搔首弄姿、身着暴露……直播生小孩、直播洗澡、直播醉驾等，身体、隐私、生命被当成收视的砝码，网络直播成了"文化奇观"的秀场。为了追求成名无所不用其极，其中一些负面因素容易对社会产生不良影响。

2017年年底，"PG One《圣诞夜》"事件引发了全民关注，官方和主流媒体也纷纷发声，引导舆论，树立正确的价值观。共青团中央通过其官方微博公开发表声明，指出这首歌曲可能教唆青少年吸毒，并强调：公众人物在网络空间更应积极树立公共标杆，给青年人以正确的引导，假如真的"纯白色的粉末在地板上走"，已经触犯了国家的相关法律。

自媒体时代，大众通过微信、微博、QQ、博客、论坛等平台进行表演，这种表演既是形象的展示，也是观点的交流，由于自媒体传播具有跨时空性、泛在性、零延时性、强互动性、群体极化性、井喷式爆发等特点，参与者可以自由地表演和发表观点，同时受法律和伦理道德的约束较轻，表演和信息质量参差不齐的现象不能完全避免。我国现在的自媒体环境迫切需要国家的监控和管制。

2016年，斗鱼、虎牙直播、YY、熊猫TV、战旗TV、龙珠直播、六间房、9158等多家网络直播平台均被列入第二十五批违法违规互联网文化活动查处名单。文化部方面指出,这些平台涉嫌提供含有宣扬淫秽、暴力、教唆犯罪、危害社会公德内容的互联网文化产品。此次被查处的网络直播平台主要有两类违规情形:一是演艺类直播平台提供含有宣扬淫秽、色情、危害社会公德内容的网络表演。二是游戏直播平台提供含有赌博、暴力、教唆犯罪内容的游戏内容展示。①

文化部、全国"扫黄打非"办公室等部门多次查处违规直播平台和网络主播,国家网信办发布了《互联网直播服务管理规定》,对互联网新闻信息服务直播平台资质、直播平台的内容管理、网络直播信用体系等提出了具体要求,一定程度上规范了直播平台的"形象表演"。但是这不能完全解决问题,要实现传播质量的提高,在国家加强监管的同时,还需表演者注意自身形象,加强自我约束与管理,不断提高自身素质,注意在传播(或表演)过程中,传播真善美、摒弃假恶丑,多些社会责任感,注重追求长远利益。

2005年10月,在广泛征求社会各界意见后,韩国政府发布"网络实名制"规定。根据该规定,网民在网站留言,建立和访问博客时,必须先登记真实姓名和身份证号,通过认证方可使用。2006年年底,韩国国会通过了《促进信息通信网络使用及保护信息法》修正案,规定主要门户网站在接受网民留言、发布照片和视频等操作前,必须先对网民个人的真实姓名和身份证号码等信息进行记录和验证,否则将对网站处以最高3000万韩元的罚款。由此,韩国成为世界上首个强制推行"网络实名制"的国家。一定程度上规范了表演者的形象塑造。② 但是韩国的实名制由于侵害匿名表达权和个人信息安全最终被废除。

然而这并不意味着无需对网络生态进行监管,实名制只是增强网民责任意识的一种途径,我们还可以利用TCP/IP号、IP地址的显示,来约束表演者注意形象,形成积极向上的舆论场。

综上所述,自媒体表演要注意形象,形成积极向上的媒介生态环境,一方面需要国家对网络生态进行宏观监管;另一方面需要表演者不断提高自身素养,提高自身认识、辨别、评价信息能力的培养,还要提高自身运用信息的能力。

思考题

1. 如何理解"自媒体"的真正含义?
2. 自媒体时代的主要特征是什么?
3. 自媒体传播有哪些特性?
4. 自媒体传播的负面影响有哪些?
5. 谁是自媒体传播的把关人?

---

① 魏蔚,姜红. 因内容违规 斗鱼等多家网络直播平台遭查处[N]. 北京商报,2016-04-15.
② 曾思雪. 韩国网络实名制的废除及现状[J]. 新闻研究导刊,2015(14).

第十章 再论网络游戏

第一节 网络游戏益人论

一、网络游戏产业的兴起

伴随着网络的发展，电脑和宽带已经成为部分同学的必需品，足不出户就可以跟朋友聊天、观看电影或者玩网络游戏。网络游戏是俘获人数最多的领域，如今的网络游戏产业已经粗具规模，2017 年发布的《中国游戏产业报告》中的每一个数字，都是中国玩家氪金指数的体现，也是游戏产业规模巨大和潜能无限的体现，2017 年中国游戏市场实际销售收入达到 2036.1 亿元，同比增长 23.0%。在游戏产业中，手游和端游是最为重要的两个组成部分。

一直以来，端游都占据着绝对的优势，但是手游的增长速度迅猛，从去年开始，移动游戏的实际销售收入已经超过了端游，成为游戏产业最重要的构成部分。2017 年移动游戏实际销售收入 1161.2 亿元，同比增长 41.7%，市场份额也继续增加，占游戏产品总销售的 57.0%。报告显示，2017 年中国移动游戏用户规模达到 5.54 亿人，同比增长 4.9%。客户端游戏的收入情况也出现了一定的回暖迹象。中国客户端游戏市场实际销售收入达到 648.6 亿元，同比增长 11.4%。

伴随着这些天文般的数字，网络游戏已经逐渐专业化了，电子竞技的观念也开始深入人心。电子竞技运动就是利用电子设备作为运动器械的人与人之间的智力对抗运动，它可以锻炼和提高参与者的思维能力、反应能力、心眼四肢协调能力和意志力，培养团队精神。电子竞技也是一种职业，2008 年，国家体育总局将电子竞技改批为第 78 个正式体育竞赛项。2017 年 10 月 28 日，在瑞士洛桑举行的国际奥委会第六届峰会上，代表们对当前电子竞技产业的快速发展进行了讨论，最终同意将其视为一项"运动"。以上的种种，充分说明了网络游戏和电子竞技已经被人们所认可，适度地进行游戏娱乐对人们的情绪和大脑是有益的。

二、网络游戏开发智力

网络游戏对于人智力的开发主要体现在锻炼人的反应能力和临场处理能力。一个国际研究小组在英国杂志上发表报告称，他们对一些常玩电脑游戏的青少年大脑进行扫描发现，他们的大脑结构与其他青少年相比有所不同。利用磁共振成像技术进行的大脑扫描显示，"频繁的游戏玩家"大脑中的"腹侧纹状体"比其他人要大。"腹侧纹状体"被称为大脑的"激励中心"，与奖励反馈有关，常常在人们得到外界回报时发挥作用，例如享受美食的时候。在国内，一些大型网络游戏常常会以我国古代社会或者是名著作为游戏背景，玩家在玩游戏的时候会无意学习到很多相关知识，例如《梦幻西游》，该款游戏就是以《西游记》为背景，取材于盛唐时期，游戏中的乡试和科举，可以让玩家学到游戏之外的一些知识，可谓一举多得。

网络游戏还可以使人大脑得到类似健身一样的"锻炼"，延缓衰老。美国有学者邀请40名年龄在60岁至80岁的老年人参与研究。他们被随机分为两组，一组在1个月内接受23小时的游戏培训，另一组不接受培训。培训游戏名为"国家的崛起"，是一款在美国时下热卖的电子游戏，类似于《洪水警戒》和《帝国时代》。该游戏要求玩家具备同时处理多项任务的能力，包括选择正确的军事战略、建造城池、管理经济和养活人口。研究结果表明，电子游戏使玩家"保持警觉"，能帮助提高老人的记忆力、分析能力和同时应对多种状况的能力，有利于对抗大脑衰老。有位百岁老人虽然年事已高，但依然保持着健康和快捷的反应力，使不少人惊叹。有趣的是，老人表示自己的长寿秘诀是玩网络游戏。她说，这无法用言语表达。若没有网络游戏，都不知道该如何生活。从这些角度来看，网络游戏确实有一定的积极作用。当然，这只是个别案例，并不能证明玩游戏能起到"抗衰老"的作用。

一些背景合理、设计精美、剧情有趣的网络游戏确实可以让玩家实现玩中学，网络游戏本身就能锻炼人的大脑思维，因为在网络游戏中，想要取得出色的成绩，就必须要同游戏设定的程序或者是游戏中的其他玩家进行对抗，从而在一定程度上促进人们的智力发展。

三、网络游戏愉悦人生

除了竞技属性极强的游戏之外，一些小游戏会起到休闲娱乐的功能，对人生和社会也有一定的启迪作用。有学者认为："愤怒的小鸟"这一款游戏，里面不同种类的小鸟在解救被囚禁的小动物时，虽然困难重重，挫折不断，令人感到绝望。但是，只要坚持不懈，一定能够找到解决的办法。"愤怒的小鸟"给我们树立了这样一种人生观：在任何情况下都应"不放弃，不抛弃"。三四只小小鸟儿，因为心中有爱，有理想，肯舍生取义，便无坚不摧，无往不利。再渺小的力量，只要有信念，能坚持，就一定能取得成功。

休闲类的小游戏通关都是建立在不同策略上的，例如《愤怒的小鸟》中功能不同的鸟类，《植物大战僵尸》中作用不一的植物。玩家只有在了解了这些小鸟和植物的作用之后，并加以合理正确的运用，才能成功地通过一个又一个关卡。这样的策略小游戏就是在暗示这样一种社会观：每个人都应该清楚自己的能力，明确自己的作用，在社会中找准自己的位置，这样社会通过对每个人的能力进行整合，就可以达到繁荣昌盛。只要愿意思考，小游戏中也能悟出大道理。

四、网络游戏扩大朋友圈

技术不断进步给游戏开发者提供了各种可能,这些可能会不断地反映在游戏当中。人之所以为人,社交需求是固定存在着的,所以,社交属性是大型网络游戏的重要属性之一,现在市面上几乎所有的游戏都有配套的社交系统,通过游戏中的社交系统我们可以找到适合自己的游戏好友,通过游戏结交朋友,可以不考虑职业、地位、身份、文化程度等条件,人与人之间的地位相对是平等的。

"有时心烦或是想聊天时会和不认识的人聊天。因为在现实中你想找别人说话时别人不一定有时间,所以就在网上找人了,反正是说说话么,说说心情就好了。比如说找什么资料,在网上发个帖子就会有很多人回复,很有效。反正在网上人们都不知道对方是谁,一般都把对方想得很美好,很热心的。"一位被采访的大学生游戏玩家如是说。通过游戏中的好友、帮派、师徒等,可以最大程度增加玩家对于游戏的黏性。

可以说,如果一个游戏社交系统做得不好,那么它是发展不起来的。游戏本身的设置好、体验好、可玩性高才能留存更多玩家。但是社交游戏能够引起病毒式传播,并且帮助用户沉淀下来。腾讯公司是我国市值最高的互联网公司之一,其中游戏又是其做得最好的领域,拥有大规模的QQ和微信用户数量,再加上自己公司开发出来的画面精美、剧情有趣、顺应潮流的端游手游,近几年火爆中国的游戏基本上都出自腾讯之手,QQ飞车出现之后,跑跑卡丁车就隐匿了,穿越火线公测之后,CS就不火爆了,英雄联盟出现后,起凡对战平台、真三国无双等MOBA游戏平台就成明日黄花了。

腾讯如此傲人的游戏成绩,与其较大的用户规模是分不开的,人在社会之中,必然要受到社会趋势特别是身边朋友们的影响。"从众"也是人的社会属性之一。从心理学角度来说,从众就是个体会在群体的压力下改变个人意见而与多数人取得一致认识的行为倾向,从众行为是社会生活中普遍存在的一种社会心理和行为现象。因此,腾讯公司开发出的游戏是最容易引发大规模社会从众行为和病毒式传播的。

电子竞技想要获得社会的关注,最为直接的方法就是举办比赛,比赛的覆盖范围越广,受关注的程度就越高。举办电子竞技比赛,已经成为一款游戏成功运营的重要因素。世界上最受关注的游戏竞赛,应该是《英雄联盟》S系列的世界赛了,英雄联盟全球总决赛是所有英雄联盟比赛项目中最高荣誉、最高含金量、最高竞技水平、最高知名度的比赛。其参赛者均是来自各大赛区最顶尖水平的战队,只有在每一年的职业联赛中表现出色的队伍才有资格参赛,每个赛区根据其规模和水平决定在总决赛当中的名额,全球13个赛区分别是:韩国LCK、港澳台LMS、欧洲LCS、北美LCS、中国LPL、独联体LCL、巴西CBLOL、东南亚GPL、北拉丁美洲LLN、南拉丁美洲CLS、土耳其TCL、大洋洲OPL、日本LJL。

除了英雄联盟赛事,地下城与勇士、穿越火线、DOTA等游戏都有国内与国际赛事举办,持续不断地给选手们提供证明自己、为国争光的机会,从这个角度来说,网络游戏所代表的电子竞技已经不再是洪水猛兽了,电子竞技同样可以"身披国旗,为国争光",这是网络游戏,特别是大型网络游戏的新功能体现。玩游戏,不再是玩物丧志,游戏玩得好,也不再是一无是处,电子竞技可以凭借不间断的赛事奖金和现在火热的直播行业等走上"人生巅峰"。

网络游戏所代表的电子竞技产业如今已经引入了相当多的资本,可以说前途一片光明。"三百六十行,行行出状元",电子竞技已经今非昔比了。

第二节　网络游戏误人论

世界著名的媒体文化研究者和批评家尼尔·波兹曼在他的著作《娱乐至死》中说道:"我们将毁于我们所热爱的东西!"[1]这句话用来描述网络游戏再适合不过。伴随经济社会的发展,我国居民收入不断增加,笔记本电脑已经成为大学生的标配。大学生通常被认为是网络上最为活跃的人群,电脑是大学生学习和生活的一部分,但它也是一把不折不扣的双刃剑。电脑使学生们接触到更多的信息、新闻与知识,丰富了他们的生活。但同时大学生相对自由时间多,很容易沉迷在网络世界的各种诱惑之中,产生"网瘾症"。所谓"网瘾症",也叫"上网成瘾综合症",其表征是长时间沉迷于网络(每天8小时以上)不能自控;行为乖张并伴随视力下降、神经衰弱等身心病态;在网欲得不到满足的时候精神空虚、心情暴躁,甚至会有暴力倾向,等等。[2]

我国青年学者王冲在《网瘾症的基本问题探析》一文中归纳了网瘾症的五种类型:(1)色情成瘾;(2)网络交际成瘾;(3)信息超载成瘾;(4)网络游戏成瘾;(5)网络视听成瘾。他也分析了网瘾症带来的多种心理危害,包括以虚拟代替现实的交往方式错位,长时间沉溺网络所形成的孤僻、冷漠、不合群、无责任感等人格和人性的异化,网上网下判若两人的多重人格和自我迷失,道德的失范和社会功能的退化,技术崇拜等。[3] 不论是哪一种成瘾,都会长期大量地占据大学生的学习时间和精力。这四种网络成瘾中,网络游戏成瘾是人数最多、占据时间最长的类型。

一、损害身体健康

长时间沉溺网络会对人产生一系列的伤害。最直接的,长时间使用电子设备会对人的视力造成严重的影响。据统计,现在大学校园中高达90%的大学生是近视,中国20~30岁的年轻人中有20%患有高度近视,究其原因:一是持续不断的学业压力;二是手机、平板电脑等电子产品的过度使用,牺牲了他们体育锻炼和户外玩耍的时光。当然,电子设备的普及对眼睛的危害,不仅会在青少年身上发生,同样会发生在成年人身上。虽然成年人的眼球发育已经基本完善,而且在传统观念中,近视基本不会发生在成年阶段,不近视的人可以从此高枕无忧,有近视的也不会再有大进展。可这些年,眼科专家们却发现,即便成年人的眼球已经发育完善,也架不住长时间近距离用眼的"摧残"。电子设备的屏幕越做越清晰,什么IPS屏,视网膜屏……概念层出不穷,但是有一个不变的定律就是越清晰的屏幕,它的刷新频率越高,人的眼睛是感受不到这种刷新

---

[1] [美]尼尔·波兹曼. 娱乐至死[M]. 章艳,译. 南宁:广西师范大学出版社,2011.
[2] 郭庆光. 传播学教程[M]. 北京:中国人民大学出版社,2011:124.
[3] 郭庆光. 传播学教程[M]. 北京:中国人民大学出版社,2011:124.

频率的，但是对眼睛造成的损害却是真实存在的。

眼睛不能长时间使用，但是身体却恰恰相反，往往是长时间不锻炼，身体素质会大大降低。当代大学生的日常状态就是"晚上不想睡觉、白天不愿起床""上课提不起精神、下课离不开手机""出门靠电动车，入门'葛优躺'"……一位从事高校教育工作的老师这样抱怨道。造成这种现象的原因是多方面的，其中玩手机、打游戏成瘾是比例最重的因素，大学生相对自由，闲暇时间多，所以很多大学生即使晚上关了灯，还会继续刷手机、聊天、玩游戏到大半夜。精神头不足，自然没有多余的精力去从事体育锻炼，大学生身体素质不如中学生，这已经成为带有讽刺意味的现实情况。

二、占用大量时间和精力

现在的大学校园为了让学生有充分的休息时间，会选择在晚上11点或者12点对学生宿舍进行断网断电，不得不说，这对学生是很负责的措施。曾有人对广西某大学进行过调查，该大学学生的"福利"较好，寝室24小时供电供网，学校的本意是给同学们一个相对自由宽松的学习环境。但是在调查过程中，凌晨3点，在随机选取的两层宿舍楼共计152个宿舍中，灯火通明、没有休息的宿舍有58个，由此可见，不按时休息的学生占了不小的比例。

在走访的这些宿舍中，将电脑用于学习的少之又少，多数同学在玩游戏，种类五花八门。在这些游戏中，最受欢迎的是一个叫《英雄联盟》的网络游戏。据了解，此类竞技游戏打一盘需耗时半个小时甚至超过一个小时，还需脑力和注意力的高度集中。一旦上瘾后，学生会把平时的精力都放到游戏上来，通宵达旦，从而挤压了学习甚至休息的时间，由于沉溺游戏，严重占用休息时间，久而久之就形成了昼伏夜出的坏习惯。轻者上课精神恍惚，无精打采，重者造成生物钟错乱，导致学业荒废。

大学生们应该认清自己的首要任务，大学这几年的时间可以让两个同起点的人相距甚远。大学相对于高中来说可支配的时间多了很多，这些多出来的时间应该用来做有意义的事情和努力学习，而不是打游戏度日。游戏可以成为"调味品"，但是绝不能成为"主食"。

社会普遍把2016年称为直播行业的"元年"，在这一年，几乎所有市面火爆的App都内置了直播功能，网络游戏直播产业是从网络游戏产业中衍生出来的，而在校大学生是直播观看的"主力军"。观看直播可以算得上是一种新的时间与精力的浪费形式，通过一些大的直播平台，用户可以零距离地观看某个游戏拔尖的玩家直播。看直播，学操纵，学意识，这是直播平台打出来的口号，直播平台每天吸引数以千万计的用户观看，大规模的观看流量会给平台带来极高的广告价值，而用户则日复一日的浪费时间在平台的主播身上。据统计，2017年观看直播的用户群体中，大学本科及以上学历占比达75.1%。一般来说，大多数主播的直播时间会长达4小时或者5小时以上，大学生用户群体是最容易全程陪伴的群体。

三、扭曲人的性格

大学宿舍是几个同学"共同的家"，但是大家因为兴趣爱好不同，难免会有些生活习惯、起居的差异，稍加协调，就会得到不错的解决。但是也有例外，网络游戏可以说是糟糕的宿舍关系的"催化剂"，在同一个宿舍当中，难免会有一部分人沉迷游戏，一部分人对游戏不敏感，这样就形成了一种隔阂。隔阂使得舍友之间缺少共同话题，人都是喜欢找能聊得来的人相处，这样，玩游戏的同学与不玩游戏的同学相互之间的交流就减少了。

同时，熬夜打游戏会对他人的夜间休息产生影响，特别是有些游戏需要连麦，免不了要大声讲话，如果在深夜，这样的行为会让想休息的同学很困扰。即使不讲话，戴上耳机，把游戏制造的噪音尽可能降到最小，但是键盘发出的声音，特别是有些同学还为自己配备了游戏专用的机械键盘，会对想要休息的同学造成干扰。此外电脑屏幕发出的光线也是一种"光污染"，也会对人的休息产生影响。

网络游戏中的玩家大多数顶着虚拟的头像与ID，而且玩家之间的水平会有高低之分，类似《英雄联盟》这样的10人MOBA游戏非常讲究玩家的意识与操作，因此游戏中经常会有人因为自己被队友坑而破口大骂，更有甚者会互留联系方式，"千里砍队友"。当自己太在意游戏输赢的时候，就会发现自己很容易发怒，如果这种行为没有得到很好的纠正与压制，转移到生活中，那么性格就会变得敏感、乖张，受不了人生中的挫折与困难，容易自暴自弃，陷入抑郁。

四、价值观的改变

游戏行业和电子竞技蓬勃发展，大量的社会资本进入游戏直播行业，王健林之子王思聪出资2000万投资熊猫TV，该平台依托王思聪的资源、战队、人脉（比如艺人），还有乐视体育、万达院线以及一系列隐藏的资源。在电竞直播这块，他可以把直播平台作为一个聚合口建立，这可以叫做电竞生态概念。斗鱼TV在2016年3月15日宣布获得腾讯领投的B轮超1亿美元融资，同时，A轮投资人红杉资本以及南山资本都将继续投资。8月15日，斗鱼直播完成C轮15亿元人民币融资，由凤凰资本与腾讯领投，2016年斗鱼累计融资金额超过20亿元人民币。不仅专业的直播平台兴盛起来，现在的手机应用App大多也内置直播功能，都想从直播行业中分一杯羹，诸如酷狗音乐、淘宝、百度贴吧，更不用说陌陌这类主打社交的软件了。

电子竞技与直播行业可以说是相互促进的，直播行业是伴随英雄联盟的大热成功发展起来的，而《英雄联盟》这款游戏又伴随着直播行业在全世界深入人心。直播的内容现在已经基本上覆盖了生活的各个领域：游戏主播、户外主播、才艺主播……电子竞技与直播行业对于主播来说，刚需是相似的：它们都需要高水平的人才，只有这样的人才才能带来上百万的观看用户。

游戏战队和直播平台给予高水平人才的待遇相当优渥，据资料显示，斗鱼知名主播冯提莫9月礼物收入266W，这还不包括她与斗鱼的天价签约费用。可以说，主播行业的出现，给年轻人数月之间实现"暴富"提供了一条新的途径。RNG战队ADC选手Uzi的转会费用高达2000万元以上，用某知名主播的话来说就是一个人的转会费用抵得上一个战队的费用。LOL主播小智就说过：电子竞技与直播行业真的是赶上了一个好时候。

但是，高薪的电子竞技和网络直播会给当代大学生和青少年提供一个错误的价值导向。电子竞技是吃"青春饭"，越早迈向电子竞技越好，这些年轻的职业选手普遍文化水平不高，但是依然可以获得丰厚的待遇，收获名气。一方面，现在很多院校的电子竞技专业已经开始招生了，应该会有很多学生想要投身于电子竞技或者网络直播行业，因为这毕竟是把自己的爱好与事业结合了起来。另一方面，现在的电子竞技与网络直播虽然火热发展，但是高等院校对于该专业人才的培养尚处于空白阶段，传统专业一直解决不好专业与社会需要挂钩的问题，这新兴专业就更不用谈了，不过通过不断发展、不断调整可以为后来报考的学生培养提供经验范本。电子竞技和网络主播年薪上千万的的确存在，但是人数屈指可数，各个平台数十万的直播大军，也就催生出了那么一小撮儿看来是成功的主播，其他不知名的主播都是身处直播行业中每天承受压力的"打工者"，底层的主播收入不会很多，而且并没有太大的保障，毕竟这跟直播间人气是正相关的关系。

因此，广大学生们在看到电竞行业与直播行业火爆的同时，也要明白，这些行业都是呈"金字塔"形状来分布的，越是收入高、流量大的主播与职业玩家，越是数量稀有，更多的是你看不到的草根、基层主播与玩家。所以，通过游戏来适度娱乐可以，如果想要以此谋生，在做选择之前一定要权衡一下自己的天赋与能力。

五、陷入游戏沉迷

正如我们前一章节所说，大学生没有节制地长时间使用网络，是一种对于时间的浪费，没有时间锻炼，没有时间学习，也没有时间进行正常的人际交往。总的来说，沉迷上网会对一个人的性格产生影响，尤其是沉迷于网络游戏的人，有可能会对现实社会产生厌恶情绪，喜欢沉浸在网络里，而不愿面对现实。另外，还有可能会导致人的性格变得软弱或者易怒，而这又会导致学生继续逃避现实，沉迷网络世界，形成恶性循环。网络游戏在一定程度上会引发犯罪，淡化家庭关系，也淡化了学校和家庭在未成年人成长过程中的作用。而且网络游戏开发商还在不断吸收一些最优秀的软件工程师以开发出更加"好玩"（换句话说更容易让人上瘾）的游戏来。面对种种诱惑，身为大学生的你到底该何去何从？

曾经，央视播出《战网魔》纪录片，这部纪录片以及片中的杨永信，最后都被推至舆论的风口浪尖。那时候有关网戒中心有这样一段视频资料，展现了杨永信近乎神迹的戒网瘾效果：网戒中心里有一间13号治疗室，任何少男少女，无论之前多么不听话，怎样顶撞父母，怎样大声反抗，只要进了那个房间，40分钟后出来就会像换了一个人一样，百依百顺，声音轻得像蚊子哼，有的甚至当场向父母跪下认错。听信了宣传的父母对这里趋之若鹜，纷纷用各种手段，把自己那个不争气的孩子带到这里来，交上一大笔治疗费，指望着孩子能在这里改过自新，彻底成为"别人家孩子"。从法律上来说，那台仪器因为治疗方式过于激进，甚至没拿到生产许可证，况且这种治疗方式根本不适合心智正常的未成年人。从道德上来说，这种治疗方式更是和不伤害、不强迫、尊重人权等原则背道而驰。

家长之所以愿意把自己的小孩往杨永信的"魔掌"里送，都是打着"为了孩子好""帮助治疗网瘾"等看似合乎情理的旗号，原因都是自己小孩沉溺网络，不能自拔，而且劝说无效，其实体现的也是当今社会家长们在对抗"网瘾"时候的无力。恐惧是人们在面临某种危险情境，企图摆脱而又无能为力时所产生的一种担惊受怕、强烈压抑情绪的体验。因为恐惧的存在，人就会有所顾忌，就不能够按照自己的意愿为所欲为，但是沉溺在网络游戏世界中的学生，在日常生活中也不惧怕父母、老师，唯一能让他们感到恐惧的，也许就是不准他们玩网络游戏了。在这样的情形下，除了学生自己作出改变，周围的人对他们是束手无策的。

杨永信的学校就是建立在这样一种背景之下，这所学校就像是一座小小的集中营，进来了就没有隐私、没有朋友、没有信任感、没有安全感，随时随地要遭受生理和精神上的巨大折磨。他们在惩罚孩子身体的同时，还会一遍一遍地告诉他们自己是错的。告诉你应该服从他，信任他。服从他就能得救，就能从网瘾的苦海里解脱出来，违逆他就必须在这个地狱里继续受苦，这真的是让人感到恐惧。人类生存是需要依托于某样事物的，或是家庭，或是事业，或是学习，或是友情，或是电脑游戏。而在杨永信的戒除网瘾学校里面，人什么都依托不了，就像即将溺死的人，在一片巨大的虚无里只能抓住唯一的那根稻草——服从这里的规则。杨永信网瘾中心的建立，其出发点在一定程度上是好的，就是想让网瘾学生能够心中有所恐惧，进而约束自己的行为。但是他的网瘾中心的具体做法确实违背了人道，不符合21世纪我们建设和谐社会的内在要求。

《东方早报》有一则报道称，当某位在杨永信的网瘾学校"学成归来"的学生回家后，他第一句话就是"我剩下的日子就是为了让你们痛苦。从此我不做任何事情，让你们断子绝孙"；2016年9月，16岁黑龙江少女在经过网瘾戒除治疗之后，亲手弑母，一时间网络舆论沸沸扬扬。这些青少年经过网瘾中心的"洗礼"，已经在性格和心理上受到了严重的扭曲和伤害。而所有的这一切都源于对网络游戏的沉溺。

杨永信案例虽然针对的都是处于青春期的少男少女，但是对于当代的大学生同样具有教育意义。当走进大学校门时，大多学生已经成年，未来4年应该怎样度过就是自己选择的人生方向，应当为自己的行为负责。

2014年，23岁的李兵（化名）终于成为了一名大一学生，这个年纪对于大一新生来说的确不小了。究其原因，李兵的10多年网络游戏史是他成为大龄新生的罪魁祸首。2003年，12岁的李兵在小伙伴的带领下，第一次到网吧，接触到了第一款网络游戏《大话西游》，从那以后，他一次次进出网吧，最严重的时候有一次在网吧待了一个月没回家，饭都是哥们儿送的。刚上中学的时候，李兵学习很不错，在父母眼中也是个乖孩子。然而自从迷上网络游戏，他的学习一落千丈，没能考上高中。

2009年，家人花了很多钱将李兵送到了商丘一所重点高中，但在高二时，他溜出了学校，以打工的名义在外玩游戏。高三时，李兵回到学校参加高考，连专科都没考上。第一次高考失败之后，李兵开始醒悟，多次决定再不玩网络游戏，但总是经不住诱惑。复读了两年，参加了三次高考，终于考上了河南一所三本学校。李兵说，如果不是网络游戏，他现在或许正在找工作，或许在更好的大学。不过对于过去的这些经历，李兵还是感到很庆幸，因为他终于从虚拟世界走了出来。李兵说，那些年沉迷于网络游戏，他对世界完全失去了兴趣。在游戏中，他变得麻木、冷漠，父母的责骂对他来说没有任何作用，他一度认为，自己的人生跟父母没有任何关系。有时，父母讲的道理他都认同，但就是控制不了自己。如今回想起那些年在父母面前的表现，李兵很愧疚，"那时候只想着自己，从没有想过他们的感受"，"就像烟瘾，不玩心里痒痒的，控制不住"。李兵一直重复这些话。2013年，《大话西游》十周年庆典，李兵去网吧玩了最后一次，祭奠他在游戏中度过的10年。闻着网吧里混杂烟味儿、汗味儿和脚臭的怪味儿，李兵已经不再适应了，他觉得是时候结束了。如今，李兵已经开始实习，尽管对那一段迷失的青春感到后悔，但对于未来，他充满了希望。他很庆幸，自己最终走了出来。

时间对于每个人都是公平的，不多不少，浪费了时间就相当于"少体会"了自己的生命，也就是在某种程度上"白活了"。李兵的案例值得我们引以为戒，在成长的路上与大学的时光里，总会有各种各样的诱惑摆在我们面前，想要追求自己的人生价值、实现自己的抱负，这些诱惑都需要被摒除在外。孟子说过："故天将降大任于是（斯）人也，必先苦其心志，劳其筋骨，饿其体肤，空乏其身，行拂乱其所为，所以动心忍性，曾益其所不能。"大学时期的人生规划是很重要的，大学时期的学习与积累都会成为你日后人生选择的资本。

24岁的阿泽，网龄已有10年。14岁初中没毕业，阿泽便外出打工，从那时起，他迷上了网络。对他来说，父母亲人仿佛跟他不在同一个世界，对他的规劝和打骂也变得毫无意义。从简单的QQ、YY语音，到后来的网游《穿越火线》《英雄联盟》等，阿泽越陷越深。他说，那时经常一天24小时待在网吧，最长的一次在网吧待了8天，直到没钱才离开。"累了就靠在网吧的沙发上睡一会儿，醒了继续玩，饿了叫盒饭外卖或者泡面，手边摆一瓶水。"这8天里，阿泽只回过一次住处，草草洗了个头，便又穿着拖鞋回到网吧，因为有个外地的女孩想跟他视频。现在的阿泽跟10年前相比没多大变化，尽管有份工作，但空闲时间全部花在了网上。他在一家建材加工厂工作，月工资5000元左右，但是仅去年一年，阿泽花在上网和买游戏装备的钱就有5万多元。

阿泽用"宅男"形容自己：没有女朋友，生活单一。阿泽说，工作之余，总感觉心里缺点东西，想找点事儿做，但又不知道做什么，于是网络便成了他的全部世界。2011年，阿泽通过网络游戏结识了一个内蒙古女孩，他便带着近3000元钱去找人家。两个人在一起一周，最后连路费都没有了。回来后没多久，女孩就没怎么跟他联系。"可能是因为当时没给她买那双高跟鞋吧？"阿泽说。"网上的女孩给我一种心理安慰，比现实中的更有感觉。"阿泽的言语中流露出自卑，他说得最多的是，自己没钱没房长得也不帅。在阿泽的QQ空间里，保留着几十张网络游戏截图，这些都是他在网络上的显赫战绩。但他发现，在网络世界里的10年，除了这些，他依然一无所有。他常常想脱离网络世界，但总是放不下这个世界带给他的诱惑。"也许一辈子就这样了。"他不知道何时是个尽头。

阿泽所代表的是一群人，没有学历，没有规划，打工讲究日结，信奉工作一天，玩乐三天。这些人太缺乏进取心，网吧是他们最长待的地方，网络游戏是他们的最爱。

第三节　遏制网络游戏沉迷的方略

技术的发展会产生重大的社会影响，人们对于技术的态度可以划分为三种：技术"善"论、技术"恶"论、技术"中性"论。其中技术"中性"论是支持人数最多的，技术"中性"论的代表梅赛尼认为：(1)技术本身是工具和手段，不承载特殊的伦理和道义问题；(2)使技术成为"善"和"恶"的，是创造和使用技术的人；(3)技术可能带来社会问题，但技术也在解决社会问题，而人类拥有管理和控制技术的能力。① 过度的沉迷网络游戏，会对我们的身体和工作学习造成严重的负面影响，那么我们该如何才能真正自如地应用网络，而不是成为网络游戏的奴隶呢？防止网络游戏沉迷是一项工程量浩大的项目，需要学生自己、学校、家长和社会的共同努力。

曾经有人就如何杜绝网络沉迷这一问题向央视著名主持人撒贝宁讨教。撒贝宁给出的回答是：我觉得可能没有办法彻底杜绝，因为网络时代已经来了。换句话讲，网络和其他很多高科技的东西一样，是一把双刃剑。我觉得要想彻底杜绝沉迷于网络的孩子这种现象出现，只有把网络停下来，中国"禁网"。但是这个时代是不可能的。

我们必须要承认，网络是把双刃剑，它在给我们生活带来便利的同时，也会给我们的生活带来问题。这就像钞票一样，它给整个社会的经济、贸易，给整个人类的社会发展带来很大的好处，但是也有人说钱是万恶之源，会滋生贪婪、偷盗、抢劫，但又有哪部法律能够彻底杜绝盗窃和抢劫呢？我们只能说用人类的智慧，去尽量地避免它、减少它。但是我们不能因噎废食，不能说因为现在有孩子沉迷于网络，所以我们就不要这个东西了，这不可能。但是我们也不能说因为孩子沉迷是无法完全杜绝的，就放任他们去吧，这也不行。所以法律一定要找到一个合适的点、一个合适的角度、一个合适的方案，从制度的角度保证更多的孩子能够从网上看到或者吸取的是健康的东西，能够以一种健康的方式去接触网络。但是，与此同时，针对网络发展，国家有关部门非常关注清理网络低俗内容、色情内容，一批一批的名单曝光，一批一批的网络公司诚恳地表达自己的歉意，并且愿意用自身的行动去净化环境，这是一个开始，一个信号。网络尽管是一个虚拟世界，但是绝对是在现实世界法律的掌控当中。但是这个法律究竟是一种什么样的态度，一个什么样的出发点，是我们把网络彻底排除在生活之外，还是我们在发展网络的同时去改善它、完善它。这可能是立法者需要去考虑的。

网络把便捷、快速和海量信息送到了我们面前，同样也把一些相对负面的东西送到了我们面前，诸如网络色情、虚假信息、网络游戏等。正如撒贝宁所说的，网络本身就是一把"双刃剑"，网络游戏同样如此，适度的使用网络以及玩网络游戏可以对我们的学习和生活产生积极的效果，而且这也是信息技术发展的趋势。但是很多大学生往往在使用的过程中不能很好地把握这个"度"，导致过度使用网络和沉迷于网络游戏中，荒废学业，空虚度日。

要想让大学生不过度的沉迷在虚拟的网络游戏世界中，就要加强大学生自身的毅力

---

① 郭庆光. 传播学教程[M]. 北京：中国人民大学出版社，2011：118.

锻炼，同时家庭、学校和社会要加以好的引导。在这四个层面上，大学生在学校的时间是最长的，所以我们要把学校的作用放在最重要的位置上。

一、责无旁贷的高校管理

防止大学生陷入网络沉迷对高校来说责无旁贷，除了要加强必要的思想政治教育工作之外，还应当根据形势的变化，通过提高辅导员的媒介素养，加强学生的网络道德教育，帮助学生树立健康的网络观，预防网络沉迷。大学校园中与学生接触最多的就是班主任和辅导员了，他们的媒介素养水平是需要不断提高的，从而在学生的日常生活中能起到很好的约束和引领作用。班主任和辅导员防止学生沉迷网络的工作重心有两点：第一，班主任和辅导员要加强网络知识的学习，尤其是涉及新技术、新媒介等方面知识的学习，使得他们能够利用网络了解学生的思想动态，积极关注和参与学生的网络生活，使思想政治工作渗透到学生现实和虚拟的学习、生活之中。第二，班主任和辅导员要学会甄别网络信息。网络游戏对学生有较大的吸引力，班主任和辅导员要不断提高甄别网络信息和收集整理信息的能力，从而加强对学生上网的正面引导和网络道德教育，规范网络伦理行为。要让大学生们学会正确理解和认知媒介的社会角色、社会功能，有效运用媒介进行信息传递和舆论引导，积极参与媒介活动和媒介建设，并对不良媒介信息进行甄别思辨和调控。

尽管现在的大学生是伴随着网络成长起来的，但是学生在抵抗网络诸多诱惑的能力方面存在天然的不足，学校可以有针对性地开展一些学习课程、校园活动和学术讲座来提高学生有效利用网络的能力：第一，开展信息素养教育的理论研讨活动，或者合理设置相关的信息素养课程，提高学生信息价值的判断能力和识别能力。网络媒介具有极强的渗透力，对学生的价值观和道德观能产生很大的影响，学生一旦不能正确使用，就会造成极其严重的后果。第二，组织开展信息素养教育的实践活动，锻炼学生参与、应用网络媒介的能力。通过参访网络媒体机构，如知名网站、论坛等，了解网络媒介和网络游戏的运作流程。通过实习和实践等活动，深化学生对网络媒介和网络游戏的认识和了解。第三，开展正确认识网络游戏活动。通过讲座、座谈会和案例分析等，让学生了解网络游戏，认清网络游戏的特点和本质。

二、天之骄子的自控意识

我们知道，沉迷于网络游戏的学生，大多是在现实生活中感到空虚寂寞，还有些是遇到挫折或难题时选择逃避的学生。所以要达到预防学生沉迷网络游戏的目的，就必须要结合学生的实际情况，一方面，须加强学生的自控意识，总之就是要管住自己；另一方面，积极参与学校的各种文化活动，加强同学之间的交流，丰富学生的内心世界。积极参与校园内的课外活动，可以充实网游成瘾学生的精神世界，有助于他们抗拒虚拟世界的诱惑；积极开展校园网络文化活动，组织学生组建各种兴趣团体，如"电脑爱好者联盟""游戏发烧友"等；可以鼓励引导学生利用专业优势，选准切入点，开展各种网络宣传活动，营造一种健康、文明、和谐的校园网络文化。此外，要重视学生的心理健康教育。可以通过开展系统的心理健康教育活动，提高学生整体心理健康素质、对上网的认识和心理控制能力，要引导学生树立自我教育和自我管理的目标，注重培养学生面对挫折和负面情绪时的自我调控和疏导能力，从而提高学生正确认识和应用网络游戏的水平和能力。对网络游戏成瘾或有网络游戏成瘾倾向的学生，可以采取综合措施，在家长的协助下，由辅导员或专业人士进行心理辅导，帮助其正确认识网络游戏的危害。对重度网瘾者，可以采取必要的强制手段和措施，切断一切不利于治疗的干扰因素。

大学生自身方面则要转变自己的观念，经历了高中阶段的紧张学习之后，切不可突然放松，沉迷于网络，同时，要积极配合学校开展的各项活动，充实自己的课余时间，转移自己的注意力，不要一门心思扑在网络和游戏上。一个宿舍的氛围对于大学生来说是至关重要的，毕竟，大学生在校期间，待在宿舍的时间是最长的。自己要坚定信念，敢做一个特立独行的人，即使宿舍的风气一般，也要勇于坚守自己的底线。

三、必要的家庭与社会教育

学生家长也应该正视，互联网已经进入了我们的生活，而且是无法隔绝避免的。家长不要把孩子接触网络的行为视为"洪水猛兽"，如果家长和学校给的压力过大，那么脱离了家长和学校管理的大学生就会像移开压力之后的弹簧一样，对于网络游戏的沉迷程度会更深。因此，正视网络，正视网络游戏，给学生以合理的时间让他们在网络和网络游戏中放松自己，如果有沉溺的迹象立刻加以规劝诱导，那么学生对于网络沉迷的可能性就会大大减小。

我国在防止网络游戏沉迷这方面只针对未成年人进行了约束。网络游戏防沉迷系统为未成年人设置了游戏时间上限，其核心内容是：未成年人累计3小时以内的游戏时间为"健康"游戏时间，超过3小时后的2小时游戏时间为"疲劳"时间，在此时间段，玩家获得的游戏收益将减半。如累计游戏时间超过5小时即为"不健康"游戏时间，玩家的收益降为0，以此迫使未成年人下线休息、学习。但是这条规定可以被未成人轻易地破解规避，而且对于大学生来说一点用都没有。因此，设置针对大学生的反沉迷系统可以提上日程。"少年强"了之后，要继续"青年强"，只有这样才能"国家强"。

网络游戏已经成为现代人生活中不可缺少或者说无法回避的问题，因此，正视网络游戏沉迷将会是我们家庭、学校、社会和学生自身不得不重视的问题。要发挥网络游戏的正面娱乐作用，努力规避其负面影响，营造一个网络游戏张弛有度的社会。

思考题
1. 网络游戏对社会与人生有哪些利处？
2. 网络游戏误人论表现在哪些方面？
3. 遏制网络游戏沉迷有哪些方法？

第十一章 网上购物利弊谈

第一节 网购风靡全球

克莱·舍基在其著作《未来是湿的》中提出了里德定律：互联网的价值绝大部分来自它作为群体构建工具的作用。① 网购活动涉及众多的参与者，如购买者、售卖者、运输者、配送者。在 21 世纪"顾客导向"和"整合营销"等观念的影响下，购买者成为网购活动的中心，其余三者都是为了更好地服务购买者，售卖者的"亲，包邮哦"，运输者和配送者的及时送达，都是对于"顾客就是上帝"观念的实践。购买之余，购买者的心理也得到了极大的满足。

回顾一下网购的发展历程，在 1999 年以前，中国互联网的先知们就开始建立 B2C 网站，致力于在中国推动网络购物，但这种做法在当时遭到了经济学界的普遍质疑。中国第一宗网络购物发生在 1996 年 11 月，购买者是加拿大驻中国大使贝详，他通过实华开公司的网点，购进了一只景泰蓝"龙凤牡丹"。在后来的"非典"时期，SARS 病毒开辟了中国网上购物的新纪元。因为面对非典的袭击，多数人被困在屋内，而要想不出门就买到自己所需的东西只能依赖网络，许多防范意识很强的人也试着网上购物。至此，有越来越多的人认识到"网上订货、送货上门"的方便，也有越来越多的人开始接受网上购物。2005 年，当当网实现全年销售 4.4 亿元。2006 年开始，中国的网购市场开始进入第二阶段，经过之前当当、卓越、淘宝、中国购、51 特价街等一批网站的培育，很多人都有了网上购物的体验，整个电子商务环境的交易可信度、物流配送和支付等方面的瓶颈也正被逐步打破。

一、蓬勃发展的电子商务

如今在网络平台上购物，已经成为我们生活中不可缺少的重要一环。由于网络技术的发展，催生出了诸如淘宝、京东等互联网购物网站，在这些平台上，成千上万的店铺和数以亿计的商品呈现在消费者的面前。不得不提的是，自 2011 年开始，由淘宝掀起

---

① [美]克莱·舍基. 未来是湿的：无组织的组织力量[M]. 胡泳，沈满琳，译. 北京：中国人民大学出版社，2009：6-7.

的"双十一"购物节。如今"双十一"已成为阿里巴巴乃至中国电子商务行业的年度盛事，而且逐渐影响到国际电子商务行业。2014年11月11日，阿里巴巴"双十一"全天交易额571亿元。2015年11月11日，天猫"双十一"全天交易额912.17亿元，其影响力之大震惊全球，英国《每日电讯报》就曾发文评论说："忘掉小小的黑色星期五吧（国外的电子平台购物节），双十一才是这个世界上最大的线上购物节！"当年"黑色星期五"的总销售额仅为104亿美元。2016年11月11日，天猫"双十一"全天交易额超1207亿元。如今的"双十一"已经不仅仅局限于中国国内了，2017年天猫"双十一"全球狂欢节交易额冲破1682亿元。"双十一"属于中国，也属于世界。欧美日韩各大主流媒体都曾刊文报道中国"双十一"的盛况。"双十一"也吸引着越来越多的国外消费者购买来自中国电商平台的产品。美国第三方支付服务商PayPal已经同多家中国电商平台建立了合作关系，帮助美国消费者更加方便地购买来自中国的产品。天猫"双十一"已经从"中国现象"发展成为"全球共振"了。

据商务部的统计，2012—2016年，我国网络购物用户人数从2.42亿人增长至4.67亿人，增长近一倍。电子商务交易额从8.1万亿元增长至26.1万亿元，年均增长34%。其中，网络零售交易额从1.31万亿元增长至5.16万亿元，年均增长40%，对社会消费品零售总额增加值的贡献率从17%增长至30%。电子商务发展直接和间接带动的就业人数从1500万人增长至3700万人。电商三大巨头阿里、京东、苏宁的促销活动此起彼伏，除了天猫领衔的"双十一"之外，还会有京东的"6·18"年中大促，电商巨头为了应对市场竞争，也都会在竞争对手搞促销的时候同步开展促销活动。不间断的电商优惠活动刺激着消费者的购买热情，同样的商品，却有着电商价格和实体价格的区别，也就是说，大多数情况下商品的线上价格低于线下实体店的价格，而活动期间的电商价格会比平时更低，较低的电商价格给了消费者足够的购买说服力。淘宝官方联合第一财经商业数据中心曾在2015年发布了《中国消费趋势报告·2015》，并公布了网购消费的新宠高校大学生的消费数据。现在的大学生已经把网上购物变成了一种习惯，而购物网站通过团购、秒杀等方式不断地吸引着他们的目光。很多大学生，打开电脑第一件事就是去浏览购物网站。在衣物商品尺寸、材质、是否合身等细节把握不准的时候，很多大学生会选择线下实体点挑选试穿，然后在网上下单购买，这样会节约不少钱。

二、便捷的物流快递

电商业的发达是离不开相关的硬件设施支持的，其中，交通基础设施对电商快递物流"时效性"的支持力度是最大的。2012—2017年，也就是我国"十二五"经济建设期间，我国的高速公路、高速铁路和航空航线都得到了长足的发展。

高速公路：2013年国务院批准建设的国家高速公路网由7条首都放射线、11条南北纵线、18条东西横线，共36条主线，以及地区环线、并行线、联络线等组成，约11.8万公里。规划建设展望线约1.8万公里，总里程13.6万公里，连接全国地级行政中心、城镇人口超过20万的中等及以上城市、重要交通枢纽和重要边境口岸。在国家公路网的基础上，各省（区、市）纷纷编制地方高速公路网规划，逐渐形成了以国家高速公路为骨架、以地方高速公路为补充的高速公路网规划格局。截至目前，全国高速公路里程已达 13.1 万公里,位居世界第一。①

高铁:我国平均每年投入 7000 多亿元进行铁路基本建设,2016 年投资额达到 8015 亿元,到 2016 年年末,铁路营业总里程达到 12.4 万公里,居世界第二位。十八大以来,我国高铁投资建设突飞猛进,到 2016 年年末,全国高铁里程达到 2.3 万公里,高铁里程位居世界第一,占世界高铁总里程的 60%以上。②

航空:自 2012 年以来,中国民航不断优化调整航线结构,完善航线布局,航线网络更加发达,辐射力进一步增强。截至 2016 年年底,我国共有定期航班航线 3794 条,按不重复距离计算的航线里程为 634.8 万公里,我国民航的运输飞机由 2012 年的 1922 架增加到如今的 3177 架,年运输飞行时间由 619 万小时增长到 1050 万小时,2016 年年底,我国定期航班国内通航城市达到 214 个。③

物流的发展,最早可以追溯至我国加入世贸组织,物流行业的快速发展是电子商务繁荣的基础。2012 年以来,快递物流的发展摁下"快进键"。以历年"双十一"为例,从签收 1 亿个包裹的时间来看,2013 年用了 9 天,2014 年用了 6 天,2015 年提速到 4 天,2016 年只用了 3.5 天。国家邮政局市场监管司司长冯力虎表示,在快递业务量持续高速增长的背景下,我国快递服务时限水平基本保持平稳上升趋势,全程时限处于 58~60 小时,72 小时准时率从 2012 年的 72.4%提升到 2016 年的 75.53%;距离在 1000 公里以下的快件中,有 84.62%能够在 48 小时内送达。不仅国内,跨境物流的时效和成本也在持续优化,以西班牙为例,过去国内包裹妥投时效平均长达 26 天,如今提高到平均 14 天。海外仓开设后,更是基本实现了西班牙全境 72 小时签收。通过便捷的快递物流,我们可以足不出户在家里置办年货,品尝到新鲜的百色芒果、烟台大樱桃、松原查干湖鱼……快递企业与当地农户形成合作模式,一批具有地方特色的农产品通过冷链运输、定制包装等方式,实现从田间到餐桌的无缝对接。农村收投快递包裹量超 80 亿件,直接服务农产品外销超 1000 亿元。自动分拣机器人、智能配送机器人、无人机等高科技设备,运用大数据智能销售预测和补货,都能助力快递物流行业的发展和速度效率的提升。

物流的效率提升,能最直接地满足用户的购买"体验",从而刺激网购。国家邮政局在 2016 年 6 月发布的《2016 年度快递市场监管报告》显示,2016 年,中国人均使用快递近 23 件,年人均快递费用支出 287.4 元,快递平均单价每件 12.7 元,比 2015 年少花 0.7 元。2016 年,中国快递业务量首次突破 300 亿件大关,达到 312.8 亿件,同比增长 51.4%。快递业务增量突破 100 亿件,达 106.1 亿件。这一年,用户使用频率增加,快递日均服务人次超 1.7 亿,年人均快递使用量接近 23 件,比上年增加近 8 件。2017

---

① 中国高速公路通车里程逾 13 万公里 居世界第一[EB/OL]. [2017-07-17]. http://news.eastday.com/13news/auto/news/finance/20170717/u7ai6940249.html.

② 我国高铁里程占世界比重超 60% 加速打造"八纵八横"[EB/OL]. [2017-07-28]. http://finance.sina.com.cn/roll/2017-07-28/doc-ifyinryq6709313.shtml.

③ 十八大以来我国民航航线里程几近翻番[EB/OL]. [2017-10-17]. http://www.sohu.com/a/198490065_162758.

年8月份,人民日报报道:2012年以来,我国快递业务量连续5年保持了平均50%以上的增速,市场规模自2014年开始稳居世界第一。

三、异军突起的外卖行业

如今方便面行业遭受到了严重的冲击,而让方便面行业遭受冲击的却是来自外部的外卖行业。对于在校大学生和都市白领来说,外卖已经成为现在的一种生活方式,人们为了更好地工作和学习,或者节省时间,提高效率,点份外卖成为一种下意识的选择。这样的生活方式也是被基于互联网平台的各大外卖App所影响的。

2017年上半年,中国互联网的外卖市场规模达到818.3亿元,而根据数据机构易观发布的2017年第三季度中国互联网餐饮外卖市场分析报告,中国互联网餐饮外卖市场在2017年第三季度整体交易规模达582.7亿元。整体估算,我国2017年的外卖行业产值已达2000多亿元,其中白领、学生和家庭社区是外卖行业的主要消费群体。

形成规模的外卖行业出现在网络购物之后,也是网络购物思维在线下的延伸,虽然称之为外卖行业,其实本质上还是一种类似网购"B2C"的运作模式,即从店家到顾客。外卖对比网络购物,在距离和时效性上都呈现出"迷你型"的特点。

四、新四大发明之移动支付

移动支付具有便捷和安全等特点,是网购和外卖都离不开的支付手段,如今的微信和支付宝已经牢牢地占据了移动支付市场的主要份额,并融入了我们的日常生活。移动支付也称为手机支付,就是允许用户使用其移动终端(通常是手机)对所消费的商品或服务进行账务支付的一种服务方式。单位或个人通过移动设备、互联网或者近距离传感直接或间接向银行金融机构发送支付指令产生货币支付与资金转移行为,从而实现移动支付功能。移动支付将终端设备、互联网、应用提供商以及金融机构相融合,为用户提供货币支付、缴费等金融业务。移动支付主要分为近场支付和远程支付两种,所谓近场支付,就是用手机刷卡的方式坐车、买东西等,很便利。远程支付是指通过发送支付指令进行支付,例如我们通过指纹或者是支付密码付钱到支付宝类的第三方平台进行网上购物等。移动支付最重要的一个特点就是虚拟支付真金白银,缺乏现金支付的实际存在感,这会为网络购物提供一个间接冲动的可能。[①]

因为支付宝、微信支付的发展,中国在移动支付方面走在世界前列,并引领全球移动支付的发展潮流。2017年5月,来自"一带一路"沿线的20国青年评选出了中国的"新四大发明":高速铁路、扫码支付、共享单车和网购。其中扫码支付就是我们所说的移动支付,2016年全年中国线下商业第三方支付市场交易规模约为4283.2亿元,其中99%的市场份额集中在支付宝和微信支付两家平台上。其他的第三方平台都在向这两家支付平台靠拢。外国人在中国旅游时被中国的便捷支付和无钞现象惊叹的新闻不断爆出,也不断有国外商场为了迎合中国游客的"买买买"而学习使用支付宝和微信进行

---

① 陈治,王曦璟. 大学生网购冲动行为影响因素研究[J]. 数学统计与管理,2013(4):676-684.

收付款。据了解，2017年，支付宝已在欧美、日韩、东南亚、港澳台等33个国家和地区接入了线下商户门店，范围涵盖餐饮、超市、百货、免税店、主题乐园、海外机场、退税等几乎所有吃喝玩乐消费场景，并和香港地区及六个国家的合作伙伴一起，为当地人打造"本地版支付宝"。腾讯的财付通2012年也开始走出国门，2017年微信支付已登录超过13个国家和地区，覆盖了全球超过13万的境外商户，支持12种以上的外币结算。

国内支付机构将业务板块扩至海外，初期瞄准的客户群体还是国人，依托的支付场景也多是跟旅游相关的衣食住行。来自中国的移动支付，如果想要普及到全世界，还需要持续不断的努力。

五、物美价廉的网上商品

"物美价廉"是消费者网购时最看重的要素，也是网购消费者对于网购网站最主要的要求，曾有机构做过调研，消费者对质量和价格的关注比例均超过了70%。此外，商家的信誉和在消费者中口碑也是影响选择的重要因素，消费者的关注比例达到66.29%，在竞争日益激烈的当下，建立信誉，打造口碑，已成为网购商家重点关注并要长久坚持的方面。这也是如今的网络店铺都很重视好评的原因。

网络购物好处多多，其中最吸引人的是以下三点。

第一，节省时间和外出费用。互联网技术的不断发展，催生了各种文化的蓬勃发展，人们可以通过网络来看新闻，看视频，听音乐……总的来说，现在互联网每天生产出来的文化产品太多了，在这么多的产品中，人们肯定能发现自己喜欢的，因此如果能节省出时间来从事轻松惬意的事情，如听音乐、追剧等，那么消费者肯定会倾向于这样的方式。所以除了那些确实对于逛街购物有偏爱的群体，越来越多的人会选择在休息日追剧、交友放松，而不是把时间浪费在逛街购物上。通过网络进行挑选，足不出户，不仅不会浪费什么体力，而且可以按照购物网站的各种筛选指标进行细致的选择，一眼扫过去，就能逛完十几个网络店铺，有自己喜欢的再点进去细细查看，省时省力。即使出现购买的物品不合适的情况，通过快递就可以轻松退换商品，不需要自己投入过多的精力。

另外，随着网络的普及以及生活压力的加大，"宅"文化已经成为现在年轻人的一种生活方式，其精神内核是趋于封闭的心理状态和不拘泥于形式的文化，是一种在全球化发展形势下出现的亚文化现象。他们如果有闲暇的时间，就会选择能不出门就不出门，有人曾经说过："宅文化"引领了如今的网络消费，因为网络购物省时省力不用外出。但是"宅"从另一个角度来说也是生活颓废的一种逃避行为，在当今社会，"宅"会使人们远离正常交流，脱离社会。

第二，可以挑选海量同类产品。据统计，2016年，仅在淘宝平台上，就有940万卖家，数十亿的商品。这是个天文数字，对比我们国家的总人口，也就是说每100人当中，就有接近0.7人在淘宝开设有店铺。淘宝店铺的准入制度相对来说较为宽松，只需要实名认证并关联自己的支付宝账号即可，不需要额外缴纳信用保证金，所以在这么多店铺的淘宝平台上，可以通过搜索某一类产品发现不同地区的卖家，这样的搜索对于一些地区特色商品是很有参考性的，例如：江西赣州的脐橙，江苏高邮的鸭蛋，四川蒲江猕猴桃……我们可以通过店铺地址来选择品质最好的产品。淘宝店铺众多，商品齐全，很多在线下实体店不好买到的商品，在淘宝上可以轻松搜索到，商品能够卖给需要的人，这一点对于买家和卖家都是十分有益的。淘宝店铺售卖的产品品类相对来说比较单一，例如卖女装的就是卖女装的，卖零食的就是卖零食的，这样是为了清晰自己的定位，也是为了买家的挑选，同时，专注于少数的品类也可以方便管理、保证质量、长久经营。线下实体店虽然有各种大型百货店，但是在淘宝网或者其他网购平台上，经营多个品类、开设百货店的商铺近乎没有，所以，海量的商品是以海量的店家作为支撑的。

第三，可以全同行比价买到最低价产品。这是搜索商品类别之后的下一个好处了，人们都信奉通过"货比三家"来权衡商品品质与价格，在淘宝平台上，我们可以轻轻松松做到"货比千万家"，在衣服类和鞋子类的产品中，我们通过搜索能很容易地发现一些商品相同但是价格不同的现象，这通常就是一个销售渠道的不同层级的经销商，例如我们在上文提到的江西赣州的脐橙，江苏高邮的鸭蛋，四川蒲江猕猴桃……这些产品在同一地区也会有价格的差异，这是因为不同商家的经营策略会有所不同，低价售卖的可能是想以量来提高自己的利润，同样的品质，较低价格的产品肯定会更得人心，顾客利用淘宝网进行交易，期待的就是在减少购物时间的同时能够买到便宜的商品。而网上商店由于不存在实体店铺，也不需要太多的促销成本，因而在降低成本方面具有更大的空间。但是，淘宝也被网民戏称为"深水宝"，就是其准入门槛太低，经常会出现售卖假货的店铺，所以大家在淘宝上购买商品的时候一定要提高警惕，谨防上当受骗。价格的浮动是有一定范围的，当某些价格实在是太低的话，我们就要留心。马云针对假货问题也曾说过：就是有人想1000块钱买一块劳力士的手表，我能有什么办法？广西某高校的乔同学曾经在淘宝上购买过一个32G的U盘，标价32元，这样的价格跟U盘大品牌金士顿、闪迪16G容量的U盘价格差不多，去翻看评价，发现都说还可以，U盘到手之后的确能正常使用，因为乔同学平时也就存一些文档，对内存的使用很少，直到有一次，乔同学需要用U盘来拷贝19G的视频，也正是这次拷贝出现了问题，导入U盘的视频缺失了一部分，但是依然显示已用19G，乔同学随即使用360的U盘鉴定，发现不能成功鉴定该U盘，这时候乔同学幡然醒悟，低价的U盘是扩容而来的，所谓的好评也都是正常使用没有发现问题或者是刷出来的。百度搜索一下，乔同学发现淘宝低价售卖的U盘大多是假的，等乔同学去找当初卖该U盘的店家时，发现店铺都关了。乔同学只能自认倒霉。

现在不同的电商平台都有商品评论及追评的功能，而且购买商品的时候，下单时是把钱打进了支付宝的账户，并没有直接打进卖家账户，确认收货也是需要买家自己操作的。一般卖家点击发货后，系统倒计时10天，到期买家既未点击确认，也未点击退款，则交易自动完成，货款自动打入卖家支付宝账号上。在这10天里面，买家可以尽情地使用产品，然后评价，平台会对认真评价并配图的买家进行返现之类的奖励，就是希望可以如实地得到有关产品的使用信息，对其他的购买者起到一个参考作用。可以说，产品和店铺的"生杀大权"尽在买家的掌握中，这些举措都是对于消费者权益的保障，希望消费者可以没有后顾之忧的在平台购物。

第二节　须防网购弊端

一、网购成瘾可怕

2006年张柏芝主演的影片《天生购物狂》，算是关注购物成瘾的开山之作，她在剧中扮演的女主角方芳芳有着无法控制的购物欲，她根本无法控制自己的购物行为，买来的物品把她的家塞得没有落脚之地，但是她仍然停不下购物的脚步。为此她经济困顿，甚至因为购物耽误工作而失业，最终不得不去看心理医生。现如今，网购成瘾已经被列为一种病态行为了。网络购物虽然能够带来便利，但是也要讲究有效利用。网上购物成瘾其实和青少年沉迷于网络游戏、上网聊天的现象类似，网购成瘾的人禁不住诱惑买一大堆用不着的东西，究其主要原因是他们平时生活、工作压力大，并以此作为发泄的途径。不可忽视的是，这种惯性行为会演变成一种"强迫行为"。

因为网络购物的发展，以及网购"物美价廉"的特性，现在"剁手"族的数量越来越多。网购"剁手"，一方面可能是真的需要购买商品，这个满足需要的过程本来就是美好的，而且美好的感觉会不断积累，在你收快递拆包裹的时候集中爆发。正是这样的感觉，让一些"剁手"族欲罢不能，进而持续不断的购物。网络购物成瘾跟不断购买新衣服的心理差不多，都是对现在的平淡生活感觉无趣，需要买买买来为自己的生活增添一些"期待"，所谓"期待"就是快递到了之后，自己拆开，初见到商品时的新鲜感。淘宝卖家的笑脸相迎，一口一个"亲"也能给人极大的精神满足，而且网络购物不用见面交流，大大缓解了人与人之间的紧张感，基本上不会出现售货员"以貌取人"歧视顾客的现象。

某报纸曾经报道过一个购物成瘾案例：

"衣服、包包、鞋子、化妆品……"90后的王芝（化名）几乎每天都会收到快递员送来的包裹，在自家的衣柜里，很多衣服标签都没拆，有些只穿过一次就被遗忘在角落里。

王芝是个白领，目前和父母同住，家庭条件也不错。王芝说，自己一年花在网络购物上的钱都是六七万。"我没事就喜欢逛购物网站，喜欢的东西会买很多样。"比如不同品牌的雪纺裙子，自家衣柜里就有三四十件。她说，一有时间就习惯性地要上网看看，有时候到了半夜，自己还在浏览，结果导致第二天上班没精神。可是一不上购物网站买东西，就心里感觉不舒服，"总是不自觉地就想看一看"，"看到喜欢的就想买，根本停不下来"。王芝在家人的坚持下来到医院酒瘾网瘾科门诊求助。医院的专家表示：这其实是一种病态，叫购物成瘾，又称强迫性购物、病理性购物、强迫性消费、购买癖、购物狂等，常发生于女性。数据表明，女性购物成瘾和男性购物成瘾的患病率的比例是9：1。

网络购物成瘾在神经生物学看来和酒精、毒品成瘾有着共同的生物学机制，均涉及人脑内的"愉快中枢"。过度购物时，购物成瘾者会产生某种陶醉感和欣快感，缓解焦虑等不良情绪。普通心理学眼中的购物狂：多数存在怕吃亏和跟风的心理。不少"剁手党"一听到有便宜货就只管买。他们还有一种跟风心理，从众购物。在这种情况下，消费者很难真正判断哪些商品是自己真正需要的。

二、不能总花明天的钱

90后、00后大学生在校接受最新的知识，具有较为超前的消费观念。90后、00后大学生多数家庭经济承受能力相对较强，能够为其提供稳定的经济保障用于日常生活消费支出，增强了他们消费行为的自主性与动力。再加上现代商家也充分利用信息资源，及时掌握大学生的喜好，开发出具有吸引力的产品以及利用最新的营销模式，[1] 甚至还开发出了针对在校大学生的网贷形式。在校大学生身边同龄人购买了某个商品之后，就成为身边其他同学购买该商品的诱因。于是，对于自己不能全款购买的商品或者服务就会选择以分期付款、预支等形式进行消费。

中国青年报社会调查中心通过问卷网对2000名大学生的调查显示，55.3%的受访大学生每月的生活费为1000~2000元，77.8%的受访大学生称身边的透支消费很普遍。尽管当前90后大学生消费行为上表现出很高的自主性，但实际上他们依赖心理强，是一种假性成熟；他们情感强烈，外显而又张扬，但深度不够，具有情绪心境化的特点；他们看似思维前卫、观念超前，实则冲动又极端，单纯而又脆弱；无法真正判断是非对错，容易受外界环境影响而产生冲动的行为——比如网购。我们就大学生网购的计划性进行了问卷调查，有61%的大学生网购是非计划性网购，其中男生非计划性网购约占21%，女生占40%，女生冲动性网购行为超过男生。[2]

"用明天的钱，圆今天的梦"，这是商家和银行鼓励大家贷款消费的口号，也成为无数青年和大学生的金句。现在的超前消费形式多种多样，有些甚至不用特别审批，只凭借你过往的消费记录即可，如阿里旗下的蚂蚁花呗和蚂蚁借呗，京东商城的京东白条等。在这些平台上可进行分期消费，购买相对大额的消费品。虽然会多收一定手续费用，但是相对正规。在使用这些产品的时候，要让自己冷静一下，留心下自己的可承受额度。虽然现在社会倡导超前消费，但我们应正确认识超前消费，理性地适度消费，树立正确的消费观念，该花的花不该花的尽量控制不花，我们青年人从进入社会工作开始就应该学习如何理财，我们在进行超前消费时，一定要衡量自己的能力，对风险要有清楚的认识，避免过度消费，拒绝盲目消费，青年人应为自己未来的美好生活打下坚实的基础。

三、沉迷网购耗时耗力

网购也是一项耗时耗力的活动，这个力指的是"脑力"。在网购尚未兴起的时候，

---

[1] 陈双双，徐金虎. 大学生网购风险认知现状与应对策略——基于自我控制理论的研究[J]. 商场现代化，2013(30)：45-47.
[2] 陈双双，徐金虎. 大学生网购风险认知现状与应对策略——基于自我控制理论的研究[J]. 商场现代化，2013(30)：45-47.

人们购买东西都要自己亲力亲为，一天所能逛的店面也是有限的，人们在购物上花费的时间和精力成本相对来说较高。但是在网购发达的现在，人们足不出户就能购物，在短时间内浏览大量的网络店铺，人们购物时浏览一件商品和一家店铺所花费的时间和精力成本大大降低了。正是这些便利性，使得大学生们花费很多时间搜索自己想要的商品，挑选不同的品牌、浏览使用后的评价、在各个网店比较价格等。即便是买到了心仪的物品，又要花费很多时间关注发货状态，有的大学生甚至逃课拿快递。如果需要退换货，那么大学生在网购商品上面花费的时间就会更多。早在2014年，中国电子商务研究中心就发布了一条监测数据，中国消费者每周平均花在网购上的时间达387分钟，相较全球市场平均每周202分钟多出3个多小时。花费时间最多的群体通常是拥有自由时间较多的。阿里研究院曾经做过统计：大学生人均年收快递16个，2015年全国2000多所高校人均网购1100元。大学生作为接触互联网和电商平台时间较长的群体，他们的消费习惯、思维方式都具有一些新的特点，可以说，随着网络和电子商务的发展，大学生就是中国未来中高端消费市场的主力军。

个人定制、DIY、教育优惠……这些形式多样的商品，给大学生的购买提供了种种理由，为了追求"物美价廉"，大学生大多会选择货比多家，购买之前看各种商品评测文章与视频，各个产品的贴吧与论坛；购买时比较价格，价格越低越能得到大学生的青睐；购买后，对于物流信息更新也会密切关注……可以说，网购，特别是网购价格较高的产品，购买过程的每时每刻都伴随着大学生全身心的注意力投入。所以我们学生在网购的时候一定要注意时间成本，不然就会得不偿失。

第三节　识破网购中骗人伎俩

网购的火热，同样吸引了骗子的注意，他们变着法子的钻网购交易过程的空子。大学生群体对于网络购物轻车熟路，如果能够提高自己的警惕性，定能做到万无一失。

一、网购退货骗局

刚参加工作不久的小林在亚马逊官网买了一根数据线，她上午付款下单，下午就接到了一个自称是亚马逊客服的电话，说她的订单被退货了。

"客服称由于我没有接收货物，导致退货。"小林表示，因为之前接到快递的电话，说有快递没有送达，因此相信了客服。

时间、地点、没有及时收货，一连串的细节全部吻合。这个所谓的客服电话取得了小林的初步信任。随后，在这个所谓的客服人员指点下，小林登录自己的亚马逊账户，发现自己的账户主页上果然提示订单被退货。这时，客服人员开始诱导小林操作退款。

"一开始是让我点击官网上的一个链接，让我输入银行卡，以及验证码，但并没成功。"小林称，客服说可以通过支付宝进行退款，网页上的公告随之变成了如何通过支付宝退款。小林并没多想，就再次输入了退款密码。

"他说我通过蚂蚁借呗申请了一个额度，公告上面也有解释。"小林表示，自己的借呗一次都没用过，也没有开通过。实际上，这个所谓的客服人员已经盯上了小林手机支付宝里的借贷产品——蚂蚁借呗。小林说，这款借贷产品对部分信用较高的用户自动开通了借贷功能，而自己并不知情。当她发现蚂蚁借呗上显示16.5万元的额度时，以为是这个客服人员按照退货流程开通的额度。

随后，小林把这笔刚刚开通的贷款划转到客服人员指定的银行卡上。但随后，这位客服人员声称马上返还的16.5万元贷款和50元货款消失得无影无踪。直到这个时候，小林才发现自己被骗了。

短短1个小时，小林被骗16.5万元，骗子究竟是如何得逞的呢？

（1）骗子想办法获得小林在亚马逊购物网站的个人账号。

（2）利用亚马逊个人主页的编辑功能，编辑发布所谓的退款公告，并在其中嵌入退款网址，也就是钓鱼网站链接。

（3）联系小林告知订单已被退货，等小林信以为真，进入钓鱼网站，骗子再一步步套取小林的退款验证码。

（4）利用小林对于网络借贷产品的陌生，诱骗她开通网络贷款功能。

（5）小林凭借自己以往的信用额度，能够贷到多少钱，骗子就能得到多少钱。

小林的案件，给我们的警示就是，自己一定要在"手机验证码""钓鱼网站""网络借贷产品"这几个关键词上，增强防骗意识。我们贴身的手机验证码是一切交易的最后屏障。骗子无论使出什么花样，我们都不能告诉对方验证码。但凡涉及银行界面、财产界面时，都要仔细查看这个网址是不是在HTTP后面加上了"S"，这个是网站用来保障用户支付安全的。[1]

二、识破刷单骗局

在家动动手指上上网就可以轻松月入过万，这样的"好事"你信吗？用电脑、手机等设备上网时，你一定会遇到这样的情况：打开一个网站之后，第一次用鼠标点击这个网站网页时，会打开一个新的网页，而这个网页上显示的则是"每天电脑前两小时，月收入轻松过万"等招聘网页刷信誉、刷单业务的信息。每天两小时，一个月就能轻松收入过万元？在就业并不轻松的当下，这样的招聘显然有着不小的吸引力，但是真的会有这么好的事？这种看起来就很虚假的招聘信息，还真让不少大学生上当受骗。大学生小刘觉得："刷单工作不仅操作流程简单，只要在网上敲敲键盘就行，而且还能有这么高额的提成可以拿，按照对方的说法来计算，一个月至少可以拿到10000元的工资，这样的收入估计让不少每天辛苦工作的白领都汗颜。"小刘就真的登录该公司的网络链接，并且按照对方提示，分四次向对方提供的账户支付共计8000余元，其中6000元是向同学们和蚂蚁借呗借的钱。在对方不断要求小刘增加购买量，并且以各种理由拒绝退还之前的购物款及支付佣金的情况下，她才意识到被骗。

这种骗局的基本流程就是，当你开始做任务的时候，他们一般会给你分配话费、游戏点卡充值等虚拟商品的刷单任务。而一旦你点开任务网页提交订单时，网页内隐藏的

---

[1] 央视曝光：买根数据线，骗子让你借16.5万给他骗[EB/OL].[2016-11-21]. https://www.sohu.com/a/119489 198_447897.

嵌入代码会让你直接付款到他们的账户上，而且虚拟商品都是自动发货，自动确认收货。钱已经到达了对方账上，而你却根本无处退货，无处投诉。完成了上面的步骤之后，不法分子就会在结账时卡单，需要重拍。当你刷完任务，要求立即返现时，骗子会假装再次确认给你打款的账号，稍等片刻后，告知你任务超时，系统卡单，需要你重新再拍一次，不拍就激活不了系统，返还不了佣金，这时如果你再拍，就只会徒增自己的受骗金额而已。骗子利用的就是大学生舍不得钱白白打了水漂的心理，从而越骗越多。

特别想要通过自己的劳动自给自足的大学生们，对于这样的诱惑往往没有足够的警惕性。因此，在这里要提醒广大在校的大学生们，一定不要轻信网上的招聘兼职刷单的信息。这些所谓的高回报、低成本的业务，以网上刷单返点、网上找兼职名义实施的诈骗主要针对的就是无固定职业的年轻人和在校大学生。

三、货到付款陷阱

随着电子商务的完善，货到付款的模式受到了一些人的喜爱，下单便捷度高，掌握收货主动权，给予网购经验不足者足够的安全感。但是，让人意想不到的是，货到付款竟也会被一些不法分子钻了空子。

广西南宁市民赵女士接到快递员的电话，称她有一个货到付款39元的快递。拿到快递后，赵女士在快递单上看到了她的个人信息，且快递内容显示为"化妆品"。快递是谁寄来的？寄的又是什么？赵女士半信半疑，要求先验货再付款，但快递员拒绝了她的要求。因为赵女士近期并没有网购，她猜测可能是某家网店寄来的礼品或产品试用装，也可能是朋友送给她的礼物。赵女士在交了39元以后，便打开了包裹，结果看到了两瓶洗发水——外包装上没有任何质检信息，纯属"三无产品"。赵女士气愤地拨打发件人电话，但对方一直占线。39元，对于很多人来说，并不是一个很大的数目，一些人在看清对方的骗局之后，会选择不再追究，就当是吃一堑，长一智。也有人想要追究，但是由于已经签收了快递，所以在发现被骗后，也很难从快递公司处索赔。

在我们日常生活中，只要打开手机微信，总有几个朋友在朋友圈里发布各种集赞、关注、转发即可获赠"精美礼品"的信息。在微信集赞被叫停之后，免费送礼成为朋友圈中新的流行方式。"只要支付18元运费，即可免费领取12生肖的千足金挂饰。"这种"好事"你会相信吗？最近，姚女士的家人就中了招，收到的所谓"千足金"挂饰只是一枚廉价的塑料挂饰。骗子以收件人支付"礼物"运费这个看似合情合理的名义直接骗取了货款，而货物的实际价值可能非常低廉。

常见的"免费"礼物有某大牌香水、某明星同款墨镜、精美饰品、充电宝、茶具等，听起来又"免费"又"高大上"，其实成本也就仅仅几元钱而已。类似的事件还有很多，这并不是一场闹剧，而是赤裸裸的骗局，并且全国多地都在上演。简单概括一下，这场骗局的套路大概是：利用大家网购的习惯，让收件人到付签收，也许收件人会有疑惑，但因为价格也不贵，可能就稀里糊涂地给钱并签收了。而骗子就是通过货到付款的数额和实际货品的价格差，骗到了钱。虽然不多，但量足够大的话，也是很可观的。

不论是被收礼物还是主动领取礼物，虽然被骗取的金额不大，但是，这已经充分反映个人的隐私信息遭到了泄露。值得庆幸的是，公安部已在全国推广快递"实名制"。

曾有在快递公司工作的朋友说，遇见这种小金额的货到付款包裹，他们都会建议快递收件人拒收，因为他们熟悉这样的骗人伎俩，而且对这样的骗局深恶痛绝，货到付款的金额字体一般印刷很小，快递员在处理大量包裹的时候，很容易漏掉代收的金额。到最后，快递员得自掏腰包来补上之前被漏掉的金额。所以这种货到付款的包裹，不仅会让收件人遭受损失，也有可能让快递派件员遭受损失。因此，对于来历不明的"货到付款"，在签收前，还是要确认寄件人的身份，以防"商品"变"陷阱"。

四、海淘陷阱

国内假货太多，进口商品太贵，也可以造假掺假，部分消费者会选择直接从国外买，要么海淘，要么找代购。海淘和代购，已经日渐成为生活中的普遍行为。大家以为这样可以买来放心，买来安全，买来品质，殊不知，这其中也暗藏许多陷阱。

致力于打造自己知性优雅的职场女性形象的小白兔，看中了一条法国大牌丝巾。这条丝巾在国内专柜价格是三千多，在欧洲买会便宜近千元，精打细算的小白兔决定去某电商平台上找个代购。搜索了一圈，基本上价格都在两千多，也就是欧洲专柜价加上一点代购跑腿费，还算合理。可是其中有一家，价格不到两千！这价格几乎是国内价的一半，也比欧洲专柜价更低，小白兔心动不已，便向店家咨询。店主信誓旦旦地保证，自己是留学生，在专卖店打工，有内部员工折扣。小白兔心想，这价格虽便宜，但并非低得离谱，应该不至于买到假货，就下单了。到货时小白兔正在出差，请同事代收了。等回来拆开一看，发现不对，但已经错过了申请退货的期限。小白兔火冒三丈，想找店家理论，却发现连店都关了。找电商平台投诉，按要求提交证据，几个工作日后得到处理结果：无法证明丝巾是假货。确实，人家客服也不是奢侈品鉴定专家。客服说，这个人都关店了，整个账号都注销了，我们就算判定他售假，也没办法让他退钱给你了啊……

在某电商平台上，还有店铺专门仿制"加拿大鹅"羽绒服，成批发往加拿大，给当地的代购供货。有的代购，将国内寄来的仿货当正品再发回国内给买家，这样买家查看物流就是从国外发货的，便不再怀疑真伪。即便有的买家警惕性比较高，卖家也能轻易满足各种要求，采购视频、当天报纸自然不在话下，购物小票甚至有专门的伪造产业链。在网络平台上，一旦代购做出声色，就会有假货供应商主动找上门来。但凡立场不够坚定，就开始欺骗买家了……即便花了正品的价钱，也不能保证买到正品，而且代购商品不退不换是一条铁律，一旦出现真伪纠纷，处理起来太麻烦。当然了，这种店铺以淘宝店居多，因为淘宝的准入条件相比天猫来说低了很多。

此外，淘宝上的电子数码产品也是掺假量最大的商品品类，大家在购买此类商品的时候一定要擦亮自己的眼睛，不要抱有"天上掉馅儿饼"的侥幸心理。不想着占便宜，自己上当吃亏的概率就会大大降低。

思考题

1. 当今电子商务迅猛发展的原因是什么？
2. 请列举目前网购的主要弊端。
3. 网购中有哪些骗人伎俩？

第十二章 网络谣言辨析

谣言，从其词义本身出发，包含着三重含义：捏造不存在、不真实的事件；没有公认的传说；流传于民间的歌谣和谚语。在《辞海》中，"谣言"是这样进行解释的："谣，指凭空捏造的话或没有根据的传闻；谣言，指凭空捏造的消息或没有事实根据的传闻。"在鲁迅的《谣言世家》中，他将谣言比作"杀人不见血的武器"，痛斥其"一面害人，一面也害己，弄得彼此懵懵懂懂"。① 从古至今，谣言都以其强大的生命力跟随着社会的发展，存在于人们的生活之中。

互联网时代的到来，使得信息的传播得到了跨越式的发展，凭借着网络信息传播的快速性和隐匿性，谣言像是插上了可以飞翔的翅膀，能迅速实现铺天盖地的传播。通过网络平台（如微博、网络论坛、社交网站、聊天软件等）实现传播的谣言被称作"网络谣言"，网络谣言通常指传播带有攻击性且不真实的事件，以获得一些个人利益，涉及内容主要有突发事件、公共领域、政治人物、颠覆传统、离经叛道等。

网络谣言与一般的谣言相比，在短时间内有着更大的破坏性，会给个人生活、企业生产和国家形象带来极大的危害。古代人们对谣言的认识就已经非常深刻："凡街市无根之语，谓之谣言。""夫市之无虎明矣，然而三人言而成虎。""众口铄金，积毁销骨。"可见谣言的危害是非常大的。网络谣言问题已经引发了社会的广泛关注，也引发了国家层面的关注。

2014年2月27日，中央网络安全和信息化领导小组宣告成立，习近平总书记亲自担任组长，在第一次会议的讲话中指出："没有网络安全就没有国家安全，要依法治理网络空间，维护公民合法权益，使网络空间清朗起来。"

纵观历史，古代的"谣言"可以说渗透到当时社会的各个角落。不过，有时并无"正面""负面"之说，民间也常借造谣、传言来表达情绪，释放不满，东汉末年的"千里草，何青青；十日卜，不得生"，就是民间造时权臣董卓的谣，咒骂他将不得好死。

所谓谣言，如果后来能成功地变成现实也就不再是谣言，而变成了伟大的预言，从史料上看，古代历次农民起义大多利用"谣言"先制造舆论。《史记·陈涉世家》记载：先是用朱砂在一块白绸布上写下"陈胜王"三字，然后塞进鱼肚里，并有意让士兵买去宰杀。未出意料，看到从鱼腹中剖出的"丹书"，士兵都感到十分惊奇。这还不够，陈

---

① 翟翊辰.自媒体时代网络谣言的生成与治理研究[D].南昌：江西师范大学，2015.

胜又安排吴广半夜跑到附近的荒庙里,点燃篝火装作鬼火,模仿狐狸声音,大声叫喊"大楚兴,陈胜王"。结果这些小当兵的,半夜听到这鬼声音,都十分惊恐,第二天便传开了。

第一节　网络谣言的今昔

一、网络谣言的昨天

(一)关于网络谣言的研究

网络谣言,几乎是伴随着互联网的兴起而发展的,但是对于网络谣言的研究,却滞后于网络谣言的兴起和发展。在我国,最先开始进行网络谣言研究是在2002年,那时候虽然电脑已经渐渐开始使用,但是远不如现在普及,网络谣言的爆发相对较少。2003年,由于"非典时期"网上造谣的数量增加以及抹黑政府的网络言论剧增,网络谣言的传播模式开始被更多的人注意到,这个阶段关于网络谣言的研究成果也有所增加。2008年,我国发生了两件大事,汶川大地震和北京奥运会,在汶川大地震一事中,网络谣言集中爆发,主要分为几个重要的时间段:抨击政府在地震预报上能力不足,挑拨民众情绪,打击政府;攻击解放军救援速度慢,企图让国际援救队伍进入,扰乱救援秩序。汶川大地震期间的网络谣言四起,而具备公信力的传统媒体在网络谣言快速传播面前,显得有些力不从心,最终使得谣言盖住了真相,严重影响了震后救援工作的开展。这次事件之后,我国对于网络舆论的引导和网络谣言的监管力度有所增加。很多学者对网络谣言进行了重新定义:

2006年,学者王继先认为中世纪的谣言是"听传时代的谣言",而今天的谣言是"数字化时代的谣言",从技术革新的层面上界定了网络谣言的特殊性。[1]

2006年,学者左玮娜对网络谣言提出了一个比较完善的定义:"网络使用实体通过个人网站、电子邮件、电子公告(如电子论坛、留言板、布告牌等)以及即时通讯工具传播的,旨在将使人相信的信息,在没有确切根据的情况下通过网络进行流传。"细化了网络谣言的主要传播渠道。[2]

2011年,学者李文超指出网络谣言是在数字化的传播阶段,以互联网为介质,对新闻事件和相关信息进行刻意或非刻意的修改后,在广大网民甚至网外的生活圈、社交圈中进行传播的信息。[3] 从网络谣言的主要内容剖析了网络谣言的性质……

不管是哪个学者提出的观点,其在网络谣言研究的前期阶段,都不是很完善,这也反映了我国网络谣言研究的相对滞后性和亟待完善性。

(二)早期网络谣言的催化剂

早期网络谣言之所以会得到广泛的传播,成为影响社会稳定的因素,离不开一些促

---

[1] 王继先.互联网谣言传播的控制与辟谣研究[D].南京:南京师范大学,2006.
[2] 左玮娜.网络谣言传播研究[D].北京:中国社会科学院研究生院,2006.
[3] 李文超.公共危机中的网络谣言传播机制研究[D]上海:华东师范大学,2010.

进网络谣言生成的催化剂。

网络技术发展尚不成熟,给网络谣言的产生和传播提供了肥沃的土壤,一方面,虚拟的网络无法识别信息的真伪,任凭信息在网络上传播;另一方面,技术水平的滞后,无法及时拦截和删除识别在网络上传播的谣言。

网民处于开始大量接触网络平台的新奇阶段,对于网络传播信息的识别能力不足,以为网络上传播的都是真实的信息,接收新信息和传播新信息的热情空前高涨,几乎人人都作为一个传播者的角色存在,大大助长了网络谣言的散布范围。

1947年,奥尔波特和波斯特曼提出了谣言决定公式:谣言=(事件的)重要性×(事件的)模糊性。公式说明谣言的产生在于:首先,传者与受者都认为事件具有某些方面的重要性;其次,事实需要通过模糊性来进行一些掩盖。当重要性和模糊性中的一方趋近于零的时候,谣言也就无从产生。

克罗斯(1953)在此基础上对公式进行了拓展与调整,提出:谣言=(事件的)重要性×(事件的)模糊性×公众的批判能力。这一公式指出,谣言的产生与"公众的批判力"这一因素也呈正相关关系,受众批判能力越强,谣言的滋生就越容易,反之则越困难。

罗思诺与费恩(1990)则在前人的研究基础上又加入了心理的因素,认为一般谣言的流传还与人们的好奇心和听取新闻的愿望有关。

2003年,奥尔波特与波斯特曼又提出了公众在进行谣言接收与再造的过程中常使用的"三种基本的嵌入机制:削平(leveling)、磨尖(sharpening)与同化(assimilation)"。他们认为,人们通常会依赖自身的兴趣爱好、经验习惯以及价值理念等因素来确定谣言的细节与信息内容的取舍,即"同化";将有限的细节从复杂的背景资料中挑选出来,并对其进行记忆、传播、互补的过程,即"磨尖";为使谣言更具有故事性,或使其所转载或传播的信息更容易被受众理解,依靠自身的理解将信息中的不合理因素进行删减,使内容更加明确和清晰的过程,即"削平"。弗朗索瓦丝·勒莫(1999)在其《黑寡妇——谣言的示意及传播》一书中认为谣言的建构是一种富有意义的过程,而叙事核心的维持则是谣言赖以生存的必要条件。

早期网络谣言的产生和发展,与诸多因素有着密不可分的联系,可以说,是社会、技术、心理和事情本身等诸多因素共同造成了网络谣言。

二、网络谣言的今朝

随着互联网的快速发展,新媒体逐渐成为传播的主流。2009年,微博的兴起让广大网民欢呼雀跃,微博的广泛使用几乎标志着一个自媒体时代的到来,在这个时代里,每个人都拥有发言权,每个人都是"记者",记录着生活的点点滴滴,也控诉着社会的不公现象。自媒体时代的到来,解放了人们的话语权,网络上的言论一下子就丰富起来了,传统媒体一直精心营造的信息发布审核制度,在自媒体时代逐渐被抛弃。在大众享受着自媒体时代带来的全新体验时,其实也为网络谣言的迅猛发展提供了巨大的温床。

与早期网络谣言的特点相比,自媒体时代的网络谣言呈现出了更加复杂、多样化、危害性大的特点。

第一，传播速度快、受众范围广、影响力大。由于早期的网络使用范围和普及范围有限，所以早期的网络谣言传播的范围也有限，甚至在很多地方是靠一个关键人物口述，其他人口口相传的方式进行的，这种传播方式在速度上不会太快，而且受众的范围扩大到一个区域的可能性较小，所以综合而言，早期的网络谣言的影响力并不会那么大。

但是随着互联网的普及，地球被缩小成了一个"地球村"，有研究表明，在信息高度发展的现代社会，只要通过联系6个人，就可以得知你想找的人的联系方式。大家被网络这张"大网"捆绑在了一起，所以当有网络谣言传出时，网络上的群发、复制粘贴、置顶、评论等功能就会使得网络谣言以迅雷不及掩耳之势传播开来，网络谣言的传播速度经常是以分秒来计算的，这样的速度是传统的人际传播速度的几万倍，这也就意味着，如果一则谣言不加以甄别和遏制，在几个小时内就可以传遍整个世界，可想而知，现代网络谣言的传播之快、影响之大。

2011年，我国甬温线发生特别重大铁路交通事故，事故发生之后，网名为"秦火火"的网民在网络上散布谣言，号称中国政府花了2亿元来赔偿在事故中遇难的外国旅客，这个谣言在网络上引发了网友们的强烈反响和热议，仅仅2个小时时间就被转发了上万次，造成了严重的后果。而造谣者"秦火火"还信奉着"谣言不止于智者，而是止于下一个谣言"，最后他受到了法律的制裁。

第二，网络谣言发布主体增加，其目的复杂多样。传统媒体时代，信息的传播主要是掌握在大众传播机构等少数人的手中，个人如果想要表达自己的观点或者向更多人宣传自己的看法，渠道相对单一，难度相对较大。随着自媒体时代的到来，民众的表达渠道得到了拓宽，微博、微信、各种论坛成为他们"煮酒论天下"的主要场地，在个人社交平台和论坛上，他们可以随时随地地表达自己的观点，网络信息的自主性得到了极大地加强，网络发声的主体也变得越来越多。

由于网络谣言的发布主体增加，每一个信息的发布者都有不同的目的，2004—2009年，很多网络主体的存在方式是网络营销，这个时期网络谣言的发布者，主要是在一些论坛、贴吧制作一些话题炒作，其主要目的是为广告主谋取利益，比如"封杀王老吉"事件的炒作。2009年之后，网络"水军""推手"发布谣言的目的变得更加复杂，除了为广告主谋取利益之外，还兼有"炒红"自己、试图引导社会价值观的目的，从这个时期到现在，我国网络上出现了很多"网红"形象，甚至出现了"网红经济"，比网红更让人感到恐慌的是，一些别有用心的网络推手想要在价值观上去引导别人，如"宁可坐在宝马里哭，也不愿坐在自行车上笑"的拜金主义。

第三，内容博人眼球，传播广危害大。网络谣言的一大特点是内容危言耸听，能在短时间内引发网友的关注，所以造谣者经常会选择一些惊悚、离奇的话题，通过语言包装，迅速吸引网友的关注，如经常携带"地震""爆炸""致癌""别再被骗了"等字眼。而网络受众在接收到这样的信息的时候，往往又会抱着"转发给亲朋好友""宁可信其有，不可信其无"的心态，帮助扩大谣言的传播范围。这样的内容未经核实就大量转发，往往会造成严重的后果。

"蛆橘事件"让全国柑橘严重滞销——"告诉家人、同学、朋友暂时别吃橘子！今年广元的橘子在剥了皮后的白须上发现小蛆状的病虫。四川埋了一大批，还撒了石灰……"2008年的这样一条短信，从一部手机到另一部手机，不知道被转发了多少遍。此间，又有媒体报道了"某地发现生虫橘子"的新闻，虽然语焉不详，但被网络转载后再度加剧了人们的恐慌。

自2008年10月下旬起，它导致了一场危机：仅次于苹果的中国第二大水果柑橘严重滞销。在湖北省，大约七成柑橘无人问津，损失或达15亿元。在北京最大的新发地批发市场，商贩们开始贱卖橘子，21日还卖每斤0.8～1元，次日价格只剩一半。山东济南，有商贩为了证明自己的橘子无虫，一天要吃6～7斤"示众"。

10月21日，当传言已经严重影响全国部分地区的橘子销售时，四川省农业厅对此事件首次召开新闻通气会，并表示，此次柑橘大实蝇疫情仅限旺苍县，全省尚未发现新的疫情点，并且该县蛆果已全部摘除，落果全部深埋处理，疫情已得到很好控制。

"蛆橘事件"的失实传播，使得当地农民一年的汗水付出一无所获，也使得整个湖北省的经济受到了影响，扰乱了水果行业的正常运行秩序，造成了不可挽回的严重后果。因为网络谣言引起的经济秩序的混乱，还有"皮革奶粉"事件。

2011年2月17日，网络上出现了一篇名为《内地"皮革奶粉"死灰复燃　长期食用可致癌》的文章。文章说，销声匿迹数年后，内地再现"皮革奶粉"踪影，内地疑有不良商人竟将皮革废料的动物毛发等物质加以水解，再将产生出来的粉状物掺入奶粉中，意图提高奶类的蛋白质含量蒙混过关。"皮革奶粉"再次被摆到台面上，引起人们对食品安全的担忧。文章一出，立刻引起轩然大波：伊利、蒙牛、三元、光明的股价应声下跌，蒙牛跌幅高达3.3%；同时，公众、奶制品企业和监管部门的神经也立刻紧绷起来。当晚，农业部在官网上再次声明，2010年抽检生鲜乳样品7406批次，奶站4778批次，运输车2628批次，三聚氰胺全部符合临时管理限量规定，没有检出皮革水解蛋白等违禁添加物质，生鲜乳质量安全状况总体良好。

农业部奶业管理办公室表示，在三聚氰胺事件后，国内生鲜乳制品安全状况进入了一个良好发展阶段，农业部门会继续加大管理和查处力度，保证生鲜乳制品的安全。

谣言虽然破了，但消费者对我国乳制品的信心遭到重创。2008年三聚氰胺事件发生以来，公众对国内乳制品的不信任感居高不下，具备购买能力的消费者一般都会优先选购国外奶制品，内地乳制品企业则在战战兢兢中向前发展。

网络谣言的危害可见一斑，"键盘侠"在电脑前敲打的几个文字，可能会使得一个地方的劳动者颗粒无收、使得一个行业名声扫地。互联网高速发展的今天，网络监督应该发挥其作用，但是网络谣言也应该受到制止。

第二节　网络谣言的各类看法

网络谣言因其巨大的危害性，已经引发了社会各界人士的关注，人们纷纷对网络谣言兴起的原因进行剖析，从各个环节、各个维度出发，为遏制网络谣言的发展献计献策，并已经取得了累累硕果。

一、从传播学角度看网络谣言

在《弥漫的传播》一书中，学者杜骏飞指出，网络传播具有泛化、弥漫化的趋向，在新的传播环境下，信息传播充斥着人类行为的所有领域，呈现出跨平台、跨运用、跨语言的特点。① 书中指出，网络谣言传播呈现出了"弥漫化"的特点，所谓"弥漫化"，指的是在一则信息的传播中，新媒体在快速传播上占据优势，一些传统媒体在接收到该信息的时候，经常会以此为新闻源，再度深挖该信息背后的信息，这个时候，传统媒体实际上就是被新媒体"弥漫化"，而传统媒体加入了该信息的传播行列中，往往就会增加了该信息的公信力和影响力，但是传统媒体发声不等于信息的事实真相，如果传统媒体对信息不多加思索的话，往往也会成为"网络谣言"的助手，使得网络谣言的危害大大加深，在现代社会，这样的情形也是频频出现。

自2006年3月5日起，浙江嘉兴多家媒体报道，嘉兴平湖市53岁保安郑菊明，连续八年资助了一名四川宜宾兴文县素未谋面的孤儿彩霞（化名）。年前，郑菊明被查出肺腺癌晚期，却仍然牵挂着千里之外的彩霞。为了不给孩子增加心理负担，病中的郑菊明还告诉彩霞"自己一切都好"。3月30日，《南湖晚报》以《最美的秘密 八年的牵挂》为题作了深度报道，郑菊明的事迹通过平面媒体和网络媒体广泛传播，网友纷纷为其大义感动，赞其为"情义保安""嘉兴好人"等。

4月27日，《成都商报》一篇题为《川浙两地调查：保安实为"孤儿"亲生父亲》的报道称，记者在兴文县采访时发现，"情义保安"的背后藏着一个长达10多年的秘密：郑菊明实为彩霞亲生父亲！郑菊明向《成都商报》记者亲口讲述了谎言背后的全部真相，并忏悔致歉："我对不起大家，我编的谎言伤害了大家的感情，我真诚地向大家道歉。"

10月18日，国家新闻出版广电总局办公厅下发媒体发布虚假失实报道查处情况的通报，其中通报了《南湖晚报》刊发虚假报道的查处情况：2016年3月30日，浙江《南湖晚报》刊发报道《最美的秘密八年的牵挂》。报道称，一保安八年来资助四川一从未谋面的贫困女孩。经查，贫困女孩实为保安的非婚生女，该报记者未能全面深入采访核实，报社审核把关不严，导致虚假报道刊发。对此，南湖晚报社对相关责任人进行了批评教育。浙江省新闻出版广电局责成《南湖晚报》及其主管主办单位嘉兴日报社全面整改，进一步加强新闻审核把关，提升采编业务水平。

在瞬息万变的信息时代，很多媒体人在报道信息的时候，紧紧抓住了"新、快"这两个关键词，而忽略了最重要的"真、实"，这样的传播模式，无疑会给网络谣言创造条件，严把传播关卡是将网络谣言扼杀在摇篮的重要举措。

二、从心理学角度看网络谣言

法国学者莱姆斯曾说，就像不存在没有神灵的社会一样，也不存在没有谣言的社会。网络谣言的存在有其厚实的社会根源，从心理学角度来看，网络谣言之所以常常影响到人们的工作、学习和生活，与造谣者和传谣者的心理活动密不可分。

---

① 杜骏飞. 弥漫的传播[M]. 北京：中国社会科学出版社，2002：280.

第一，宣泄心理。宣泄心理一词出自弗洛伊德的经典精神分析理论，指的是一个人通过特定的语言、行为方式去发泄自己的某种情绪，当前社会正处于极速转型的关键时期，社会中的每个人都忍受着强大的工作心理压力，这些压力积累到一定程度就必然需要寻找一个出口，以将这个情绪释放出来。网络为人们提供了良好的宣泄平台，网络的匿名性、隐秘性和自由度符合他们发泄不满的要求，在宣泄心理的需求下，他们通常会将自己对社会、对工作的不满通过谣言的形式发泄出来，以获得一些心理慰藉。

2016年2月6日晚，网友"想说又说不出口"在某论坛发帖称：自己是正宗上海人，家庭小康，谈了个男朋友是外地人。今年春节假期在男友的要求下和他一起去江西老家过年，但到男友家吃第一顿晚饭时，"一看到这个饭菜我真的想吐了。比我想象的要差一百倍，我接受不了"。因此她决定与男友分手回上海。此帖一出，一下子就成了大家关注的焦点，有人力挺"上海女"，也有人支持"江西男"，各方讨论激烈。

这个事件成为网络热点后，很快有网友指出其中存在若干疑点。界面、澎湃等媒体也进行追踪报道，从照片、订火车票、返程时间等一系列细节，推断出该帖文存在虚假。2月21日，《江南都市报》刊发《"上海女孩逃离江西农村"事件：假的》，报道称：记者从网络部门获悉，"上海女孩逃离江西农村"事件从头至尾均为虚假内容。根据网络部门的信息梳理，发帖者"想说又说不出口"并非上海人，而是上海周边某省的一位有夫之妇徐某某，春节前夕与丈夫吵架，不愿去丈夫老家过年而独自留守家中，于是发帖宣泄情绪。而之后在网上自称"江西男友"进行回应的网友"风的世界伊不懂"，和徐某某素不相识。

这篇宣泄个人情绪的帖子，因为里面关于城乡差距困境里的个体命运分离的价值观强烈地触动了一部分人，满足了这部分人心里压抑的情绪发泄，后面发展成为网络谣言，也成为2016年最荒唐的一个网络谣言。

第二，从众心理。从众心理指的是个人受到外界人群行为的影响，而在自己的知觉、判断、认识上表现出符合于公众舆论或多数人的行为方式。心理学家研究发现，人们在网络社交过程中，受他人或团体的影响并不比在实际生活中的小。他们会仔细阅读朋友圈中转发的文章、与团体中的成员关注共同的微信公众号，以期取得与圈子中的人同样的信息。对于圈子中大家都相信的信息，他们也会选择相信，"大家都说是真的，那我也当它是真的吧"，在这样的心理引导下，人们渐渐失去基本的辨别能力，从众性地去接受一些信息。

2011年3月11日，日本东海岸发生9.0级地震，地震造成日本福岛第一核电站1—4号机组发生核泄漏事故。谁也没想到这起严重的核事故竟然在中国引起了一场令人咋舌的抢盐风波。从3月16日开始，中国部分地区开始疯狂抢购食盐，许多地区的食盐在一天之内被抢光，期间更有商家趁机抬价，市场秩序一片混乱。引起抢购的是两条消息：食盐中的碘可以防核辐射；受日本核辐射影响，国内盐产量将出现短缺。

经查，3月15日中午，浙江省杭州市某数码市场的一位网名为"渔翁"的普通员工在QQ群上发出消息："据有价值信息，日本核电站爆炸对山东海域有影响，并不断地污染，请转告周边的家人朋友储备些盐、干海带，在一年内不要吃海产品。"随后，这条消息被广泛转发。16日，北京、广东、浙江、江苏等地发生抢购食盐的现象，产生了一场全国范围内的辐射恐慌和抢盐风波。

3月17日午间,国家发改委发出紧急通知强调,我国食用盐等日用消费品库存充裕,供应完全有保障,希望广大消费者理性消费,合理购买,不信谣、不传谣、不抢购。并协调各部门多方组织货源,保障食用盐等商品的市场供应。18日,各地盐价逐渐恢复正常,谣言告破。

3月21日,杭州市公安局西湖分局发布消息称,已查到"谣盐"信息源头,并对始作俑者"渔翁"作出行政拘留10天,罚款500元的处罚。

类似的荒唐事件还有我国的"板蓝根事件",正是因为大家的从众心理,演了一出又一出的闹剧。

第三,虚荣心理。人人都希望得到社会的认可,希望得到别人的赞美,宽容的社会允许人们更多样式的存在,也使得人们的虚荣心理得到了更多的满足,比如现在大量存在的微博大V、网红等,他们拥有大量的粉丝,每次发布的信息都有较大的阅读量,为了吸引更多的粉丝数量或是保持自身的良好"形象",他们经常会发布一些不真实的言论。

在《权子·顾惜》中耿定向谈到一个《孔雀爱尾》的故事:一只雄孔雀的长尾闪耀着金黄和青翠的颜色,任何画家都难以描绘。它生性忌妒,看见穿着华美的人就追啄他们。孔雀很爱惜自己的尾巴,在山野栖息的时候,总要先选择有搁置尾巴的地方才安身。一天下雨,雨水打湿了它的尾巴,捕鸟人就要到来,可是它还是珍惜地回顾自己美丽的长尾,不肯飞走,最后终于被捉住了。故事比喻人们为了没有意义的美好不惜牺牲自己的生命和自由。

第三节　如何对待网络谣言

"谣言止于智者",网络谣言给人们的工作生活带来了巨大的危害,在如何对待网络谣言这个问题上,大多数人持比较客观的态度,认为治理网络谣言要持以辩证的态度,既要充分尊重公众的自由言论权,让大众的思想在新时代百花齐放,又要兼顾好民众思想领域的监管,净化网络交流环境,坚决抵制网络谣言,避免谣言惑众。

一、治理网络谣言的"他山之石"

(一)美国:130项法律、法规规制网络传播内容

美国是互联网的发源地,也是最早对互联网内容进行管制的国家,"美国经验"值得学习。截至2017年,美国共颁布了近130项法律法规,专门对网络上传播的内容进行监控,如《网络安全法2009》《信息安全与互联网自由法》《反外国宣传和造谣法》等。同时,对脸书(Facebook)、推特(Twitter)等社交网站及其知名博主进行监督,从源头上减少网络谣言的传播。

(二)德国:严加控制网络言论

德国被称为"全球传播界对网络最不友好的国家",对社交网络平台内容实施最严格监管。《刑法典》《民法典》《信息自由法》《公共秩序法》《信息自由和传播服务法》等法

律法规都被明确适用于互联网,可直接用于网络谣言治理。2017年4月,德国通过《网络执行法》草案,规定"社交网络平台必须提交关于打击非法言论情况的季度报告"。

(三)印度:散布虚假、欺诈信息最高可判3年有期徒刑

2000年6月,印度颁布《信息技术法》,涉及刑事诉讼、行政管理等内容。2008年孟买连环恐怖袭击事件发生后,印度对该法作出修订,规定对在网上散布虚假、欺诈信息的个人最高可判处3年有期徒刑,对故意利用计算机技术、破坏国家安全或对人民实施恐怖主义行为者,可判处有期徒刑直至终身监禁。

2011年,印度再次修订《信息技术法》,重点加强对网站的规范管理,规定印度政府有关部门有权查封可疑网站和删除内容,网站则应当在接到通知36小时内删除不良内容,同时网站运营商还需要在声明中清楚告知用户,不得发布有关煽动民族仇恨、威胁国家团结与公共秩序的内容。2010年9月起,印度政府为维护国家安全,要求对黑莓邮件、即时通信等通信软件,以及脸谱和推特等社交网络平台进行监控,并多次要求上述网络运营商协助政府删除涉嫌违法网络内容。

纵观全球,几乎没有哪个国家接受网络谣言的自由传播,从另外一个角度看,也可以看出网络谣言的危害之大,已经上升到国家乃至国际层面了,对网络谣言"零容忍"不是限制网民的自由发言权,恰恰是为了保护网民的自由发言权而竭力去创造一个良好的网络环境,构建一个和谐的网络交流平台。

二、遏制网络谣言的攻略

(一)政府层面

遏制网络谣言的肆虐,最主要的还是要靠政府的力量。早在2008年5月1日,我国政府就通过了《中华人民共和国政府信息公开条例》,在这个条例中,我国政府首次通过法律法规向普通公众传递打造"阳光政府"的信号,并赋予公民"获取信息"的权利。2013年10月15日,国务院办公厅下发《关于进一步加强政府信息公开回应社会关切提升政府公信力的意见》,进一步明确了各地区各部门应积极通过新媒体及时发布政务信息,尤其是涉及公众切身利益的重大公共事件及法律法规的信息,并充分利用新媒体实现公众之间的交流。

第一,建立健全的信息发布系统。很多谣言的发生,根本原因在于对信息的掌握度不够,"模糊的信息"让造谣者有了更多发挥的空间,也给谣言滋生创造了环境,所以政府及时发布相关信息,可以从源头上扼杀谣言的诞生。对于关乎民生的重要问题,政府可以通过发布会、记者会的形式,向民众传递最真实的声音。

第二,提高对网络谣言的防范意识,对网络谣言及时做出反应。部分基层政府机构对网络谣言的重视度不够,认为网络谣言只是网民在网络上的小打小闹,没有充分地认识到网络谣言的爆发性和危害性,进而疏于防范网络谣言,不能及时对网络上的假信息进行"辟谣",任凭网络谣言"爆发",造成重大损失后才追悔莫及。

第三,加强对网络的监管力度。网络不是法外之地,更不是造谣行骗者的藏身之地,政府应该加强对网络言论的监管力度,通过关键词、短期转发量、点击量、阅读量等多种方式监管普通网民的言论,通过实时监控微博大V、知名博主的动态等形式监管

社会意见领袖，在充分保证网民的自由言论权的同时，不放过每一个造谣者。

第四，增加政府公信力，不护短、敢揭露。谣言四起的一个重要原因是政府的公信力不足，对于一些网络上的传言，哪怕政府已经出来辟谣了，但是民众对政府存在怀疑，谣言反而会越传越多。增加政府的公信力，有时候需要勇敢地揭短，实事求是，不欺瞒民众。在网络谣言的治理中，政府的公信力越高，谣言被揭穿的速度就越快，也最能及时挽回损失。列宁曾经说过：只有当群主知道一切，能判断一切，并自觉地从事一切的时候，国家才有力量。

2017年12月22日，据江苏电视台城市频道《零距离》报道，江苏常州金坛被曝出有两辆多功能抑尘车(雾炮车)，长期对着金坛区两处环境监测站附近进行喷洒，噪声扰民。当地民众就此怀疑是环保部门在作弊，试图用这种方式降低污染数据，从而交出漂亮的环境"成绩单"。

对此，常州市金坛区多个部门回应称，喷洒在监测点附近并非有意为之，而是操作工偷懒所致。同时，空气质量监测数据没有受到影响。不过，这一回应并没有得到公众的认可，"有人相信吗""不管你信不信，反正我信了"等不相信或者调侃的留言，充斥着新闻评论区。

雾炮车喷射的水雾颗粒极为细小，的确可以发挥液雾降尘，分解淡化空气中的颗粒浓度、尘埃等作用。如果用雾炮车对着空气质量监测点采样口直吹，确实能够对采样的数据产生影响。雾炮车长时间停车喷洒的地方，刚好是金坛区的两个空气质量监测点附近。公众产生怀疑很正常，说到底，这符合经验常识。官方回应称原因是"两位操作工图省事，便在那附近长期停留喷洒，以起到降尘的作用"，虽然显得牵强，但也可能是事实，其实也符合逻辑。但为什么网友不相信官方的调查结论，而倾向于认同自己的判断呢？

民众之所以在一些调查结论出来之后高喊不相信，或者是因为的确存在故意歪曲事实的现象，或者是官方通报在方式和态度上出了问题。虽然是事实，却让人觉得在推托责任，明明拿着一手好牌，却给打烂了。

不少舆情事件中，官方反应速度明显加快，但陷入了只有论断、没有事实的误区，结论缺乏翔实、客观、充分的论据作为支撑。一些单位更是希望通过"一次性答复"的方式为事件作出最终结论，而无视舆情的后续发展。一些单位虽然接二连三地发布通报，但是没有直面质疑，而是顾左右而言他。这样的回应只能让公众充满质疑。一些官方回应，内容空洞、态度冷漠、语言生硬，看不到丝毫的人文关怀和沟通的诚意，动不动就是要追究"造谣者"的责任，不仅无法消除民众的疑虑和不安，反而增加了民众对官方的不信任感。

随着社会的发展，公众素质不断提高，参与社会治理的意愿也愈发强烈。面对民众的质疑和不信任，政府部门不应该只是自叹委屈，抱怨民众"不善良"，而更应该从自身角度进行反思。回应质疑时，不仅要快速及时，更要完整、全面，要改变过去高高在上的思维，用耐心的沟通取代单向的通报。要掌握更多的沟通技巧，要表现出对民众知情权、监督权的尊重，尤其是对民众智商的尊重。

(二) 媒体层面

从一定程度上讲，网络谣言的传播利用了媒体传播的一些固有弱点，如求快不求真、以点击量阅读量论英雄、三重审核机制弱化等，这些弱点在新媒体时代尤为突出，预防网络谣言的发生，离不开媒体行业的努力。美国著名的报人普利策曾说：一个愤世嫉俗、唯利是图、蛊惑民心的媒体，最终会制造出像自己一样卑劣的民众。媒体可以从其专业度上去遏制网络谣言的传播，为民众呈现一个真实的言论世界。

第一，信息传播回归新闻本真，求快的同时更求真。出现"假新闻""网络谣言"有媒体人的责任，一方面，媒体人在接收一个信息的同时，更多的是在考虑如何把信息快速传递出去，对于核实新闻的真实性投入不够；另一方面，信息爆炸的时代，每个信息的来源真假难辨，对于一些企图造假的信息，部分经验不足的记者难以在短时间内核实真伪。不管是出于何种原因，传递真相应该是媒介人的职业之本，在追求快速传递信息的同时，更应该重视新闻的真实性。

第二，对网络的信息进行监督，扮演好"把关人"的角色。网络谣言常常是以瞬间蔓延的形式，迅速占领各个报纸和网站的头条新闻版面，在这个时候，媒体的"把关人"角色如果缺位，就会造成各大头条被网络谣言攻陷的状况。在每一次特殊信息爆发的时候，媒体人都应该对信息的源头、起因、发展等重大因素进行多次核对，保证从媒体出去的信息都是真实的。

(三) 个人层面

在自媒体时代，每个人既是信息的接收者，也是信息的传播者，提升个人媒介素养，对于遏制网络谣言的传播有极大的作用。

第一，加强网民媒介素养培训，共同建造和谐的网络家园。网民的媒介素养决定了网络传播的内容，高素质的网民不会随便去发布不当的言论，也能及时识别网络信息的真伪，不参与谣言的传播。除此之外，高素质的网民还可以适时地引导舆论，揭穿谎言，让别有用心的造谣者的谎言无处藏身，帮助政府一起建造和谐的网络家园。

第二，提升网民的文化素养，多渠道宣传识别谣言的技能。很多谣言其实只要多思考一点，就会知道是假的，但是为什么还有那么多人糊里糊涂中充当了谣言的传播者呢？原因很简单，就是公民的文化、科学修养不够，在谣言面前处于被动摆布的状态，而不是主动识别的状态。为此，公民应该加强文化知识的学习和补充，通过阅读书籍、收看科学知识类节目、利用网络平台等多种渠道不断提升自己的知识水平，以防被网络上的谣言蒙骗。

网络谣言是信息时代的产物，在信息时代，谣言的杀伤力不亚于炸弹，网络谣言对于个人、社会、国家都是百害而无一利，攻破谣言需要每一个人的努力，各方都行动起来，才会让谣言消失在新时代里。

思考题

1. 网络谣言的危害有哪些？
2. 网络谣言的案例有哪些？
3. 为了消除网络谣言，我们可以做什么？

# 第十三章　校园网贷与诈骗

近几年来，我国校园网贷事件频发，校园金融诈骗案件层出不穷，各地大学生因为缺乏对金融诈骗的防范意识，屡屡上当受骗，他们从精神、肉体到经济都遭受了巨大的伤害，因此，应该引起社会各界广泛地关注。为教育引导在校学生增强金融风险防范意识和金融安全意识，提升自我保护能力，本章对该话题展开讨论。

第一节　网贷与校园贷

一、P2P 网络借款

网贷，又称 P2P 网络借款。P2P 是英文 peer to peer 的缩写，意即"对等的个人对个人"。网络信贷起源于英国，随后发展到美国、德国和其他国家，其典型的模式为：网络信贷公司提供平台，由借贷双方自由竞价，撮合成交。资金借出人获取利息收益，并承担风险；资金借入人到期偿还本金，网络信贷公司收取中介服务费。P2P 网贷最大的优越性，是使传统银行难以覆盖的借款人在虚拟世界里能充分享受到贷款的高效与便捷。网贷平台数量近两年在国内迅速增长，对经济的发展起到了很好的促进作用。

几年前，中国各大银行曾向大学生发放信用卡，由于出现大量违约透支事件，2009年银监会出台《关于进一步规范信用卡业务的通知》，叫停大学生信用卡。而由于快速生长的互联网电商购物，过度的消费需求使得大学生迫切地需要另外一种低门槛的信贷模式，"校园网贷"便应运而生。

校园网贷（后称校园贷），是大学生金融服务 P2P 发展较为迅猛的产品类别之一。校园贷是专门针对在校学生发放的各类贷款总称，包括助学贷款、校园创业贷款和校园消费贷款等，其中学生消费贷款平台发展最快。2015 年，中国人民大学信用管理研究中心调查了全国 252 所高校的近 5 万名大学生，并撰写了《全国大学生信用认知调研报告》。调查显示，为了弥补资金短缺时，有 8.77% 的大学生会使用贷款获取资金，其中网络贷款几乎占一半。学生网贷途径大致有三类：一是单纯的 P2P 贷款平台，比如名校贷、我来贷等；二是学生分期购物网站，如趣分期等；三是京东、淘宝等电商平台提供的信贷业务。相比于银行给予的传统贷款，网贷的利息和手续费都很高，而且信息也不明确，安全度很低。部分 P2P 网络借贷平台为加大校园业务力度，通过虚假宣传的

方式和降低贷款门槛等手段针对在校学生开展借贷业务,诱导学生过度消费、超前消费甚至为此背上高利贷,对校园安全和学生权益造成严重损害。

二、花样繁多的校园贷

一些校园贷目前已经发展成为一种高利贷。他们通过网络渠道放贷,其利息高达30%~37%。不少大学生对于信息真伪的辨识度比较低,很容易被部分不良网络借贷平台的虚假宣传所欺骗,进而过度消费,陷入高利贷的陷阱。

从2014年起,"校园分期"开始出现,他们先从iPhone等大学生钟爱且有点"买不起"的商品切入,结合电商、地推和分期付款的优势,短平快地迅速在全国大学蔓延。分期乐、趣分期、爱学贷等校园贷快速兴起,各类校园贷平台纷纷创办。曾有统计显示,2016年面向大学生的互联网消费信贷规模已突破800亿元。这一规模在2015年才260亿元。大学生收入少,但对数码产品、旅游、娱乐方面的需求大,更容易接受信用消费、分期付款。校园贷平台抓住了大学生的这些需求,在校园内大力推广。但近年来,频频出现黑代理、裸贷等校园贷陷阱,一些大学生因此成为受害者。

校园贷中有不少非法经营的高利贷,通过诱导贷款和提高授信额度等方法导致学生陷入"连环贷"陷阱。校园贷的利率普遍在20%~30%,或者更高,是银行一年期基准利率的4.12~6.19倍,若学生不能按期还款,发生违约行为,还须支付12%~18%(年化)的服务费,曾出现某大学生在校园借贷晚还6天1万变4.2万的案例。

据《海南都市报》2017年4月19日报道,海南某大学学生借2万元校园贷4个月滚成13万元,父母卖家产仍还不起。"真是不知道该怎么办才好了,儿子2016年12月份借了不到2万元,没想到才过去几个月本金加利息就涨到了13万元,我们卖掉了家里唯一的200株橡胶,还抵押上了我姐姐的退休工资,才还上其中的7万元,还有6万多元没有还上,每个月的利息还要1万多元。"4月18日,家住海南儋州市西培农场的李伯(化名)带着儿子李军(化名)找到记者时,他满脸憔悴,面对儿子深陷校园网贷,真是急白了头。①

一位不愿透露自己真实姓名的在校女大学生称,2016年2月她因为创业注册了涉事网络借贷平台。据其回忆,该平台实行实名制,必须上传身份证、学生证以及填写家庭信息,包括家里人的联系方式。她通过该平台第一次借了500块钱,周利息30%。因为没还上,重新借了新债还旧债,周利率仍为30%。利滚利后,她更加无力偿还,几个月时间总欠款已达5.5万元。

她说,在欠款金额过万时,借款方多次向她催款。她说,最恐怖的还是这家网络借款平台的借款协议。

借款期限为一年以内的借款,所产生利息均不加入本金重复计算利息;期限超过一年的借款,前一年度所产生利息将计入下一年度本金计算复利……借款人逾期超过3日的,自借款期限届满之日后第4日起,借款人除按本协议第一条约定的利率继续支付利

---

① 梁振文. 大学生借2万校园贷四个月滚成13万,父母卖家产仍还不起[N]. 海南都市报, 2017-04-19.

息外,还需按照如下方式支付罚息:若借款利率小于或等于27.3%,则以截至当日未偿还本金为基准,以"30%-借款利率"为年化罚息利率计收罚息。她不敢声张,想再次通过借新贷还旧债的方式来还款。此时,对方已不再轻易借款,要求她手持身份证拍裸照作为抵押。无奈之下,她只得照做。很快,新的还款日到了,她仍还不上。对方表示,不还款的话就会把照片发给她家人甚至在网上公开。

与此同时,另一类专门面向求职大学生的就职培训类贷款正成为新的乱象。这种贷款是培训企业与信贷机构合作,由刚毕业的大学生以个人名义向信贷机构贷款作为培训费,培训费直接打入企业账户,大学生无需出钱就能接受培训。一些不合规格的培训机构通过免手续费、免利息、0首付等所谓的优惠政策,将一些学生本不需要的培训课程高价售卖,部分信贷机构为了牟取高额利润,可能存在放宽对贷款人资质、身份的核实,违规向没有偿还能力的学生放款,造成经济能力有限的学生不仅没找到工作,还需承担万元债务的后果。

三、裸条放款

给大学生放贷不是什么新鲜事,早在前些年亚洲金融危机时期,韩国为拉动内需,曾鼓励银行向大学生大量发放信用卡。于是,问题来了,大学生的消费欲望非常强,偿还能力却非常弱,由于还不上钱,大学生不断跳楼、堕入风尘,引发社会动荡。最终,政府不得不出手兜底。

在我国,自2016年起"裸条放款"成为一个校园贷的热门话题。当时有人通过一款熟人间网络借贷平台提供"裸条放款"。其主要条款是在进行借款时,以借款人手持身份证的裸体照片替代借条。当发生违约不还款时,放贷人以公开裸体照片和与借款人父母联系作为要挟逼迫借款人还款。

"裸条放款"后被人简称为"裸贷",或称"裸条"。网上一些不法放贷者以裸贷为幌子,使许多年轻无知的女大学生落入陷阱。他们要求"裸贷"女性以自渎来获取贷款,或以"肉偿"方式来还清欠款,借款条件中有一款这样写道:如果借款人不能如期偿还贷款,可以选择"肉偿"。所谓肉偿就是指学生在无力偿还贷款时,可以通过性服务来偿还贷款。

第二节 害人的校园贷陷阱

一、都是校园贷惹的祸

有位银监会的同志看到目前校园贷的乱象,感慨地说:"现在随着金融衍生品不断推陈出新,产品和服务在为人们提供多种选择渠道的同时,也增加了了解、使用和风险识别的难度,特别是不少缺乏社会经验的学生在面对形式繁多的金融诈骗时往往无法分辨真假。"他建议同学们一定要提高警惕,防范金融圈套,在遇见金融陷阱时能够多一份警惕,多一份保障。

在校园中随处可见那种借贷小贴条,电线杆、厕所、浴室等经常被贴满。有需求就会有市场，一些学生对贷款有需求，不少非法贷款者乘虚而入。几年前，中国各大银行向大学生发放信用卡，由于出现大量违约，银联不得不叫停。在信用卡告别校园七年后，校园网贷就如同猛兽般地涌入校园，并导演出一场场悲剧。

近年来，校园贷已经成为安全、诈骗、经济、民生的重灾区。为了让大学生贷款方便，校园贷放低了门槛，而平台对于校园贷的监管几乎为零。由于鱼龙混杂的校园贷的泛滥，不少大学生经不起诱惑，结果陷入校园贷的陷阱不能自拔。

方明（化名）是某著名工科院校的研三学生，平时比较迷电子产品。去年6月，他在某著名电商平台、两家大学生网络贷款平台上都开通了个人贷款支付业务，所有额度加起来有25000元。临近毕业，方明"血拼"了苹果手机和一台笔记本后，沦为"月光族"。"每月需要还款1370元，学校发的生活补贴1500元，基本上只够还分期，都快毕业了找父母要也不合适，找点兼职做呗。"方明自嘲说："再买必须要剁手！"

二、害人匪浅的"裸贷"

2016年6月，网络借贷平台"借贷宝"的一份"裸条"10G压缩包在网上流传，其中包含了167名女大学生的裸照及视频，瞬间把非法"校园贷"等问题推向了风口浪尖，一时间舆论一片哗然。压缩文件内容涉及的这些女大学生，年龄段集中于17岁到23岁之间，其身份信息和亲友联系方式遭到曝光。从学校来看，共计28人学校信息被泄露，涉及25所院校，其中有3所为民办院校，10所为高职或专科院校，其余多为地方普通本科院校。来自河南与江苏的院校最多，分别有3所。师范学校和医学高等专科学校成了"重灾区"，放贷者鼓励"裸贷"女性自渎来获取贷款，以及以"肉偿"方式来还清欠款。在167位女性借款人中，146位的籍贯信息被泄露。其中四川最多，有14人；广东和江苏次之，分别为11人和10人；第三是河南和黑龙江，均为9人。北上广地区分布较少，北京有1人，上海、广州有3人。从具体所属的市县来看，绝大多数借款人籍贯为三四线城市，且居住地在农村的较多。"裸贷者"最集中的出生时间是1993年到1997年之间，大部分还处于大学时段。

从借条本身来看，26人借款金额被泄露，最高的是2.3万元，最低的是1000元，多数人的借款金额在2000元到6000元之间，这部分人占比38.5%。而从借款期限来看，被泄露的24条记录中，最长的是9个月，最短的为5周。其中，5人借款期限为2周，5人为1个月，4人为1周。可以说大多数人是短期应急借款。从利息来看，最高的为每周收取本金15%的利息，还有人2个月被收取本金100%的利息，远远高出年化24%以内的法律保护的民间借贷利率规定。

而逾期费用更为高昂。有些借条显示，逾期1天按照本金的20%收取费用，逾期超过3天按本金的30%收取，超过7天直接交给催收人员。还有一名借款金额为1300元的在校生，约定的借款期限仅有1周，签下借条称，一旦逾期，每天自愿上交本金5%的服务费。

放贷人与借款人规定，如果逾期3天不主动说明情况，将采取措施在各大社交网站、学校网站、朋友圈曝光个人信息，并通知父母与学校相关同学、老师。

除此之外，还要提供身份证正反照片、学生证信息页、注册页封面、班级群截图、手持身份证照片、手持学生证照片、芝麻分截图和学信网截图，有些学生甚至提供了近三个月的电话拨出和接听的详细清单。有一位已经工作的女性还提供了房产证、住房公积金查询单、银行流水、医保卡号、户口本、结婚证等复印件电子档。

2017年4月3日，恩施农民周先生收到了一条彩信，打开一看，他惊呆了：女儿的裸照出现在了屏幕上。原来，女儿小周在网上借了钱，为了还钱，只能不停找其他借贷平台借钱。一开始5000元的负债，短短半年时间，累积到了26万余元。因还不上钱，小周的裸照被发了出来。

20岁的小周，是武汉一所职业技术学院大二学生。去年10月，她一次上公厕时，在门上看到了一则借贷小广告。鬼使神差地，她加了广告上的微信，与业务员聊了起来。当时，她想买些东西，正好缺钱。一番沟通后，她按要求发去了本人身份证照、学生证照和手机通讯录等信息。当时，对方还有一个要求：手拿借条，拍摄裸体照片和视频，行话叫"裸条"。小周说，借条是业务员发来的格式，她只需打印出来签上自己的名字。对于拍裸照，她犹豫过。对方解释，因对其并不了解，只能凭这些照片作为担保，若按时还钱，一定不会流传出来。想着借款金额并不大，还款应该不成问题，小周照做了。谁知小周的噩梦从此开始了，半年时间，5000元变成了26万元。

小周感到前所未有的耻辱和后悔。她这才跟家人彻底坦白，欠下的本金和利息共26万元，目前加上父亲帮忙还的，总共已经还上了近16万元，还欠10万余元。而这一切的起因，都是为了最初的一笔5000元借款。她说，其实后来借的钱，她基本没花过，全花在了还债上。因有同学收到了裸照，她觉得没有颜面再待在学校，也担心讨债者找上门，小周和父亲一起，离开了湖北，到上海陪父母一起打工。①

根据有关保护个人隐私的法律条款，将女大学生的裸照发布到网上，侵犯了女大学生的隐私权，作为受害者，可对发布者主张民事侵权责任，轻者公安机关可对其予以治安处罚，重者可以侮辱罪追究其刑事责任。

三、不法网贷骗人招数

使用学生信息贷款，并向学生许以单笔几百元的好处费，由此开展诈骗的案件不在少数，而这，也是骗子的惯用伎俩。相关调查报告显示，超60%的学生申请校园贷是用于购物、娱乐与交际。一部分大学生家里给的生活费有限，囊中羞涩，又没有能力开源挣到足够的钱，但消费的欲望很大，想要买最新款的苹果手机、买衣服、想讨女朋友的欢心，于是就通过校园贷来弥补能力与欲望的缺口。

校园贷利用大学生的单纯和幼稚，用门槛低、贷款快、服务好等一些诱人方法对学生进行欺骗。一些大学生的消费欲望非常强，但偿还能力又十分弱，骗子们抓住他们这些弱点进行诱骗，让他们上钩，一旦他们无力偿还时，黑社会性质的催债人员就开始登场，恐吓、威胁，无所不用其极，校园贷骗人的招数令人发指。

除了高利贷这类校园贷之外，还有不少其他贷款产品涉嫌诈骗，他们骗人的方法总

---

① 周丹. 湖北女大学生裸贷5千元滚成26万 裸照被发给父亲[N]. 楚天都市报，2017-04-11.

结起来有以下几点。

第一，以好处为诱饵，引诱贷款。诈骗分子在大学校园里以"给好处费"为诱饵，让大学生以自己的名义在网贷平台贷款，事后给大学生几百元至数千元不等现金作为"好处费"，并承诺所有贷款均由自己来还，与帮其贷款的大学生毫无关系，然而一旦贷款成功，便人间蒸发。

第二，发布虚假广告，骗取押金。诈骗分子一般在搜索引擎上大量散布虚假网络贷款信息，待大学生搜索到该公司信息后与其联系，便伪造贷款合同，并要求大学生缴纳数千元的保证金，有些还会继续以信誉不足等为由，多次要求大学生向其转账。

第三，骗取学生信息，迅速转账。诈骗分子还会先通过各种手段，如制作虚假贷款申请表获得大学生手机暂时使用权、银行卡以及个人信息，将银行卡与自己的微信、支付宝等绑定后再交还学生，并以该大学生名义在网贷平台多次办理大学生贷款，时刻关注到账信息，一旦到账迅速转移，随后销声匿迹。

第四，谎称"黑户"漏洞，套现分红。诈骗分子谎称大学生分期贷款可以操作为银行内部的"黑户"，从而不用还款，可以利用这一软件漏洞赚钱。这种诈骗的主要方式是让大学生分期贷款购买高端电子产品后再低价出售，套现后诈骗分子成功"分红"，事后贷款平台催大学生还款时，而骗子早已不知去向。①

四、令人惊诧的校园贷命案

近年来，因为校园贷事件导致的校园惨案频频发生，正值青春年华的大学生掉进这个黑暗陷阱，一步步走向深渊，甚至搭上了性命。

2016年3月9日，河南牧业经济学院大二学生郑旭（化名）自杀。21岁的郑旭是河南省邓州人，河南牧业经济学院14级饲料与动物营养专业大二学生。因迷恋足彩，输光生活费的郑旭，开始通过网络借贷买彩，继而冒用或请求同学帮忙借贷，欠下60多万元巨债，无力偿还。"听说跳楼摔下去会很疼，但是我真的太累了，兄弟一场，真的很感谢大家以前对我的照顾，我郑旭对不起大家。"3月9日晚，郑旭在微信群里留下这段话后，跳楼自杀。

郑旭自杀，让名目繁多的"校园网贷"平台暴露在公众视野。在大学生信用卡业务被叫停之后，这些"校园网贷"乘机在高校跑马圈地，通过校园代理和中介，在大学生中间开展贷款业务。这些网贷公司为拓展业务，风险把控不严，贷款审核更是形同虚设，致使如郑旭一样的普通学生能贷款几十万，最终却陷入无法偿还的绝境。此外，部分网贷平台甚至恶意放贷，编织出"服务费""逾期费""催收费"等陷阱，通过各种方式催收本金利息，谋取暴利，以至于很多学生陷入网贷泥沼。②

2017年4月11日，厦门华厦学院一名大二女生因陷"裸条贷"，在泉州一宾馆自

---

① 米方杰. 揭秘校园网贷诈骗4大套路 男子装富二代专骗女生[N]. 东方今报，2017-06-12.
② 曹晓波. 河南大二男生网贷赌球欠债60万跳楼身亡 曾4次自杀[N]. 新京报，2016-03-19.

杀。熊诗洁（化名），1997年出生，福建省三明市将乐县人，生前是厦门华厦学院的一名大二学生。因卷入校园贷，不堪还债压力和催债电话骚扰，于2017年4月11日下午2点多，在泉州城东一高校旁的学生街某宾馆内自杀。据女孩父亲熊先生介绍，10日晚上9点多，女儿入住宾馆；根据监控画面显示，在当晚10点之前，女孩有过两次进出记录，一次是拍摄宾馆WiFi密码，一次是提着黑色袋子；在这之后直至次日下午2点多都没有走出房间，随后，宾馆工作人员报警；执法人员来到现场，但女孩已无生命迹象。根据监控画面，入住宾馆到接到报警电话这段时间，没有相关人员进入。房间属于内封闭式，需要破门进入。同时，房间内部窗户紧闭，并留有木炭灰烬。经调查，初步判断系烧炭自杀。10日晚11时35分女孩用微信给她爸爸发去生前最后一段话。她说："爸爸，其实我真的好爱好爱你啊，从小到大，我做了那么多错事，你都原谅我了，可是这一次，我真的觉得很累啊。原谅我这个不孝女，最后一次任性吧！一直在你面前丢脸，很糟糕。还没来得及赚钱好好孝顺你们，如果有下辈子，爸爸我再全部还给你。对不起，爸爸，千万照顾好爷爷奶奶。"同时，也给家中小弟弟发去信息，希望弟弟照顾好爸妈和爷爷奶奶。

据报道，该女生卷入的校园贷至少有5个，仅在"今借到"平台就累计借入57万多元，累计笔数257笔，当前欠款5万余元。其家人曾多次帮她还钱，其间收到过"催款裸照"。①

2017年6月28日，陕西省兴平市的刘先生家中传来噩耗，自己的儿子在家中上吊身亡。刘先生儿子年仅22岁，是陕西西安某高校的在校生，因身陷校园贷，选择结束年轻的生命。

2017年9月4日上午，陕西航空职业技术学院机电工程学院机电一体化专业的大二学生朱毓迪（化名）跳江自杀。朱毓迪（化名），21岁，家住咸阳。8月27日，父亲亲自将其送往车站去学校。2017年9月1日晚，朱毓迪父亲突然接到儿子老师打来的电话："你儿子借了同学几万元，现在人关机不见了。"来不及多想，他赶紧和家人连夜开车赶到学校。2日凌晨到达学校了解情况后，他才吃惊地得知：儿子从大一上半学期开始，让同学帮忙或自己在校园贷平台陆陆续续借钱，到现在已经有20多万元，其中很大一部分是让同学帮忙贷款的。9月4日上午，朱毓迪自杀跳江，公安局民警在汉江中找到了他的遗体。短短几天时间，一条鲜活的生命陨落。临死前，朱毓迪给同学发了一条微信消息"哥对不起你，哥先走了"。21岁的汉中大学生朱毓迪便失去了联系。而让人揪心的是，他还发来了一段小视频，视频里他左手割了三道很深的伤口。

这接二连三死在"校园贷"乱象之中的大学生让人痛心疾首，一条条年轻的生命就这样失去了。非法"校园贷"问题，已不仅仅是"谋财"了，在这几起血淋淋的命案中，他们已经是在"害命"了。

---

① 朱立雅，王帝. 大二女生陷"裸条贷"自杀：她的死可能不因虚荣[EB/OL]. [2017-04-017]. 中国新闻网，http://www.chinanews.con/sh/2017/04-17/8200963.shtml.

第三节　强化管理　认清网贷

"校园贷"在我国各大学引发的这一件件血淋淋的事件,使我们清楚地看到不法分子是如何钻国家、社会的空子,那种丑恶狰狞的嘴脸让人毛骨悚然。中国有句古语云:人来熙熙,皆为利来,人往熙熙,皆为利往。那些为利益熏昏头脑的不法分子,为了利益谋财害命,费尽心机,国家执法部门应该依法亮剑,严惩这些不法分子。

一、重拳出击　整治校园贷

2016年8月17日,银监会会同工信部、公安部、网信办发布《网络借贷信息中介机构业务活动管理暂行办法》(以下简称《办法》),明确了网贷行业的信息中介定位及业务规则,各网贷机构开展校园网贷业务要严格遵守《办法》规定。近日,为整治校园网贷乱象,银监会、网信办、教育部、工信部、公安部和工商总局联合开展校园网贷整治工作,明确网贷机构开展校园网贷业务"四个不得"。

第一,不得向未满18周岁的在校大学生提供网贷业务,在审核年满18岁在校大学生借款人资格时,必须落实借款人第二还款来源,获得第二还款来源方(父母、监护人或其他管理人等)同意其借款行为并愿意代为还款的书面担保材料。

第二,不得以歧视性、欺骗性语言或其他手段进行虚假欺骗宣传、促销,不得捏造、散布虚假信息或不完整信息,误导大学生借款人。

第三,不得自行或委托、授权第三方在互联网等电子渠道以外的物理场所进行宣传、推介项目或产品。

第四,不得通过收取各种名目繁多的手续费、滞纳金、服务费以及催收费等费用变相发放高利贷,或采取非法催收等手段胁迫借款人还款。

2017年6月28日,中国银监会联合教育部、人力资源社会保障部发布《关于进一步加强校园贷规范管理工作的通知》(银监发〔2017〕26号,以下称26号文),26号文提到,商业银行和政策性银行应在风险可控的前提下,有针对性地开发高校助学、培训、消费、创业等金融产品,向大学生提供定制化、规范化的金融服务,合理设置信贷额度和利率,提高大学生校园贷服务质效,畅通正规、阳光的校园信贷服务渠道。通知要求各地金融办和银监局要在前期对网贷机构开展校园网贷业务整治的基础上,进一步加大整治力度。现阶段一律暂停网贷机构开展在校大学生网贷业务,并逐步消化存量业务。

银监会方面表示,此前银监会、教育部等六部委《关于进一步加强校园网贷整治工作的通知》(银监发〔2016〕47号),对校园网贷业务进行清理整顿,取得了初步成效。但部分地区仍存在校园贷乱象,特别是一些非网贷机构针对在校学生开展借贷业务,突破了校园网贷的范畴和底线,一些地方"求职贷""培训贷""创业贷"等不良借贷问题突出,给校园安全和学生合法权益带来严重损害,造成了不良社会影响。

在贷款对象的年龄上,国家也有了明确的规定。2017年4月10日,银监会在《关于银行业风险防控工作的指导意见》中提到,将重点做好校园网贷的清理整顿工作。网络借贷信息中介机构禁止向未满18岁的在校大学生提供网贷服务,不得进行虚假欺诈宣传和销售，不得通过各种方式变相发放高利贷。

现在，国家对贷款对象的范围又有了更严格的规定，由此前"未满18岁的在校大学生"范围扩展至"在校大学生"，由"禁止提供"升级至"一律暂停"，监管层层加码，并最终"一刀切"，可见监管部门当前整治"校园贷"的决心。在"严堵"的同时，银监会还开正门，补服务，"疏堵结合"。

面对校园金融市场的现存正常消费需求，国家银监会负责人郭树清表示：银行要强化专业服务能力，向学生打开银行标准消费金融产品的"正门"。同时，专家指出，校园消费金融"宜疏不宜堵"，要让银行这队"正规军"重返校园，正确担当、合规合法、合理授信，成为规避"校园贷"乱象的有力武器。

据盈灿咨询不完全统计，在整治重压之下，全国共有59家校园贷平台选择退出校园贷市场，其中37家平台选择关闭业务，占总数的63%；有22家平台选择放弃校园贷业务转战其他业务，占比为37%。

二、提高学生防范意识

"你为什么要选择对学生进行诈骗？""因为他们阅历浅，好骗！"骗子们为什么会盯上大学生？前不久，在河南检察职业学院举行的"校园贷"庭审现场，诈骗者吐真言称，之所以选择对学生进行诈骗，是因为他们阅历浅，好骗！

"你为什么要采取校园贷的手段诈骗他们？""因为他们没有多少钱，用他们的身份证、学生证贷款容易骗来钱。"

一场特殊的庭审在河南检察职业学院举行，随着庄严的法槌重重落下，李某诈骗案一审正式开始。当天，该校几百名师生现场旁听，零距离感受法律威严的同时，也给广大师生上了一堂真实的普法课。面对法庭上审判长郭文凯的讯问，被告人李某的回答如同一记重锤，沉沉地落在记者和现场聆听的学生们心上。

为了让同学们详细了解李某作案的事实与手段，公诉人李琳琳在指控犯罪时说得特别细。随着法庭审理的进行，逐步查明了李某诈骗一案的犯罪事实。

据悉，2007年3月，被告人李某因犯强奸罪，被新郑市人民法院判决有期徒刑四年，刑满释放后，李某一直无所事事。于是，他又动起了歪脑筋。2015年11月以来，李某冒充学生身份，采用化名以加微信、QQ等手段先后与新郑市几所高校的女学生取得联系，并通过约吃饭、唱歌、编造良好家庭背景等方式先取得女学生们的信任，接着再以做生意需要钱为由，使用在校大学生胡某、王某、李某、朱某的身份证，通过各种渠道进行贷款，后将骗得的贷款挥霍并失去联系。截至还款日，除李某已还部分贷款，被害人需偿还贷款数额为191796（连本带利）元，给四名被害人造成较大的经济损失和心理伤害。①

如何防范校园贷？陷入校园贷纠纷应该怎么办？这已经成为当代大学生必须要面对的一个非常重要的问题。

---

① 米方杰，萌友，张海燕. 校园贷诈骗者庭审现场吐真言：阅历浅很好骗[N]. 东方今报，2017-06-12.

大学生在借贷时，首先必须明确熟知校园网贷风险，了解其风险和危害；其次要通过正规渠道申请贷款，养成正确的金融意识和良好的信用意识，最重要的是树立正确的价值观和消费观，消费要量力而行，切忌过度消费。如果一旦陷入校园贷纠纷应该及时取得法律部门的帮助，而不是手忙脚乱，拆东墙补西墙，最后不能自拔。

大学生要培养良好的消费习惯，树立文明、理性、科学的消费观，坚持理性消费，拒绝超前消费、过度消费和从众消费，做到量力而行、量入为出。谨记四个不要：

（1）不参与、不支持"校园贷"违规违法活动；

（2）不鼓动、不胁迫他人在"校园贷"中借款；

（3）不张贴、不转发"校园贷"违规违法信息；

（4）不冒用、不顶替他人身份进行校园贷款。

根据有关规定，大学生若参与网络贷款，必须获得父母（监护人或其他管理人等）同意其借款行为并愿意代为还款的书面担保材料。广大同学们要增强风险意识，理性消费，远离盲目网贷。①

当代大学生应当提高自我防范和自我保护意识，面对目前校园贷存在的各种问题，必须提高警惕，防患于未然。第一，从根本上减少需求，即大学生应控制好消费欲望，合理安排自己的生活费用，尽量不出现月末的尴尬；第二，我们应提高安全防范意识，对于上门贷款业务、小广告、朋友推荐的贷款机构应抱有怀疑态度；第三，扩充一些有关交易、合同等方面的法律知识，用法律的武器保护自己免受欺骗；第四，希望社会监督和舆论压力严厉打压校园贷款中不合法、不合理的制度和规范，尽量避免毛细血管式的高利贷事件；第五，对于已经触犯法律的有关公司和个人，进行严厉处罚，大力倡导银监会的"停、移、整、教、引"五字方针，全面遏制和整顿校园网贷问题。

三、全民亮剑　骗子无处遁形

制止不法校园贷，不仅是银监会、大学生们的事情，更是全社会的事情，每一个学生家长，每一个有正义感的社会人都有责任来共同抵制这些害人的东西。

抵制骗子的犯罪行为需要全社会的共同行动，骗子诈骗呈现出不断向外延伸、不断扩大的态势，我们不能事不关己高高挂起，这样就等于纵容了骗子的诈骗。

有人说，成千上万人的势力是最可怕的势力，这句话千真万确。如果这种势力是一种正能量，那么，这种力量谁都无法阻挡。抵制骗子行为就应该成为一种这样的势力。骗子是极少数的人，但他们给社会带来的影响却是巨大的，他们能够搅浑社会这一潭清水，让大家人心惶惶。老话有"一颗老鼠屎坏了一锅汤"的说法，用在此处非常恰切。正因为如此，我们对待诈骗行为，应该像对待过街老鼠，人人喊打，让这些骗子无处遁形。

为什么大家都知道骗子可恨，但骗子仍旧如此猖獗，原因就是人们在受骗之后，并没有采取任何措施，有的选择沉默，有的选择忍受，有的选择咒骂等，都不起任何作

---

① 校园网贷需谨慎　理性消费常牢记[EB/OL].［2017-09-06］.网易新闻，http://news.163.com/17/0906/05/CTKJSICV00018AOP.html.

用，骗子得手之后，继续寻找新的目标接着诈骗。为什么会这样呢？他们害怕骗子报复，害怕骗子对他们的各种恐吓。

怎样团结一致对付诈骗分子？第一，我们要用法律武器来保护自己，很多时候私了不如公了，当我们与骗子对簿公堂，他们马上就怕了。第二，认清他们的嘴脸，我们被骗主要是因为没有认清骗子的嘴脸，被他们几句假话给骗了。第三，遇事多与周围的朋友商量，三个臭皮匠赛过诸葛亮，当大家团结起来，骗子的那点鬼把戏就无计可施了。

说到校园贷，想要认清校园贷中那些骗子的嘴脸，首先要提高学生群体风险防范和使用正规金融服务的意识，让广大学生认识不良校园网贷的危害，选择正规借贷服务，远离违法违规借贷侵害，合理合法、理性有序地维护自身权益；其次，同学们之间要多沟通多商量，大家都是刚刚离开家门走向社会，不知道社会上还有很多不法分子在寻机犯罪，同学们应抱团取暖，不给罪犯机会。

思考题
1. 你能说出几种目前在校园流行的校园贷？
2. 为什么有些同学会落入校园贷陷阱？
3. 如何防范校园贷陷阱？

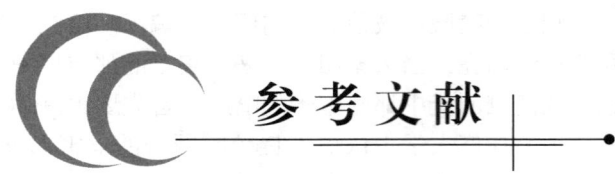

参考文献

著作类

[1] 马克思，恩格斯. 马克思恩格斯选集(第4卷)[M]. 北京：人民出版社，1995.

[2] 尤解平. 互联网+影视——打造多屏时代的影视生态圈[M]. 北京：中国经济出版社，2015.

[3] 安杰. 一本书读懂24种互联网思维[M]. 北京：台海出版社，2015.

[4] [美]威廉·丁·米切尔. 比特之城[M]. 范海艳，胡泳，译. 北京：生活·读书·新知三联书店，1999.

[5] [美]梅格·惠特曼，琼·汉密尔顿. 价值观的力量[M]. 吴振阳，等，译. 北京：机械工业出版社，2010.

[6] 《思想道德修养与法律基础》编写组. 思想道德修养与法律基础[M]. 北京：高等教育出版社，2015.

[7] [美]丹尼尔·戈夫曼. 情商：为什么情商比智商更重要[M]. 杨春晓，译. 北京：中信出版社，2010.

[8] 徐莹. 微电影的起源、发展和分类[M]//李建强，等. 我国微电影的发展与研究. 上海：上海交通大学出版社，2017.

[9] [美]戴维·波德威尔，克里斯琴·汤普森：电影艺术导论[M]. 史正，陈梅，译. 上海：上海文艺出版社，1992.

[10] 李显杰. 电影叙事学：理论与实例[M]. 北京：中国电影出版社，2000.

[11] 匡文波. 网络传播学概论(第二版)[M]. 北京：高等教育出版社，2004.

[12] 郭庆光. 传播学教程[M]. 北京：中国人民大学出版社，2011.

[13] 杜俊飞. 弥漫的传播[M]. 北京：中国社会科学出版社，2002.

[14] [加拿大]马歇尔·麦克卢汉. 理解媒介——论人的延伸[M] 何道宽，译. 南京：译林出版社，2011.

[15] [美]克莱·舍基. 未来是湿的：无组织的组织力量[M]. 胡泳，沈满琳，译. 北京：中国人民大学出版社，2009.

[16] [美]尼尔·波兹曼. 娱乐至死[M]. 章艳，译. 南宁：广西师范大学出版社，2011.

[17] 李彬. 全球新闻传播史(公元1500—2000年)[M]. 北京：清华大学出版社，2009.

论文类

[1] 游飞. 电影叙事结构：线性与逻辑[J]. 北京电影学院学报, 2010(2)：2.

[2] 陈力丹. 以互联网思维看互联网和关于互联网的研究[J]. 新闻界, 2015(20)：21-24.

[3] 李继锋. 中国传统思维方式对现代化的启示[J]. 哈尔滨学院学报, 2009(2)：24-27.

[4] 金梅花. 网络社会及人的存在方式与思维方式的变革[D]. 北京：中央民族大学, 2006.

[5] 代杰. 中国传统思维方式的特征及形成原因[J]. 哈尔滨学院学报, 2004(8)：42-46.

[6] 张湛. 浅论网络时代思维方式[D]. 太原：山西大学, 2008.

[7] 常晋芳. 网络思维方式——人类思维方式的第五次大变革[J]. 理论学习, 2002(1)：46-48.

[8] 仇小敏. 略论网络时代的思维方式[J]. 新疆社会科学, 2004(4)：44-47.

[9] 庄朝兰. 网络时代思维对辩证思维的继承与发展[J]. 厦门理工学院学报, 2007(4)：76-80.

[10] 赵亮. 网络发展与人的思维方式变迁研究[D]. 新乡：河南师范大学, 2012.

[11] 乔木. 现代网络社交工具对大学生人际关系的影响及对策研究[D]. 成都：成都理工大学, 2012.

[12] 陶国富, 冯凌. 当代大学生网恋心理探析[J]. 山西青年管理干部学院学报, 2004(3)：10-12.

[13] 刘光艳. 大学生情商培养对策研究[D]. 大连：大连海事大学, 2009.

[14] 董雪. 新时期大学生情商培养探析[J]. 山东省青年管理干部学院学报, 2010(2)：58-60.

[15] 潘星昊. 新媒体环境下大学生抗压能力培养问题研究[D]. 锦州：辽宁工业大学, 2015.

[16] 林群. 理性面对传播的"微时代"[J]. 青年记者, 2010(2)：7-8.

[17] 谢新洲, 安静, 田丽. 社会动员的新力量——关于微博舆论传播的调查与思考[N]. 光明日报, 2013-1-29.

[18] 彭晶. 微博, 半数以上大学生每天使用——安徽省11所高校1765名大学生微博使用情况调查报告[N]. 中国教育报, 2013-7-15.

[19] 张志坚, 卢春天. 大学生微信使用情况调查[J]. 当代青年研究, 2015(3)：89-93.

[20] Jones E, Pittman T S. Toward a General Theory of Strategic Self Presentation in Psychological Perspectives on the Self[M]. Hillsdale. NJ：Erlbaum, 1982.

[21] 童慧. 微信的自我呈现与人际传播[J]. 重庆社会科学, 2014(1)：102-110.

[22] 陶东风. 理解微时代的微文化[J]. 中国图书评论, 2014(3)：4-5.

[23] 朱蕾. 网络环境下大学生信息饥渴现象分析[J]. 新闻研究导刊, 2017(7)：44-45.

［24］信息超载时代，如何走出被微信朋友圈限定的世界［EB/OL］.［2017-03-22］. http://www.thepaper.cn/.

［25］刘伟峰. 浅谈信息时代大学生知识的有效获取［J］. 教育观察（上半月），2017（6）：10-11.

［26］梁锋."拟态环境"（Pseudo-environment）［J］. 新闻前哨，2014（5）：90.

［27］吴文虎. 大众传播的社会功能——传播学漫话（三）［J］. 新闻与写作，1987（8）.

［28］陈航. 新媒体与"拟态环境"［J］. 南京政治学院学报，2010（6）：111-114.

［29］韦金艳. 新闻媒介构建拟态环境之分析［D］. 广州：暨南大学，2008.

［30］张康之，张桐."地球村"能否抹平世界的中心—边缘结构——评麦克卢汉的"地球村"［J］. 北京行政学院学报，2015（3）：60-68.

［31］中国互联网络发展状况统计报告［R］. 中国互联网络信息中心，2017（1）.

［32］周驰. 麦克卢汉与全球传播——上海交通大学纪念麦克卢汉诞辰100周年学术研讨会综述［J］. 新闻记者，2011（11）：43-45.

［33］翟翊辰. 自媒体时代网络谣言的生成与治理研究［D］. 南昌：江西师范大学，2015.

［34］王继先. 互联网谣言传播的控制与辟谣研究［D］. 南京：南京师范大学，2006.

［35］左玮娜. 网络谣言传播研究［D］. 北京：中国社会科学院研究生院，2006.

［36］李文超. 公共危机中的网络谣言传播机制研究［D］. 上海：华东师范大学，2010.

后　记

　　本书以当代大学生网络媒介素养研究为主要研究方向，以广西壮族自治区教改课题"广西大学生媒介素养教育研究与实践"为依托，在经历了漫长的三年零七个月的调研与写作时间，《互联网+时代大学人生》这本书终于问世了。作为大学生媒介素养系列教材，这是我们目前编撰出版的第三本书。

　　《互联网+时代大学人生》这本书作为广西大学生媒介素养教育的一个研究课题，我们曾对广西多所高校的学生进行了较为深入的调查研究，通过实地采访、问卷调查等方式，我们对广西大学生的网络媒介素养的状况有了一个比较全面地掌握。通过此次调查，我们认识到网络媒介素养的高低对于当代大学生来说，是何等的重要。今天的互联网社会，网络所传输的内容不仅影响到学生们的世界观、价值观和人生观，甚至他们的思维模式、行为准则以及日常的接人待物都深深打上了网络的烙印。

　　可以说，今天的互联网就像是一个无所不能的教师，他不仅让学生们掌握了丰富的知识，教会了他们各种技能，与此同时，他也将许多腐朽肮脏的思想，人类不堪的一些行为统统传输给了单纯的学生。所以有人称互联网是潘多拉的魔盒，释放出人世间的所有邪恶——贪婪、虚伪、诽谤、嫉妒和痛苦，因此，有一些人认为是互联网教坏了我们的孩子，我们应该拒绝互联网。

　　我们必须承认任何事物都具有两面性，互联网也一样，它是人类社会进步的一种标志，给人带来了大量的知识和信息，这是不可否认的事实，但互联网确实也存在各种弊端，一些不良用心的人用互联网干了许多不好的事情，扭曲了我们的思想，玷污了我们的心灵，破坏了我们的生存环境。由此可见，互联网只是一种工具，看大家如何来用。

　　因此，提高学生们的网络媒介素养，教会大家正确地认识媒介、使用媒介、批判媒介和创造媒介就成了今天学生们的必修课。

　　本书的完成，要感谢我的博士生导师罗以澄教授的悉心指导和教诲，感谢广西师范学院新闻学院的各位老师和领导的大力支持，感谢我的几位研究生积极参与撰写，感谢武汉大学出版社编辑对本书由始至终的指导帮助，可以说没有大家的指导帮助和参与，就不可能有本书的问世。

　　本书经历了三年多的时间调查研究，作为一项科研项目，我的几位研究生参与了大量的工作，特别是本书的撰写，其分工如下：

　　第一章　互联网思维VS传统思维（任家衫）

第二章　网络时代多元价值观（陈亚旭）
第三章　网络时代的大学生情商（午玉琦）
第四章　微时代的微阵地（刘颖超）
第五章　信息超载与信息不足（农晓烨）
第六章　拟态社会与现实社会（陈怀志）
第七章　地球村的低头党（张梦）
第八章　网络创新与学养（陈亚旭）
第九章　自媒体时代的得与失（陈沐文）
第十章　网络游戏悖论（乔永晟）
第十一章　网购利弊说（乔永晟）
第十二章　网络谣言辨析（农晓烨）
第十三章　网贷和诈骗（陈亚旭）

由于我们的水平有限，本书定会有一些缺点和错误，还望各位同仁多多批评指教。

陈亚旭
2018 年 9 月 1 日于绿城